問題の女

本荘幽蘭伝

平山亜佐子

平凡社

問題の女 本荘幽蘭伝

目次

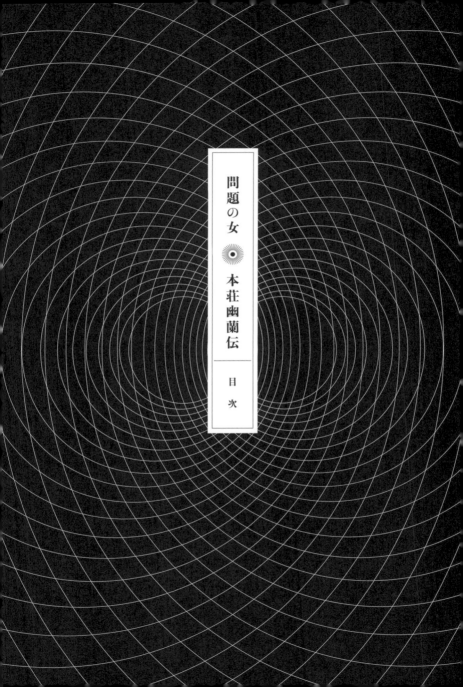

序

第一章 少女時代

第二章 幽蘭誕生

第三章 仕事遍歴、男性遍歴

第四章 満鮮、南洋へ

第五章 戦争に向かって

問題の女

本荘幽蘭伝

大阪新世界ルナパーク内「幽蘭バー」での扮装か
◇「大阪毎日新聞」（大正四年七月二七日）「幽蘭が女探偵になれねば露国に行くという」より

序

明治四〇年開催の東京勧業博覧会の夜景
◇同展の様子を伝える絵葉書より

「問題の断髪美人」

蛾は灯《とう》に集まり、人は電光に集まる。輝やくものは天下を惹く。（中略）泥海《ぬかるみ》に落つる星の影は、影ながら瓦よりも鮮《あざやか》に、見るものの胸に閃《きらめ》く。閃く影に踊る善男子、善女子は家を空しゅうしてイルミネーションに集まる。

文明を刺激の袋の底に篩《ふる》い寄せると博覧会になる。博覧会を鈍き夜の砂に漉せば燦《さん》たるイルミネーションになる。苟《いや》しくも生きてあらば、生きたる証拠を求めんが為めにイルミネーションを見て、あっと驚かざるべからず。文明に麻痺したる文明の民は、あっと驚く時、始めて生きているなと気が付く。

（『虞美人草』夏目漱石）

明治三八年九月五日、日露戦争をなんとか勝利で終えた日本は、朝鮮半島、ロシアや中国の一部の租借権を得たが、戦没者は九万人弱、二〇億円もの戦時国債を発行したうえに賠償金まで断ったのですっかり弱っていた。とまれ、これからの日本は産業に活路を見いだすべしという気運が高まり、さっそく東京府は東京勧業博覧会[1]を開催すると三九年二月に発表。翌四〇年三月二〇日から七月三一日まで上野公園と不忍池畔にて開催された。莫大な戦費を調達するべく発行された国債による重税にあえぐ国民にとって、大規模イベントは格好のガス抜き、人々は大いに歓迎した。

博覧会の準備を伝える四〇年三月一七日付『東京朝日新聞』の記事「博覧会片々」は着々と整う準備について描写している。二〇日の開会まであと三日、「会場内の整理」「周遊館の絵画取附」「公園附近の装飾」「本郷区小学校の出品」という小見出しが続くなか、最後に「不気味な茶店」とある。本書の主人公、本荘幽蘭が開いた茶店である。

博覧会があると見て取るや、幽蘭は電光石火の早業で上野動物園下の花園町一〇番地（現台東区池之端三丁目）に「幽蘭軒」（または「蘭の茶屋」）という三坪ほどの喫茶店を開いた。「不気味な茶店」とは「黒き紅きくさぐさの筆をとり〴〵の右手止みがたきを好奇心の、うつゝともなう茶盆に替

(1)東京勧業博覧会　会場総面積約一七万平方メートル、第一から第三会場まであり、そのなかには第一号館から第五号館、美術館、機械館、外国館のほか、台湾館、水族館などが設置され、噴水塔やウォーターシュート、空中観覧車、夜間イルミネーションなどの近代的な装置に話題が集まった。入場者数のべ六八〇万人。新聞各社は一カ月前から準備状況を逐一報道し、あらゆる角度から伝えた。記者たちは取材のために連日会場に行くのに疲れ「早く七月が終わればいい」と愚痴るほどだったが、それだけ希求されたのだろう。

へサゝ茶召せとさゝぐるは蘭の茶屋の幽蘭女史」などと大書きした「凄《すさま》じき」立て札が原因らしい。確かに、キャッチコピーのわりにやたらと長く、何が言いたいのかよくわからない。こんな摩訶不思議な喫茶店の店主とはいったいどんな女性なのか。

本荘幽蘭——今、この名前を聞いてピンとくる人はめったにいないが、百年前の東京で道行く人に尋ねたら、相当数が知っていると答えたに違いない。明治四〇年前後の一時期、『読売新聞』『報知新聞』『やまと新聞』『二六新聞』『都新聞』『九州日報』などでは幽蘭の動向がしきりに伝えられたが、ほぼ活字と口コミが主要な情報媒体だった時代、読み書きを教わる尋常小学校（六年制）への就学率は全国で九七％を超えていた（文部科学省編『学制八十年史』大蔵省印刷局、昭和二九年）ことを考え合わせると、彼女の知名度はかなりの高さだったはずだ（新聞の回し読みが盛んだったことも付記しておく）。同時代の有名人、例えば女優の松井須磨子[2]や世界的オペラ歌手の三浦環[3]らと肩を並べて演劇欄や雑報欄をたびたび賑わせていたのが、本荘幽蘭なのである。

　では幽蘭は女優なのかといえば、女優でもあったがそれどころの話では

(2)松井須磨子　明治一九年生まれ。女優。本名は小林正子。「カチューシャの唄」で有名。大正八年縊死。

(3)三浦環　明治一七年生まれ。日本初の国際的オペラ歌手。本名は柴田環。プッチーニ「蝶々夫人」が当

ない。わかっているだけで七社の新聞記者、救世軍兵士、保険外交員、喫茶店オーナー、ホテルオーナー、辻占いの豆売り、在日欧米人の日本語教師、外妾《ラシャメン》、活動弁士、講談師、浪花節語り、劇団の座長、尼僧など数十の職業に就いており、ついでに言えば生涯五〇人近い夫を持ち、一二〇人以上の男性と関係、「錦蘭帳」と称する手帳には関係した男性や今後関係したい男性の名を記していたという。

　また幅広い人脈には、国家主義者の頭山満(4)や司法・宮内官僚の倉富勇三郎(5)、社会主義者の福田狂二(6)をはじめ、民俗学者の折口信夫(7)、大本教教祖の出口王仁三郎(8)、代議士松本君平(9)、俳優伊井蓉峰(10)、村田正雄(11)、曾我廼家五九郎(12)、天狗煙草の岩谷松平(13)、女優の木村駒子(14)、新宿中村屋主人の相馬黒光(15)など錚々たる名前が連なり、活動の場も日本列島津々浦々に加え、中国大陸、台湾、朝鮮半島、東南アジアと幅広く、宗教ですらキリスト教、神道、仏教と身軽に乗り換える。どこから見ても規格外の人物である。

　もちろんこんな女性は当時の人々にとっても突然変異体《ミュータント》である。謎には名前をつけたくなるのが人情というもの。マスコミはこぞって「妖婦」だの「狂人」だの「淪落《りんらく》の女」だのとレッテルを貼った。名誉毀損で訴えることも十分できるレベルの罵倒を、ただ目立つというだけで一介の私人に

たり役。

(4)頭山満　安政二年、筑前国（現福岡県）生まれ。政治活動家。アジア主義団体「玄洋社」の総帥。

(5)倉富勇三郎　六一頁参照

(6)福田狂二　二三〇頁参照

(7)折口信夫　一三三頁参照

(8)出口王仁三郎　二七六頁参照

(9)松本君平　一八四頁参照

(10)伊井蓉峰　一〇四頁参照

(11)村田正雄　一二〇頁参照

(12)曾我廼家五九郎　一一一頁参照

(13)岩谷松平　九一頁参照

(14)木村駒子　一一〇頁参照

(15)相馬黒光　一八頁参照

向けて平気だったのが当時のジャーナリズムである。非道な扱いに対して、では幽蘭がどうしたかといえば、人目を避けて引きこもったわけでも、怒って訴訟を起こしたわけでもない。「問題の断髪美人」などと自称し、自ら新聞社にネタを売り込んでいたのだ。勇気ある行動と讃えたいところだが、かなり無謀である。

本書は、その自称「問題の断髪美人」に敬意を表しつつも、新聞などで幽蘭に冠された呼称「問題の女」[16]から、『問題の女 本荘幽蘭伝』とした。この「問題」は、厄介な、とか、話題の、といった意味だが、今あらためて本荘幽蘭を「問題」の女として捉えるとき、急速に近代化する日本の教育環境、政治思想、宗教観、ジェンダー観など現代にも繫がるさまざまな問題意識を喚起する女として立ち現れる。つまり、幽蘭の人生を追うことで明治・大正・昭和のひとつの見取り図が出来上がる、という言い方もできる。

ただし、この謎多き女性の正体を本書が鮮やかに解き明かすなどということは、残念ながらない。本荘幽蘭は大抵の人間と同じように多面的で、いわんや首尾一貫などしておらず、何かの文脈で読み解こうとすることは著者の牽強付会《けんきょうふかい》となるおそれがあるからだ。

とはいえ、多面体の面のいくつかを明かす義務が著者にはあると思う向きもあるだろう。その義務を果たしたとは言わないまでも、せめて彼女が何を思い、何を成そうとし、また何を成さなかったか、何に苦しめられ、何を楽しみ、何を愛したのか、という問いに応える一助になれたらとは考える。そのためにも足跡をできる限り丹念に辿り、手掛かりを得ようとする試みが本書である。

まとまった資料もないなか、入手できた情報の断片をかき集め、組み合わせ、パッチワークのように縫い合わせる手法をとった。事実でない可能性の高い情報もある。本人の手による文章や取材相手に語った言葉も大言壮語の誇りを免れないものが多々ある。面白可笑しくとりあげるジャーナリズムも含め、敢えて玉石の区別をせずに、彼女と彼女を取り巻く当時の空気を丸ごと掬《すく》いとっていきたい。

では「問題の本荘幽蘭」、「本荘幽蘭の問題」を解く旅に、しばしおつきあいいただけたらと思う。

まずは明治四〇年ごろの幽蘭と「幽蘭軒」を追ってみよう。

(16)新聞などで幽蘭に与えられた呼称「問題の女」大正六年八月二六日付『琉球新報』「問題の女本荘幽蘭来たる」、『演芸画報』第五年第三号（大正七年三月一日）「川丈座は問題の女本荘幽蘭が三日間居据って」など。

幽蘭、上野に「幽蘭軒」開業す

「幽蘭軒」オープンは東京勧業博覧会開催より一〇日あまり遅れた四月一日だった。『都新聞』(三月一七日付)には「亡父の遺産約二〇〇円を懐にして上京し之を資本に」したとある。これがどんな店だったかといえば、店の前には前述の立て札が立ち、店員は上総《かずさ》の婆さんという綽名《あだな》の女侠客[17]と少女三名、全員にユニフォームとして黒紋付を着せ、器具や座布団諸々を蘭模様にした。オープン前には「咲きかての　花の運命《さだめ》を哀れとや　置く白露に宿る月影」という自作の歌を染め抜いた手拭いを配ったらしい。店内には五月ごろから化粧室を設け、来客には自分の肖像と絵葉書をプレゼントするとのこと。本荘幽蘭を前面に押し出したタレントショップであり

(17)上総の婆さんという綽名の女侠客　明治三八年一月二九日から二月七日まで「女侠客上総の婆さん」という連載全四回がやまと新聞にある。名は佐藤小夜、六七、八歳。千葉県夷隅郡出身で白金三光町に住んでいる由。職業不詳。なお、侠客とは仁義を重んじて生きる者を指し、実際の職業は博徒、義賊、職人、待合の女将などさまざまである。

コンセプトカフェである。

オープン四日目の『報知新聞』には「帰りがけに例の幽蘭女史の『蘭の茶屋』を花園町に覗いて見るとどこかで見た事のありそうなフロッコートの人が五六人居る。其れに黒紋服紫袴の女史が盛んに愛嬌を振まいて居た。さればとて是れといって他に飲むものも食うものもないが其《その》さっぱりした所に大《おおい》に趣《おもむき》を見せて居る」と好意的な記事が出ている。青柳有美(18)『女の裏おもて』（昇山堂出版部、大正五年）によれば「名物の餅は『幽蘭餅』と申し侍るなり、何月何日のお客様は某、某、某、某、甲、乙、丙、丁、以下幾人、一日の売上高が金何円何十何銭何厘也と新聞紙は御苦労にも吹聴する」とあり、まさに博覧会のイルミネーションに集まる観客よろしくマスコミたちが幽蘭に群がったことがわかる。

しかしまもなく客の入りはぱったり途絶え、洋服姿に変わった幽蘭は片手間に会場内にある「世界館(19)」で監視員のバイトを始めたり、辺りをぶらぶらしては知り合いを摑まえて長話をしていた。五月六日付『京都日出《ひので》新聞』の記事「幽蘭女史狂乱の巻」には、そんな幽蘭が散歩中の「某小説家」とその門下生を摑まえたときの驚愕の所業が記されている。長いが引用してみる。

(18)青柳有美　明治六年、秋田県生まれ。牧師、教師、ジャーナリスト。明治女学校で教師をしながら『女学雑誌』の編集にも携わる。その後、実業之世界社の編集者となる。女性に関する著作が多い。

(19)世界館　引用記事には世界館とあるが正式には世界周遊館という。『風俗画報増刊　東京勧業博覧会第2編（361）』（明治四〇年、東陽堂）によれば、大熊義国の設計による開口約六四メートル、軒の高さ二一二メートルのローマンルネッサンス式建築で、横浜港からインド、アラビア半島、ヨーロッパ大陸、アメリカのジオラマが作られており、館内を一巡するだけで世界を巡る趣向となっていた。

〔引用者注：小説家たちを見つけて〕走り寄った幽蘭女史、まあ先生お久し振りね、一寸其辺《そこ》らで夕飯を附合って下さいなと例の調子でやり出したから、某先生も閉口して宜々《よしよし》黙って来給えと否応なしに池端に面した三層楼[20]に夕飯を附合う段になると、玉の盃底なきが如きとばかり、一盃二盃が遂《つい》ほろ酔いの上機嫌、同席の大家の迷惑もかまわばこそ、ね、でしょうと得意の怪弁を振って居た中《うち》は無事だったが、折から隣室に居た角帽連が女史の異装と怪弁に負《おわ》ぬ気を起し、女中を相手に自棄《やけ》騒ぎを始めたので、遂にお互に言葉の端に花が咲いて、あわや風雲穏かならずと見てとった某先生は門下生に命じて取静めたが、淑女に対して無礼であろうと盛んに罵倒して居た幽蘭女史の勢《いきおい》を見て、馬鹿につける薬はないと書生連はお先に失敬とも何とも云わずに帰ってしまったから、流石の女史も相手のない喧嘩は出来ず、さりとて此《この》儘《まま》に引下るのも幽蘭の面目に関すると、相手欲しさにつくねんと控え居ると、向こう側のゼムの売店の御連中、何と思ったか突然広告用のサアチライトを幽蘭一座に浴せかけたので、こりゃ堪らぬと逃腰するを幽蘭少しも騒がず端近く出掛けて、軍神広瀬中佐[21]という見得でサアチライトの真正面に、預言者の様な洋服姿を押立《おし》て丶先刻の書生で足らなかった無茶苦茶腹を一時にぶちまけ、大声をあげて一寸御飯を召上れ、お腹が空いてはゼムも利きませんよとやり返したので、ゼムの御連中も何を気違女めと盛《さかん》にサアチライトを向ける、向ければむける程箸と茶碗を高く捧上《ささげあげ》て怒鳴る、此《これ》を見た見物人は潮《うしお》の如く拍手する、殆んど博覧会絶好のポンチ絵を現出したるが、其《それ》が為《た》め女史は世界館巡視の時間に遅れて傭《やとい》を解《とか》れ、頭痛鉢巻で青くなって嗚呼ゼムは頭痛に害があります。

食事の席で酔っぱらって見知らぬ書生らに絡んで逃げられ、向かいの懐中薬「ゼム」販売店店員に広告用サーチライトを向けられ、隠れるどころかむしろ仁王立ちで「ちょっと御飯でも召し上がれ、お腹が空いては『ゼム』も効きませんよ」などと挑発したというのだ。店員は面白がってますますライトを当てる、幽蘭も負けじと箸と茶碗を高く持ち上げて怒鳴る、何事かと集まった見物人はみな拍手する、と大混乱。結局、世界館巡視のバイトに遅れた幽蘭はクビになったが、頭痛を治す「ゼム」が頭痛のもとになるとは、というオチのついた話のようだ。なんとも言葉にならないほ

(20)三層楼　上野山下にあった有名料理店「雁鍋」のこと。棟に雁の浮彫があったと正岡子規『病牀六尺』にはある。幕末の上野戦争では官軍が二階から上野の山に向かって彰義隊を砲撃したとされる。

(21)軍神広瀬中佐　慶応四年、豊後国（現大分県）生まれ。海軍中佐。明治三七年、日露戦争中に指揮していた閉塞船福井丸で魚雷を受けた際、船倉にいた部下の杉野上等兵曹を探して沈没寸前の船に戻り被弾した。この挿話によって神格化され唱歌になり明治四三年に万世橋駅（現神田須田町）前に二人の銅像が建てられた。仁王立ちの広瀬中佐像は例えにも登場した。

どの破天荒ぶり。これが明治時代の、いわゆる良妻賢母教育時代に育った女性なのかと驚く。

かように突飛な本荘幽蘭というこの女性、当時の評価がどんなものだったかといえば……。

擁護派の筆頭は先に引いた青柳有美、ジャーナリストで牧師、明治女学校時代の幽蘭の恩師でもある。有美は著書『女の裏おもて』（昇山堂出版部、大正五年）のなかで「文章を綴らしても、演説をさしても、俳句を拈《ひ》ねらしても、他生の及ぶ能わざる独創的の処があったもので、教師等《ぼくら》は之を目するに一種の天才を以てした。我が妖婦本荘幽蘭の学生時代は、全く天才の閃きを発したものである」と、その才能を讃えている。またその後の生き方についても、「詐《いつわ》りもせず瞞《だ》ましもせず、害も加えず仇もせず、真実と誠意とを以て十八乃至十九人の御亭主を持ち、八十余人の男に関係したところに滑稽味があり、お伽趣味が潜み、可笑味《おかしみ》があるのだ」と少々感傷的な解釈も加え、全面的に肯定している。

また、同じく明治女学校の同窓生で新宿中村屋主人の相馬黒光[22]も著書『黙移』（女性時代社、昭和一一年）で「才気煥発、奇才縦横、新聞記者を振出

(22) 相馬黒光　明治九年、仙台に生まれる。本名は良。キリスト教の洗礼を受け、宮城女学校に入学。自主退学を経て、フェリス和英女学

しに小説をかき、俳優になり、活弁、落語家、汁粉屋、ミルクホール ― 現在の喫茶店の前身、牛乳とパンを店におき、官報と数種の新聞を備えて、おもに学生を客とする ― 行くとして可ならざるなき底の婦人でありました。（中略）こういう無軌道な女性におきまりの、男を弄《もてあそ》ぶとか、金を取るとか、何かそんなことで転々したものでないことだけは信じてよいようであります」とあたたかい。黒光は後年娼妓になろうとした幽蘭を身請けするために新宿中村屋の出店費用を抛《なげう》とうとまでした人で、言葉のうえだけの擁護ではない。

医師で作家の高田義一郎(23)は当時の幽蘭ウォッチャーとでも呼びたい人物で、著書『らく我記』（現代ユウモア全集刊行会、昭和三年）では幽蘭をモダンガールの本家本元とみている。「幽蘭女史は、早くから天下に卒先して洋装をもしたし、断髪もした。共同生活もすれば、愛の巣をも営み、又若い燕を養った事も、三角関係を起した事もある。各種の職業婦人として活躍もしたし、口も達者なれば、文章も下手ではなく、演説は最も得意で、寧ろこれが禍して失業した位の域に達して居たのである。（中略）特に流行に追われてするのでなしに、独創的に世評に超越したモダーン振りは、何者をも敬服させずに置かないものがあるではないか。而してその断髪に

校（現フェリス女学院中・高等学校）、明治女学校に入学する。卒業後、相馬愛蔵と結婚し、東京・本郷の中村屋というパン屋を買い取って開業。明治四〇年に新宿に移転し、中華まんやインド式カリーを出し今に至る。文化人が交流するサロンでもあり、インド独立の志士ラス・ビハリ・ボースが亡命した際に頭山満の命で匿う。その後、長女がボースと結婚した。昭和三〇年、七八歳で死去。

(23)高田義一郎　明治一九年、滋賀県草津村生まれ。実家は草津の名家だったが父の散財で転々とし、苦学して京都帝国大学医学部に進み、医師となる。医学博士の傍ら、性科学、犯罪科学、ユーモアエッセイ、怪奇小説を多数発表。昭和二〇年、五八歳で死去。

至っては、尼になった事が幾度もある位だから、実に之こそ毛断ガールの真髄を摑んだものと云わなければなるまい。之をモダーン・ガールの本家本元と呼び、新しい女の先祖と称するのは、過言ではない所《どころ》ではない。中々以て褒め足りない点を懸念せずには居られない位である」と手放しで持ち上げ、丸ビル前に幽蘭の銅像を建設すべきとまで言うから驚きだ。

では、否定派の意見を見てみよう。

「彼は今日既に真人間で無い。と云って鬼でも無く蛇でも無いが（中略）唯だ徒らに荒んで居る、恋も無く人情も無く徳義も無く、況んや理想も無く向上も無い、言わば荒れ狂う人間という動物の残骸である」（「淫婦乎狂《か》人乎　本荘幽蘭女史」雑誌『大国民』大国民社、明治四四年一、二月号）

「幽蘭の如きは実に淪落の女の好典型である。彼には一種の文才と弁才とがあったのだから、正道を進んだならば何《ど》うにか行《ゆ》って行《や》けぬことはなかったのであるが、其放縦度のない好色が、あたら身を亡ぼすに至ったのである」（よぼ六「女記者の末路」『女罵倒録』三星社、大正一三年）

「彼女は男を翻弄し、世間を笑殺し、周囲を困らせて勝誇って居た間に、自己を堕落せしめ、自己を破滅に導きつつある事に気づかずにいた、自分は偉いと思い、自分は勝ったと思って居る間に、実は敗れつつ滅びつつ、人間の屑となりつつあった事に気づかずにいた。彼女は自ら新しい女と思い、強い女と思っていたが、事実は甚だ旧《ふる》い女であり、弱い女である事を証明しつつあるのに気づかなかった。要するに彼女は出発点に於て考を誤った。真に取るべき道を知らなかった。恐らく彼女は生涯復活することも、新人になることも出来ないだろう」（松本悟朗「弱き女本荘幽蘭」『第三帝国』益進会、大正四年八月一五日号）

「東に流れるか西に飛ぶか、あんな身になった淪落の女の行来《ゆくすえ》は、稲妻のようにとりとめもなく、見えがくれして終るのでしょう」（下山京子「地にまみれし女」『一葉草紙』玄黄社、大正三年）

荒れ狂う人間、動物の残骸、放縦度のない好色、人間の屑、旧《ふる》い女、弱い女、淪落の女、と実に多彩な罵倒が並んでいる。

擁護派は幽蘭の変わり身の早さを才気煥発、奇才縦横ととらえ、否定派は堕落、真人間ではないととらえる。人となりについても、根は純粋な人物と見るか、世間をあざ笑っていると見るか意見が分かれる。そして男性についてはもてあそんだ、いやもてあそんでいないと両論あるが、擁護派、否定派ともに文才と弁才は認めているのがおもしろい。女性の地位が今より格段に低かった時代、常識にとらわれずやりたいように世間を渡っている女性は叩かれても仕方がないという空気があった。そして何を言われてもまったく意に介さず自由に生きる幽蘭は、否定派にとって悪の化身のように見えたのかもしれない。

人々の常識や倫理観に脅威を与える幽蘭という女性は、どのようにかたち作られたのか、その生い立ちから見てみよう。

第一章
少女時代

久代が通った巣鴨時代の明治女学校校舎の様子
◇『日本古書通信』（昭和六三年一二月号第七一三号、日本古書通信社）「発掘された九段上・明治女学校の映像」（磯崎嘉治）より

久代、その「惨憺《さんたん》たる」生い立ち

幽蘭の本名は本荘久代といい、明治一二年二月一八日に生まれたことはどの資料でも一致しているが、出生地には諸説[1]ある。雑誌『女の世界』掲載の「大正婦人録」（実業之世界社、大正九年五月号）には「大阪市北区中の島に生る。故郷は九州久留米市」とあり、当時の父の職場に近いこと、本人が書いた節がある[2]ことからここが出生地ではないかと筆者は考える。

久代少女時代の資料はなにしろ少ない[3]。

もっとも有力なものは、大正一〇年三月一八日から五月二日まで『京都日出《ひので》新聞』夕刊に四四回にわたって連載された自伝「懺悔録」である。初回の「はしがき」によると、前年末に明治座で懺悔譚として語ったものを

(1) 諸説　檜垣元吉『西日本百年の群像38』（横田順彌氏発見の資料。注4参照）には花畑とあったというが、大正時代に本人が配っていた名刺には「故郷　福島県（福岡県の誤植）久留米市篠山町」とある（「故郷」が出生地とは限らないことに注意）。綿谷雪『妖婦伝』

「社会矯風、家庭廓清の一助として、有力な権威ある新聞紙上に連載公表したら好かろうとの教育当事者、知識階級有志者の勧告」に従って披露するとある。ただしこの連載、都合上休載しますという言葉を最後に途絶しているのか、続きが見当たらない。同じく出生から青年期の久代が窺える資料に、明治四二年発行の雑誌『サンデー』（サンデー社）第三六号から四一号まで六回にわたって連載された記事「惨憺たる幽蘭女史の懺悔——影に添ふ三十七の黒法師」（三八号から「懺悔」を「半生」に改題。以下、「惨憺たる」）がある。本人からの聞き書きを記者がまとめたものだが、主観と脚色が混じった内容で評伝の資料として扱うに足るか疑問は残るものの、大筋では事実と思われる。とはいえ、「懺悔録」と「惨憺たる」にも齟齬がある。本書では「懺悔録」を中心に少女時代を追いつつ、適宜疑問点を示していくこととする。

「惨憺たる」には、本荘家は「素《も》と五百年来の旧家で代々、久留米の藩主有馬家の番頭を勤めて居た」「父は本庄《（ママ）》一行という古い弁護士の一人で、『大坂新報』の創立者として当時可なりに有名な人であった」とある。

父は幼名を八太夫、後に一行《かずつら》(4)といい、久留米藩政にも参画した切れ者

（鱒書房、昭和三〇年）、田中香涯『愛慾に狂ぅ痴人』（大阪屋号書店、大正一五年）には佐賀県とある。

（2）本人が書いた節がある「私生児二、公生児一を生み公生児のみ生存す」の記載あり。

（3）少女時代の資料はなにしろ少ない　横田順彌「早く生まれすぎた女傑——本荘幽蘭 抄伝」（『日本及日本人』J&Jコーポレーション、一六四三～一六四八号、平成一四年）のなかで引用されていた檜垣元吉『西日本 百年の群像38』は発見できず、後日横田氏に伺ったところご自身にもすでに不明とのことだった。久代の幼少期に関する貴重な証言がいくつかあっただけに残念ではある。

（4）一行「いっこう」とするルビもある。

である。法律や経済学に精通していたため藩内のもめ事の仲裁をつとめるなどして人望を集め、維新後には実業家五代友厚(5)の腹心となり大阪商法会議所（後の大阪商工会議所）創立時に理事を務め、弁護士業の傍ら大阪新報の社主となるなど本人も実業家として名を成している。

母に関する資料はほとんどないが、「懺悔録」ではその名を花子としている。また、母の従兄に牧師の伴君保《ばんきみやす》(6)がいること（「懺悔録」）、久代の伯父として宗教家で立教大学創設者の元田作之進(7)がいること（「惨憺たる」）から、日本聖公会(8)に縁のある家柄と思われる。なお、久代には七歳上の民野という姉がいる。一五歳のときに精神の病を得たが回復し、二〇歳で柳河の字《あざ》椿原町《つばはらまち》（現福岡県柳川椿原町）に住む田中秋《おさむ》という人物と結婚している。その後離婚して(9)石橋六郎(10)と再婚、父逝去の後に石橋が本荘家の家督を継いでいる（倉富了一『石橋六郎翁伝』〈倉富了一、昭和九年〉。但し、ここでは「民子」となっている）。

久代の家庭について「惨憺たる」は「女史の父本庄一行は頗《すこぶ》る感情家であった上に、其《その》母なる人には著しい狂佯《きようよう》の血が流れて居た」というが、その実態は父一行にも制御不能な、酸鼻を極める状況にあったようだ。

(5)五代友厚　天保六年、薩摩藩（現鹿児島県）生まれの武士、実業家。大阪経済界を担い、大阪商法会議所を設立した。NHK連続テレビ小説「あさが来た」への登場も記憶に新しい。

(6)伴君保　日本聖公会牧師。

(7)元田作之進　文久二年、筑後国（現福岡県）久留米に生まれる。明治一五年に受洗し、立教専修学校の校長、立教中学の校長を経て明治四〇年に立教大学初代校長となる。大正一一年、日本人初の聖公会監督主教に任職される。昭和三年死去。久代の伯父という作之進が父方か母方かは不明。人事興信録データベースの家族欄に知った名はなかった。

(8)日本聖公会　イギリスで生まれたキリスト教系一

まず、久代が物心ついたときに居住していた桜の宮（現大阪府大阪市都島区）の家には母も姉もおらず、父と祖母の松と「畏《こわ》い伯母さん」が、離れには正体不明の老若男女六人がおり、また二人の老人と三人の若い女の定期的な訪問があった。後でわかったのは、「伯母さん」は末という元芸者（南地九郎右衛門町で小北と名乗っていた由）、離れにいたのは末の両親と兄一家、外から通っていたのは末の芸者時代の養父母と妹芸者三人だった。彼らは一行や久代よりも豪奢な生活をしており、とくに末とその両親、離れの人々は下にも置かない待遇を受けていた。末は縮緬の高級座布団を敷いて長火鉢の前にいるか、腕車《わんしゃ》を呼んで芝居や買い物に出掛けるか、家に按摩を呼ぶという生活をしていて、父ですら末には何も言えなかった。本荘家は末とその親族に乗っ取られている状況だ。久代は末に厭われていたが、友人から「ほんまはおばはんやのうておめかけはんや」と聞かされ、その意味を本人に聞いてしまったためにさらなる冷遇を受けた。

七歳[11]の春、一家は大阪から横浜に引っ越した。その一年後、民野が病気だという報が舞い込む。祖母と久代の二人が向かった先は曽祖母の実家である旗崎村（現福岡県久留米市御井旗崎）で、母は精神を病んだ四年前から

宗派「アングリカン・コミュニオン」。教義はローマカトリックとプロテスタントの中間とされる。関連施設に、立教大学、桃山学院、聖路加国際病院、滝乃川学園、エリザベス・サンダースホームなどがあり、皇室との関係も深い。

(9)離婚して　『倉富勇三郎日記 第二巻』大正一一年八月一七日の条に記載あり。

(10)石橋六郎　久留米出身の警察官吏。台湾総督府勤務などを経て明治三三年に五八歳で官界を退き福建省で暮らしていたが、明治三四年に妻をなくし、翌年民野と結婚。

(11)七歳　ここで参照している「懺悔録」はすべて数え年の表記となっているため、それに従う。数えは生年を一歳とする。

民野とここに移り住んでいた。そしていま一度、民野は母と同じ病で苦しんでいるのだった。「懺悔録」にはその症状を「夜も昼も大きな声をしたり、室内や庭先を走り廻ったり、物を毀したり、物凄いほど暴れ廻るのであった」とするが、病名はわからない。民野の回復を機に、祖母、母、民野、久代、雇い人二人の六人は西久留米（現福岡県久留米市西町）の本荘家の中屋敷に移った。久代はここで一七歳まで暮らすが、父からの送金は一切なく、糸紡ぎや機織り、草鞋作りなどで賃金を得てつましく暮らした（「懺悔録」）。原古賀尋常小学校に通い、一一歳の八月には葭原町の尋常高等小学校に入学。(12) この先は女子師範学校に進み、教師や作家になって母を助けようと考えていたが、母から告げられたのは、機織りのために学校を辞めてほしいという残酷な一言だった。久代は一三歳の卒業の年に退学した。

この年、つまり明治二三年の一二月、民野は富豪の田中秋《おさむ》に嫁した。ほどなく息子の積《つもる》を授かり、一家は幸福に暮らしていた。秋は久代が遊びに行くと豪勢な食事や菓子で歓待してくれたが、復学への提案はなかった。

そして久代が一五歳になる頃、いよいよ婿選びの話が持ち上がった。病気で婚期が遅れた民野の代わりに、次女の久代が婿をとることになったのだ。

(12) 尋常高等小学校に入学当時は七月に進級試験が行われたが、久留米より大阪の方が勉強が進んでいたために、一、二、三学年の進級試験を同時に受けて及第し、高等小学校に進んだと「懺悔録」にはある。

久代、婚約者たちに翻弄《ほんろう》さる

婿候補の真っ先に挙がったのは、母の従兄の吉和國雄だった。國雄は久代の五歳年上。幼いうちに孤児となって義理の兄に育てられ、細工町（現福岡県久留米市城南町辺りか）の風斗就愛《ふうとしゅうあい》という歯科医の家で勉強していた。おとなしく利口で、色白の美形、早朝から雇い人を手伝い夜は遅くまで勉強して戸締まりの見回りもするという実直さで、久代も好意を抱いた。しかし、姉の民野は夫の従兄の藤吉文太郎《とうきちぶんたろう》を紹介すると言う。困った母が父に問い合わせると、既に決めた人間がいるとにべもない返信がきた。旧武士階級の家では娘が父に従うことが不文律ではあるものの、それにしても親の持ち物のように翻弄される久代である。

翌年の秋、吉和國雄が訪ねてきて歯科の勉強のため上京[13]すると言い残して去って行った。落ち込む久代に、最愛の祖母が寝つくというさらなる打撃が襲う。いよいよだめだというとき、父が突然姿を見せた。実に九年ぶりのことだった。死の床にある祖母は父に、末を追い出して親子四人で暮らすよう諭した。父は長い間一言も発しなかったが、「お母様、一行、承知致しました」と告げ、涙を流した。見守っていた一同は安堵し、祖母も心残りなく天に召されたが、七日法要後に末から電報が届くと父はそそくさと帰ってしまった。果たせるかな、約束は反古にされた。

明治二八年の夏、久代だけが一行のもとに戻された。

その翌正月、客を迎えて同居の家族が集められたが、そのとき末席に座っていたのは陸軍予備少尉の本荘忠之[14]という男。末に将来の夫と言い聞かされていたものの、年が一五も上で薄給という惹かれるところのない人物である。その場で父は本荘家の重大問題として口を切り、母を離縁し末を後妻に迎えると宣言した。久代はショックを受け、たまたま渡された支払うべき家賃七円を運賃にして、母に会うため久留米に急いだ。

(13)歯科の勉強のため上京　「惨憺たる」では「國雄は失恋の痛苦を深く秘密の胸に押し蔵（かく）して東京に遊学する事となった」とある。あるいは國雄がこのとき久代に好意を持っていて、婚約者登場に痛苦を感じたのかもしれないが（「懺悔録」では久代に対する想いが見えてこない）、上京の理由は明確であり、「惨憺たる」だけを参照していると印象がかなり違う。

(14)本荘忠之　なぜか「懺悔録」では途中から忠三郎となっている。また、忠さんという呼び名も途中で忠三に変わっている。どれが正解かは不明だが、本書では最初にフルネームで登場した忠之を採る。

(15)三ヵ月の刑期　「惨憺たる」には「フト瀆職罪に

久しぶりに会う母はいよいよ零落していた。離縁の件を聞かされて三日間泣き明かし、家を引き渡せとの厳命が下ると実家の両替町（現福岡県久留米市）に移った。久代には忠之の迎えが来て、戻らざるを得なくなった。しかも途中二人で大阪に一泊したために誤解を生み、縁談が進められることとなった。ところがある日、忠之から葉書が来た。そこには「日清戦争の際、帰隊の期日延期をしたが、軍法会議に付せられ市谷監獄に三ヵ月の刑期[15]を勤める」とあった。父は男泣きに泣き、縁談は消えた。

なお、「惨憺たる」にはこの頃久代が「神田の女子職業学校[16]に通って」いたとしているが、不思議なことに「懺悔録」にその名は一切出てこない。

さて、刑期を終えた忠之は無収入のため本荘家に寄宿したが、次第に兄のいる北海道に一緒に行こうと持ちかけるようになった。一刻も早く家を出たかった久代もついにその気になったが、そこへまたもや吉和國雄が訪ねてきた。國雄と接した父と末が好感を持ち、婚約者と認めないでもないという雰囲気になったため、久代は土壇場で北海道行きを断り、かくして忠之はひとりで旅立って行った。

問われて入獄する身となった」とあるが、帰隊の期日延期をしたのであれば、明治一四年布告「陸軍刑法」（『法令全書』内閣官報局、明治二〇年）第七章「違令」第百七条「帰休兵及び予備後備の軍籍に在る者故なく召集の期に後れ十日を過ぐる者は一月以上一年以下の軽禁錮」に当たるのではないか。なお、「懺悔録」によれば一行は頻繁に差し入れに行き、出獄の際も迎えに行ったという。

(16)神田の女子職業学校　当時神田区にあった女子の職業学校は共立女子職業学校だが、『共立女子職業学校二十五年史』（共立女子職業学校、明治四四年）の「卒業生氏名」を見ても本荘久代の名はない。

明治二九年七月、國雄が歯科医の試験の合格報告に訪れ、別室で父としきりに話し合っていた。いよいよ一緒になれるかと思ったのもつかの間、國雄の義兄に反対されたとかでまたも縁談は立ち消えになった。久代は思い詰め、英語を学んで國雄の仕事を助けようと考え、「耶蘇になる人なら、無料で世話をなさる」と聞いた、横浜の宣教師ジェームス・ハミルトン・バラ[17]宅を訪れ、そのまま「フェリス和英女学校（現フェリス女学院[18]）」に入学を許された。一九歳にもなるのに何も知らなかった久代は、周囲の塾生[19]に「伯母《（ママ）》様教えて上げましょう」と言われながらアルファベットを習い、一心不乱に勉強した。しかし、まもなく楽しい学校生活も終わりを告げる。母の従兄で牧師の伴君保と滝野川孤女学院[20]院長大須賀亮一が現れたのだ。二人は本荘家一六代の孫として正なき業と懇々と説教をし、床に伏して祈り始めた。久代は学校を諦めた。

　女学校から戻った久代を出迎えたのは、久留米藩時代の旧家老有馬秀雄[21]の弟で内務省勤めの有馬重男という人物。家事に奔走する久代を何かと手伝い、どうやら好意を寄せている様子だった。そんななか、未来の代議士候補という「大変肥満の赤ら顔」三五歳の阪本格[22]という人物が訪ねてきたこ

(17)ジェームス・ハミルトン・バラ　天保三（一八三二）年、ニューヨーク生まれ。宣教師。明治五年、日本初のプロテスタント教会、日本基督公会を設立。大正八年に帰国するまで伝道に尽くし、日本のプロテスタント教会に大きな影響を与えた。

(18)フェリス女学院　明治八年に横浜区山手に開校したキリスト教女子教育の草分け。外国人による英語や体操などの新科目を備え、赤い校舎、緑の窓枠、風車が回るハイカラな学校だった。久代と同じくフェリスと明治女学校に通った相馬黒光は『黙移』（法政大学出版局、昭和三六年）のなかで「ミッションスクールでは最高峰のフェリス女学

とで、父がこの男との縁談を進めていることがわかってきた。それを知った重男は何を血迷ったか「阪本と結婚するなら一度の仮の契りを」という手紙をよこしてきた。久代は憤慨し「わたしと結婚するか、阪本との結婚を祝うかどちらかにしてほしい」と伝えたところ、自分と結婚してほしいとは言うものの行動は起こさない。そうこうするうち、松村雄之進[23]の仲介で阪本との縁談が具体的に進んだため、久代は父に断りを告げて大変な叱責を受ける。しかし、阪本の友人が阪本の訪問当日に着ていた服はすべて松村の物であることを暴露。貧乏人に嫁がせると結局自分が損をすると考えた末が、縁談を断った。

　このとき久代は二〇歳、これまでに登場した婚約者は、吉和國雄、藤吉文太郎、本荘忠之、阪本格の四人で、どの場合も久代と無関係に話が進み、無関係に雲散霧消している。その度ごとに一喜一憂させられる思春期の久代の気持ちを思うと、いかにも哀れである。

　そして今ひとり有馬重男が残されているが、この男こそ久代の運命を大きく歪める張本人となる。

校、一部の女学生の憧憬の的」としている。

(19)周囲の塾生　「惨憺たる」に当時の久代は「古代紫のカシメアーの袴に、処女の色香をこめた薔薇の花をかざし」と描写しているが、「懺悔録」では他の塾生の服装としている。久代は家出の身なのだから後者が事実なのだろう。

(20)滝野川孤女学院　明治二四年創立の孤児院「孤女学院」を指す。現在は「瀧乃川学園」として知的障碍児の教育を行っている。

(21)有馬秀雄　明治二年、筑後国(現福岡県)生まれ。実業家、政治家。久留米藩重臣の有馬重固の長男。

(22)阪本格　一一三頁参照

(23)松村雄之進　一一七頁参照

久代、蕾《つぼみ》の花を手折られる

久代の身にそれが起こったのは明治三一年一月一五日、数えで二〇歳のときのこと。父と末が家を空けた隙に重男に蹂躙《じゅうりん》されてしまったのだ。「惨憺たる」ではこれを「蕾の花を手折った」としている。(24) その後も何度か繰り返され、かくして訪れるのは妊娠である。久代は早急に結婚して月足らずとして産むしかないと迫ったが、重男は堕胎を主張。しかも、かつてある女性に同じことをさせ、何の身体的問題もなかったとまで言い放ったという。結論が出ないまま、時間だけが過ぎていった。

その頃、父は経営していた日本運輸株式会社が破産の危機に陥り、介す

(24)「蕾の花を手折った」としている　この事実は「惨憺たる」に明記されているが、重男を「当時早稲田専門学校の学生」「今は三越呉服店に一事務員として勤めて居る」とするなど「懺悔録」と異なる説明が多い。「惨憺たる」が出た

る人があって富士紡績株式会社の工場（現フジボウ愛媛株式会社小山工場）の支配人となった。父と末と久代は小山（現静岡県駿東郡小山町小山）に移住し、重男は東京から休みの度に泊まりにきた。周囲は婚約者のように扱ったが重男の目的はあくまで堕胎を促すことだった。そしてある日、流経丸という堕胎薬の入った袋を出された久代は、逆上のあまり飲んでしまう。

その後、重男の使いが結婚の話を持ってきたが、すぐ後に末の従妹の長谷川倉子という女が断りの伝言を持ってきた。五日後、久代は七転八倒の苦しみのすえ、秘かに出産したが六カ月の早産児ですぐに死亡した。子供には重興《しげおき》(25)と名付け、遺体を風呂敷に包んで富士川(26)に流した。

しばらくして遺体発見の報が駆け巡り、警察が工場の女工三〇〇〇人を調べたと噂になった。今後は一五歳以上五〇歳以下の女性全員を取り調べるとのこと。久代は半狂乱となり、翌朝の一番列車に乗って重男の住む牛込に駆けつけた。しかし、やっと会えた重男は他人のようなそぶりだった。そこへ父と末が追ってきて久代を責め立てた。思い余った久代は、重男と末の今までの罪をあげつらい、口を極めて罵倒した。頭に血が上り、自分の声が遠くに聞え、「遂に発狂したのであった」と「懺悔録」にはある。

のは明治四二年で事件から十年しか経っていないため、あえて事実と異なる記述をしているとも想像される。なお、「惨憺たる」では「有馬何某」としか書いていないが、よく見ると一カ所だけふりがなが「しげを」となっていてわかる人にはわかるような仕掛けがある。昭和三年の『会員名簿索引 いろは別』（早稲田大學校友會）には「有馬重男　二七専英　三〇邦政」とあり、明治二七年に専修英語科、三〇年に邦語政治科を卒業していることがわかっている。

(25)重興　父親である重男の一文字と家を興すの意味で命名したというが、その運命を思えば悲しい。

(26)富士川　「惨憺たる」では酒匂川（現鮎沢川）としている。

久代、巣鴨病院に入院す

久代はそのまま巣鴨病院(27)に入院することとなった。

「懺悔録」によれば本人は至って正常なつもりで、最初は自分を伝道者と考え、看護師の白い制服を見て天国だと思い、狭い部屋に入れられて板戸を閉められたところで敵国の捕虜になったと思いつき、「大日本帝国万歳!」と叫んだという。続いて「天皇陛下万歳!」「皇后陛下万歳!」「皇太子殿下万歳!」「皇太子妃殿下万歳!」ついでに「吉和國雄万歳!」「本荘久代万歳!」などと叫んだ。当時、病院には誇大妄想症の葦原《あしわら》将軍(28)と呼ばれる有名な患者がおり、久代も「万歳狂女」として名物患者に数えられたとある。その後もしきりに吉和國雄の名を出すため、呉博士(29)の代理医長だった

(27)巣鴨病院　正式名称は「東京府巣鴨病院」で、小石川区巣鴨駕籠町四一番地(現文京区駒込)にあった。都立松沢病院の前身。『巣鴨病院医事年報』によると久代が入院した明治三一年の入院患者は四九六人、うち自費患者が二九三人、施療患者(貧困により無料で入院している者)は一四六人、行旅患者(生活圏外で保護された者)は五七人。

(28)葦原将軍　嘉永三年生

片山國嘉[30]博士が國雄に手紙を出し、見舞いの手紙と写真を送るよう伝えた。それを手にした久代は失神し、気がついたときには正気に戻っていた。しかし、逆境の家庭のためしばらく滞在した方がよかろうという判断がくだり、読書、作文、編物などをして下宿人のように過ごしたという。

ところで、当時の巣鴨病院の様子を伝える資料に「東京府巣鴨病院――五区患者手記」(『近代庶民生活誌20 病気・衛生』三一書房、平成七年)がある。原本は明治三一年一二月(久代の入院時期)に自費で入院していた男性患者が墨で書いた和紙二十枚ほどのいわば告発状なのだが、その内容には驚かされる。看護人は採用試験で名前を書くだけ、低賃金でも勤まる人、一時的に食うに困って腰掛けで来る者で「士族ノ落ブレ老人カ或ハ放蕩ニ身ヲ持チ崩シ寄ル所ナキノ少年」だった。患者に対し殴る蹴るの虐待を行い、自らを旦那様と称して患者に「看護人様」と呼ばせる、患者の差し入れや持ち物を掠取し、料理人と結託して病院食をかすめ取り、配られた食事も煙草や花札と交換するなどやりたい放題のありさまだったという。

このような惨状の背景には行政の精神医学に対する知識や理解の欠如、そして予算不足があった。当時の精神病院は三府(東京、大阪、京都)に集

まれ。本名葦原金次郎。二四歳で天皇直訴未遂事件を起こし、以来死去するまで松沢病院に入院した。将軍を自称し、後に天皇を自称。病院の象徴的存在であった。昭和一二年、死去。日本精神医学資料館にはデスマスクと脳の標本が保存されている。

(29)呉博士　呉秀三。元治二年生まれ。医学者、東京帝国大学医科大学教授。日本初の精神衛生団体「精神病者慈善救治会」、「日本神経学会」創立。巣鴨病院第五代院長だが、明治三一年当時は留学中のため代理がいたのだろうか。

(30)片山國嘉　安政二年、遠江国(現静岡県)生まれ。法医学者。東京帝国大学医科大学名誉教授、東京慈恵医院医学専門学校講師も勤める。

中していて病床が決定的に足りず、私宅監置（いわゆる座敷牢）が認められていた。また私立病院がほとんどで国からの予算も少なく、大学には精神医学を学べる教室もなかった。貧しい設備のなかで使命感もない素人が安い給料でいやいや看護するのだから、荒廃するのも頷ける。なお、明治三〇年からオーストリア・ドイツに留学し、ベルギーの「家庭的看護」に感銘を受けた呉秀三が三四年に帰国して医長に就任すると、翌日から拘束を止めさせて虐待した看護人に厳罰を与えたというが、それでも打つ手のない患者に対する簀巻きなどは続いたという。

久代の入院生活は、少なくとも「懺悔録」においてはそこまで悲惨な思い出とされていない。それ以前の生活が陰惨だったために印象に残っていないのかもしれない。とはいえ、重男に裏切られ、婚外子を産んで遺体を遺棄し、巣鴨病院に収容された一件は心の大きな傷となった。後に人生のターニングポイントとして繰り返し人に語った逸話である。

明治三二年の秋、明治女学校の教師である福迫《ふくさこ》亀太郎、(31) 布川《ぬのかわ》孫市(32)両氏が病院を参観した折りに久代に同情し、明治女学校への入学手続きをとった。こうして久代は一年の入院期間を経て、退院することとなった。

(31) 福迫亀太郎　明治元年生まれ。明治二六年から三五年まで明治女学校教師兼幹事に在職。三六年には山口県立徳基高等女学校長となるが、三八年秋に辞して明治女学校に戻り廃校まで事務を執った。

(32) 布川孫市　号は静淵、別名山形東根。明治三年生まれ。日本宗教社を創立し、明治二九年には「社会学会」（メンバーには巌本善治、片山潜、元田作之進らがいた）を設立。貧困問題や労働問題に取り組んだ。昭和一九年死去。

久代の父、一行

ここであらためて久代の生家と父について見ていきたい。

「惨憺たる」には「本庄《ママ》家は素《も》と五百年来の旧家《きゅうか》で代々、久留米の藩主有馬家の番頭を勤めて居た」と書かれているが(そしてこれは幽蘭の言だろうが)、結論からいうと五百年の裏付けは見つからなかった(33)。

本荘一行の父、久代の祖父にあたる人物は本荘成福(舎人《とねり》)である。篠原正一『久留米人物誌』(菊竹金文堂、昭和五六年)には「寛政三年(一七九一)十一月七日出生。名君十代藩主有馬頼永の近臣。初め巳土といい、のち成福といい、八太夫と称し、通称は舎人。禄千石」「(文政)十六年十二月、用席詰(34)となり、奏者番(35)に転じ、天保一二年、惣奉行(36)となった。国老有馬照

(33)裏付けは見つからなかった　篠原正一著『久留米人物誌』の略系を見るに、「惨憺たる」(明治四三年)から二百〜二百五十年程度ではないか。が、どこから数えるかという問題は残る。
(34)用席詰　執務室に詰める役。
(35)奏者番　大名、将軍らとの連絡役。
(36)惣奉行　部署を監督し、まとめる総指揮官。

長（息焉）と親しく、常に心を協せて主君に尽くした。弘化二年、病のため辞した。安政五年（一八五八）九月七日没。享年六八」とある。

成福の息子で久代の父、本荘一行を『久留米人物誌』からひいてみると「家は世々久留米藩の御奏者番。本荘成福（舎人）の嗣子《しし》。名は八太夫、のち一行と改め、号は如夢。二十歳で用人上席に抜擢されて藩政に参与し、朝廷・幕府に対する接触及び諸藩の交際事務を取り扱った。そのため諸制度に通じなければならない関係より大宝令以下の法令格式を研究して、本邦の法制経済に通暁した。思想は富国強兵、国を富ますには商売せなければならぬということで開国論者であって、参政不破美作派であった。廃藩置県前後には藩知事有馬頼咸[37]の身近くにあって活動した」とある。

一行は幼少の頃から学問好きで儒学者とも伝えられる教養人で、それは弱冠二〇歳で用人上席となり重用されていることからも窺える。用人とは藩主の傍で金銭管理や雑事などもこなす重要な役職である。

久留米藩には第一一代有馬頼咸が治めていた幕末から維新にかけて家臣たちが起こした数々のトラブルがあった。幕府の考えを支持する佐幕派と天皇を尊び外国人を排斥する攘夷派の争いがかねてから絶えなかったが、とうとう明治元年、藩を指揮していた佐幕派の不破《ふわ》美作《みまさか》が攘夷派に殺害さ

(37)有馬頼咸　文政一一年、筑後国（現福岡県）久留米に生まれる。第一一代、久留米藩主。常に家臣の抗争に悩まされ、明治四年の久留米藩難事件では謹慎を命じられるも、廃藩置県により免官され華族となる。明治一四年、五四歳で死去。

(38)「久留米一夕譚」　注意すべきはこれらは息子一行の言葉なので身内贔屓がないとは言えないという点

れる事件が起こる。美作派だった一行は頼咸に意見書を提出している。その後、一行は頼咸のお供で京都に上り諸藩と交流、帰藩後は外務局に従事する一方、藩校の総督も務めた。同じ明治三年には九州内を遊歴。日本の開明期といわれる時代に、自信も実力もある青年がさまざまな土地を動き回って見聞を広めている様が頼もしい。しかし幽蘭の父として考えると、腰の落ち着かない性格の片鱗を見るようでもある。

明治四年春、久留米藩をまたもや事件が襲った。暗殺事件の嫌疑をかけられ脱走した長州藩士大楽源太郎《だいらくげんたろう》が久留米に落ち延び、攘夷派と組んでクーデターを起こしたのだ。一行は頼咸に言われて鎮静に向かい「七昼夜間鎮撫に尽力したが」（以下、「　」内は「久留米一夕譚[38]」から引用）聞き入れられず、騒動を黙認していた久留米藩士小河真文《おがわまさぶみ》を「精神の有らん限り」で説いたところ一行の言葉に「感動して涙をハラハラと流し」て協力を約束、東京府と司法省から使わされた兵隊により関係者一同は拘引、処罰された（小河は斬罪）。このとき一行も捕縛されたが誤解が解けて数カ月後に釈放されたという。

「久留米一夕譚」のこれらの記述に対する若林卓爾（後年の久留米市長）の意見は「自画自賛の嫌《きらい》あり」で、第三者に編集させた方がいいかもしれな

だ。「久留米一夕譚」は、明治二一年五月に行った一行の講演を磯部勘平が筆記した原本に、戸田乾吉、磯部勘平、若林卓爾の三名が後から意見を書いた付箋を付けたもので、付箋の内容は欄外に記載してある。成福の咎（領内の若津港で禁を犯して遊びに出かけた帰りに寺に寄って説法をした僧侶を、成福がとがめて逆に僧侶に説法したことが聞こえたために受けた咎）に関する記述の欄外には若林卓爾が、そのエピソードは馬淵貢のものだと聞いたが間違いだったのだろうか、と記している。とはいえ「一夕譚」のことは冒頭に「其批判公平なれば、吾が久留米の近世史として最も尊重すべき物なり」の記述があり、基本的には信頼度の高い資料のようだ。

いが、一行の文章はそのままで注を付記する方がかえって真実味があっていいのではないか、と思い直してもいる。確かに一行の表現は大げさで、本人が英雄のように格好がいいのもちょっとどうかという気がする。とはいえ、自己宣伝癖も後の本荘幽蘭の父と思えば大いに頷ける。

廃藩後の一行について『久留米人物誌』は「大阪に出て鴻池《こうのいけ》家(39)に入り、大阪商法会議所創立に当り、その理事に選ばれた。弁護士を開業し、堂島の訴訟事件で名を高くし、改進党組織の際にはその創立に力を尽くした。のち東京に移り、日本鉄道会社に入社した。また、東亜問題に深く関心し、黒龍会の同人として国事に尽くすところが少なくなかった」としている。

五代友厚は薩摩藩出身で、造幣寮（造幣局）、弘成館（全国鉱山管理事務所）、朝陽館（藍製造工場）、大阪株式取引所（現大阪取引所）、大阪商法会議所、東京馬車鉄道、東京都電車を創設した実業界の大立物だ。また、五代と鴻池（山中）善右衛門も「大阪為替会社」、「大阪通商会社」、「大阪製銅会社」、後に五代が引き継ぐ「大阪新報」などで関わりがある。この辺りの関係は経済界の中枢で働く人材として有機的に繋がっていたと思われる。その後の一行の行動を辿ると、明治六年に創業された「弘成館」の社員であったこと、明治七年創立の日本初の法律事務所「北洲舎」と不動産売買や代書代言を扱う「便宜商社」に所属する代言人（弁護士）だったこと、明治一一年には「大阪商法会議所」理事を（五代は会頭）、明治一二年五月から一四年までは「大阪新報」の社長を、明治一五年から二一年までは「大阪製銅会社」社長を務めていることがわかった（前記プロフィールにあるように立憲改進党の創立に尽力したとするならそれも一五年ごろのことだろう）。明治一一年以降はすべて五代の息のかかった事業だ（「大阪新報」などは五代が手を引くとその地位を去っている）。また、明治一六年には「大阪訴訟鑑定局」を設立しており、朝日新聞などにたびたび派手に広告を打っている。

一行の経歴を振り返ると、進取の気性に富んでいることと高いコミュニケーション能力に気がつく。それは「頭の切れることではこの人にならぶ者はなかった」「維新の変動など平ちゃら」（『西日本　百年の群像38』横田順彌「早く生まれすぎた女傑――本荘幽蘭　抄伝」、『日本及日本人』一六四三〜一六四八号、J&Jコーポレーション、平成一四年）といった記述も裏付けているが、成功の秘訣はなんといっても有馬頼咸、鴻池家、五代友厚ら大物に気に入られる如才なさだろう。滝沢誠は、同じく有馬の家臣だった父を持つ武田範之《はんし》について記した著書『武田範之とその時代』（三嶺書房、昭

(39)鴻池家　鴻池財閥は摂津国（現兵庫県）ではじめた酒造業から金融業で成長を遂げ、江戸時代には日本最大にまで発展した財閥。明治一〇年には旧三和銀行（現三菱ＵＦＪ銀行）の前身、第十三国立銀行（鴻池銀行）を開業するなどしたが昭和の初めごろから次第に後退し、第二次大戦後の財閥解体などで縮小を余儀なくされた。一行はまた実業家五代友厚に引き立てられてもおり、鴻池とも五代とも有馬のお供をしていた頃に広げた人脈だと思われる（有馬家が鴻池の出身地である摂津国の大名だったことも思い出される）。

和六一年）のなかで、家臣らの性格を「久留米藩という会社組織に代々勤めるサラリーマン家系で、永年にわたって培われてきたサラリーマンとしての処世術」があり「官僚的で敵を作らない」ものとしている。家臣時代には懐刀として実務を取り仕切り、可愛がられながら人脈を広げ、いざ近代化となると広い世の中に打って出る大胆さも持ち合わせている一行にも当てはまる。時代の波にうまく乗った自信と自負は大きなものだっただろう。

この性格が娘の久代に受け継がれたかといえば、好奇心の強さや挑戦好きな面は似ているが、器用さや忍耐力がなかったために一行のように世の中でうまく立ち回れなかった。といっても、それが久代の生来のものかと問われるとよくわからない。若いうちに大きなショックを経験したこと、母、姉、久代が三人とも精神を患った(40)ことを無視することはできないからだ。家族がこのような病気になると、子供は自罰的になったり、不安を抱え込んで劣等感を持つこともある。病名も原因も明らかにされていない以上確かなことは言えないが、ひとつ言えることは、本荘家の女性たちが極端に抑圧された環境にいたということである。それはとりもなおさず、一行の家庭内での横暴が招いたものだった。

(40)母、姉、久代の三人とも精神を患った「惨憺たる」では「狂伴の血が母からの遺伝」としているが、病名も根拠も示されていない。なお、「狂伴」とは狂人のふりをすることだが、真相は不明。

久代、伝説の明治女学校に入学す

久代の巣鴨病院入退院の経緯については当時明治女学校の教師をしていた青柳有美が著書『女の裏おもて』（昇山堂出版部、大正五年）に記している。

今より約十四五年前の或る日巣鴨病院から引取られて、当時青柳《ぼく》が教師《せんせい》をして居った女学校の寄宿舎に入舎生として入塾し、その女学校の生徒として教場に出席するようになった女学生が、今の妖婦本荘幽蘭である。巣鴨病院に入院せねばならぬまでになったのは、恋い慕う男とは故障があって添い遂られず、親の意見で気の進まぬ家に嫁入りし、思わぬ男と添い遂げねばなら無くなった処《ところ》へ、姑に嫌われて家庭の中が旨く円満に行かず遂に離縁となり、彼是《かれこれ》と煩悶した揚句の末、精神に異常を呈し、物狂わしくなったのが原因だとの事である。

おや、と思われるのではないだろうか。「懺悔録」にあった話とだいぶ違うではないか、と。嫁姑問題どころか、久代はこの時点では親が勧めた婚約者四人（重男を入れると五人）の誰とも結婚していない。さらに「惨憺たる」の記述はこう続く。「庚申堂[41]に学んで居る中に、世話をする人があって久代子は初恋の吉和國雄と結婚する事になった」。実は久代、念願かなって吉和國雄と結婚することができた。これを取り持ったのは校長の巌本善治だと「懺悔録」にはある。しかし、その話に移る前に明治女学校という一風変わった学校について説明しておこう。

明治女学校は、明治一八年に創立、明治四一年閉校とわずか二十三年だけ存在したキリスト教に基づく女学校だが、錚々たる教師と卒業生を輩し、新思想に敏感な女子たちがこぞって憧れた伝説的な存在だった。創立者は牧師でもある木村熊二で、当初九段下牛ヶ淵（現千代田区役所辺り）の旧旗本屋敷跡三八五坪の敷地に作られた。教師は熊二・鐙子《とうこ》夫妻、後に校長となった巌本善治[42]、津田梅[43]（担当は英語、地理学、植物学、鉱物学）、人見銀[44]（担

(41)庚申堂　青面金剛、猿田彦神などを祀っている仏堂のことだが、この場合は猿田彦大神巣鴨庚申堂を指し、巣鴨の地または明治女学校をいう。

(42)巌本善治　文久三年、但馬国（現兵庫県）生まれ。教育家、実業家。『女学雑誌』創刊、明治女学校で教鞭をとり、後に校長となった。廃校後は南米移民の会社を設立するも不祥事で倒産、大正一三年には日活の取締役となる。キリスト教信者だったが晩年は国家神道に傾倒した。昭和一七年、七九歳で死去。

(43)津田梅　元治元年、江戸・牛込生まれ。岩倉使節団に加わり五歳でアメリカ

当は英語、歴史、化学、習字)、富井於菟(担当は漢文、数学。教師就任三ヵ月で腸チフスに罹り夭折)らで当初は理科学系の学問に力を入れていたようだ。

　この学校はとにかく引っ越しが多かった。創立一年後に手狭になり九段坂下に引っ越し、翌年九段坂上(現暁星学園辺り)に壮麗な校舎を新築したが土地の所有者とのごたごたがあって三年後に下六番町に移った。明治二九年には火事で校舎を焼失し、翌年に巣鴨の庚申塚に新校舎を建てて閉校までそこに留まった。生徒の増減や不慮の事故があったとはいえ、学校がこうも頻繁に引っ越すというのも驚きである。さらに校内人事も慌ただしく変化する。最初の引っ越しの直前に熊二の妻鐙子がコレラで逝去、新しく迎えた妻の評判が悪いことなどから熊二は明治二五年に学校を離れ、教頭だった巌本が校長を務めた。巌本の時代に学校は全盛期を迎えたが、女性問題などで評判を落として三五年に校主に退任、呉久美が引き継いで閉校までの六年を支えた。

　校長就任当時の巌本は弱冠二九歳、卒業生の相馬黒光が「その見事な鬚《しゅ》髯《ぜん》(引用者注:顎ひげと頬ひげ)、やや厚く色あざやかな唇、およそ男性的

留学。明治三三年に「女子英学塾(現津田塾大学)」創立。後に梅子と改名。

(44)人見銀　稲垣銀(吟)文久三年、信濃国(現長野県)生まれ。横浜共立女学校と英語私塾に学んだ後、明治女学校の最初の教師となる。後に宮城女学校創立に携わる。

(45)『女学雑誌』　巌本以外の執筆者は木村熊二をはじめ、島田かし(若松賤子)、津田梅、星野光多(牧師。後にフェリスの教頭)、山田美妙(作家、詩人。言文一致体、新体詩運動家)、田辺花圃(小説家、歌人)、加藤弘之(教育家、官僚)らがおり、明治二二年に巌本が若松賤子と結婚してからは賤子による児童文学の名訳が雑誌の名を高めた。とくに『小公子』は単行本がベストセラーとなった。

なあらゆる美を備えた姿」と描写するカリスマだった。巌本は七年前に近藤賢三と二人で『女学雑誌』(45)を創刊していたが、翌年近藤が心臓病で亡くなってからはほぼ個人雑誌としており、理想の教育論を執筆しては学校で実践するという具合に両輪として機能させていく。その思想は、女権論と良妻賢母論、漢学と洋学という当時考えられた二項対立ではなく、新時代に即した真の婦人をつくるという啓蒙的なもので、自由民権運動から派生した女権運動とも一線を画していた（とはいえ雑誌には中島俊子〈湘烟〉、清水豊子〈紫琴〉ら女権論者に寄稿を依頼している）。やたらと婦女を尊敬し男子はただ付き従うというのでは「一弊去って新たなる弊を生ずるものといわねばならない」（『女学雑誌』第八号、万春堂、明治一八年）などの指摘もあり興味深い。女性の地位や権利の向上を目指す「女学」を唱え、女性のみならず女権問題に関心のある男性にこそ読んでほしいと書いた。

また、巌本は寄稿を依頼した人物を講演者や教師として迎え入れた。キリスト教思想家の内村鑑三(46)、英文学者の平田禿木(47)、戸川秋骨(48)、馬場孤蝶(49)や、小説家の北村透谷(50)、島崎藤村(51)、青柳有美らが教えた二二年から二七年頃はこの学校が名実共に一時代を築いた時期だ。

若くて勢いのある文学者たちと向学心に燃える女生徒たちの組み合わせ

(46)内村鑑三　万延二年、江戸・小石川生まれ。キリスト教思想家、文学者。札幌農学校でクラークらに感化され受洗。教員や記者、伝道師として活動する。

(47)平田禿木　明治六年、東京生まれ。英文学者、翻訳家。女子学習院、明治大学英語専修科などで教鞭をとる。

(48)戸川秋骨　明治三年、肥後国（現熊本県）生まれ。英文学者、翻訳家、随筆家。早稲田大学、慶応義塾大学などで教鞭をとる。

(49)馬場孤蝶　明治二年、土佐国（現高知県）生まれ。英文学者、評論家、翻訳家。日本銀行に勤める傍ら投稿。慶応義塾大学で教えた。

は多数の恋愛事件をも引き起こす。いずれもプラトニックで「明治女学校では、そこにいやしい想像をめぐらすものはなく」「先生と生徒の間が如何に接近してもその間が清純であったことは」（相馬黒光『黙移』女性時代社、昭和一一年）校内の者はわかっていたというが、それぞれの立場を考えればやはり異常事態と言わざるを得ない。星野天知と松井まん、北村透谷と斉藤冬子、島崎藤村と佐藤輔子、また校長の巌本も火事の直後に妻賤子を亡くしてからは賤子の妹と同居したり聴講生や教師との噂が絶えず、本人の掲げる理想との不一致が目立っていた。

久代が入ったのはこんな異彩を放つ学校だった。

(50)北村透谷　明治元年、相模国（現神奈川県）小田原に生まれる。評論家、詩人。伝道師となりながら文芸評論や詩を発表。二五歳で自死。

(51)島崎藤村　明治五年、岐阜県に生まれる。小説家。明治学院本科（現明治学院大学）在学中に馬場孤蝶、戸川秋骨らと交流。自然主義文学の作家として知られる。

久代は馬車を曳《ひ》けない霊獣

久代の入学は明治三二年の夏、「懺悔録」によれば和漢英文学専攻とある。といっても、二年制の普通科、四年制の高等科のどちらでもなく、国文と漢文の全授業を受ける代わりに他の学科はやらない（但し英文は一年生と一緒に「ナショナルリーダー一」を習う）という特別待遇（本人は特待生としている）だったようだ。フェリス女学院のときもそうだが、女子教育の初期は変則的な学びが許されていたのだろう。

当時の久代は金に不自由しており、寄宿舎に入り校内で起臥しながら玄関の取り次ぎや賄いを手伝って学費の足しにしていたらしい。また、新聞広告で『国歌大観』(52)の女子編纂部員募集を知り応募、無報酬同様の薄謝で従事したと『澁澤敬三著作集 第三巻』（平凡社、平成四年）にはある。

金はないものの久代がとても優秀だったとは青柳有美の言。

また、その容姿について青柳は「脂ぎった肉附のよい、色艶の桜ばんだ女で」「十人並以上の美人であったと褒めて置いても過言にはなるまい。ただ、眼の何処やらに、何となく白く鋭く光る閃きがあった」と書いており、相馬黒光は「総体に均整のとれた美人型で、私は美人というだけではこの人にはいい尽せない内容があったと思います」「智的な顔をして、もっと威厳のある表情をしていました」「或る牧師上りの明治女学校の先生は、それを『宗教的顔《レリジュアスフエース》』とほめていましたが、私も同感で、私はそれに『彫刻的』と加えたいと思いました」「一度発狂したこともあったので、そのせいか女史の眼光は実に炯々《けいけい》として異様の光りがありました」としている。

雑誌『大国民』に掲載された明治四四年頃の写真（本書カバー、本扉に掲載）を見ると、言わんとしていることはわかる。卵形の輪郭に凜とした眉、大きな目とまっすぐ通った鼻筋は整った顔立ちだが、少しやぶにらみでただ者ではない感じを与える。

（52）『国歌大観』　日本の古歌を検索するための総索引集。松下大二郎、渡辺文雄、大川（後に天野）茂雄の三人が集まった際に「僅か五分ほどの考想」（『国歌大観』を作った人々」『澁澤敬三著作集 第三巻』収録）で始めたもので、人を集めて苦労して分類したが、原稿ができても出版社がなく、初版は洋服屋の知人を口説いて版元になってもらったという。正編は明治三四～三六年、続編は大正一四～一五年に発行された。現在は電子化されており、国文学の研究に欠かせないものとなっている。国や研究所などの後援もなく個人の規模でやり遂げたことは偉業である。

青柳有美が覚えている久代のエピソードがある。病気で寝込んでしまった久代に同情した青柳が食パン二斤と白砂糖と卵一〇個を持って宿舎に見舞いに行ったことがあったが、後に久代が他の教師に「青柳先生も女の悪口ばかり言うてるが、[53]今日何んと思ったか、之を食えとて麺麭《パン》やら卵子を持って来てくれましたよ。可愛い坊っちゃんだネ。少し妾《わたし》に惚れてるんだろう」と語ったというのだ。有美二八歳、久代二一歳ごろのことである。久代は「兎に角、庚申堂の空気の中に養われてスッカリ女性という因襲の檻から解放されて仕舞ったのである」（「惨憺たる」）。つまり彼女はもう今までの本荘久代ではなく、後に毀誉褒貶を巻き起こす本荘幽蘭そのものになっているのだ。

　久代がいつから幽蘭と名乗ったかはわからないが、男言葉で大胆なことを言う「幽蘭」という人格は明治女学校時代に生まれたと考えられる。本書でもこの時期以降は久代ではなく幽蘭と呼んでいきたい。

　また『女の裏おもて』には、卒業後の幽蘭が「今日某《なにがし》（男の名）の下宿を訪ねて試《み》ると、一人ポツネンとして如何にも寂しそうにツマラヌらしい顔に見えたから慈善をして来たサ」などと語ったと記しており、いよいよ調子が出て来ている感がある。

野上弥生子は『森』（新潮社、昭和六〇年）のなかで元教師の新井奥邃《おうすい》とおぼしき人物に「あすこ（引用者注：明治女学校）に集っている方々は、皆さんただ人ではない。申さば、一人一人が龍であり、麒麟であり、鳳凰であります」と言わせているが、幽蘭もそれら霊獣の一員だろう。ただしこうも続けている。「ただ遺憾ながら、龍や、麒麟や、鳳凰には、馬車は曳けない」。たぶんに理想的にすぎる明治女学校の教育は実際的ではなかった。他の卒業生、例えば相馬黒光のように信頼できる夫に恵まれたり、羽仁もと子のように強い意志があれば常識にとらわれない実業家や教育家として成功したかもしれないが、幽蘭には明治女学校の「ふつうではない」（相馬黒光）ところだけが影響したように思える。一般的なミッション系女学校のイメージと違い「（明治女学校は）バンカラ風を以て誇りとしていました」（雑誌『巖本』三三号、巌本記念会、昭和四八年）という卒業生伊東のぶの証言からも、この学校が幽蘭の気質にしっくりきたであろうことが想像できる。いずれにしても、何を始めるかわからない大胆不敵な本荘幽蘭の「育ての親」であることは、明治女学校のひとつの歴史として記されていいと思う。

(53)女の悪口ばかり言うてる　青柳は女性論、恋愛論が得意分野だが、過激であけっぴろげでおよそ牧師らしくない。明治女学校同窓生の相馬黒光も『黙移』（法政大学出版局、昭和三六年）のなかで青柳の文章について「女性の清浄潔白をけがすよう」に感じ、不満を書いたところ校長の巌本に面白がられて『女学雑誌』に掲載されたとしていて、学生間で同じ認識を共有していたと思われる。なお、青柳は著書が何度も発禁処分の憂き目に遭っている。

ちなみに幽蘭と校長巌本善治に性的関係があったかのように書かれた資料もあるが、「惨憺たる」には本人に直接聞いた人がいるとあり、「女史は殊勝にも容《かたち》を正してイヤ巌本先生とだけは断じて爾《そ》んな関係はありませんでしたと答えた」という。巌本先生と「だけは」というのが幽蘭らしいが、既に巌本の女性問題が喧《やかま》しくなっていたとはいえ、やはり別格の存在だったことが窺える。

久代、幽蘭となる

ここで、幽蘭という名の意味について触れておこう。

この号自体はとくに珍しいものではない。中国北宋時代末期の人物、孟元老の号「幽蘭居士」や、江戸中期生まれの儒学者股野玉川の私塾「幽蘭堂」、同じく江戸中期の漢詩人竜草廬《りゅうそうろ》こと武田公美の漢詩結社「幽蘭社」などその名を持つ団体や、号とする人物は散見できる。

「幽蘭」とは幽谷に咲く蘭のことで、儒教創始者の孔子が歌ったとされる『琴操』（古代の琴曲と解説の書）の「猗蘭操（幽蘭操）」の一節から、徳を持ちながらひっそりと隠れて世に出ない君子を意味する。しかし、幽蘭がこれら結社や私塾から名を取ったとするには関連が薄い。もっともありそうなことは明治期に大流行した政治小説『佳人之奇遇』だ。
『佳人之奇遇』は明治一八年から三〇年にかけて博文堂から発表された全一六巻の大作である。作者は東海散士こと柴四朗だが、合作者の名がいくつか囁かれており、漢詩部分は武田範之の作[54]という説もある。

小説の主人公は作者と同名の元会津藩士、東海散士。散士はアメリカ・フィラデルフィアでアイルランド人「紅蓮」とスペイン人「幽蘭」という二人の佳人（美女）と出会う。「紅蓮」はアイルランド独立を目指して獄死した父の遺志を継いだ亡命者だと語り、「幽蘭」もスペイン王室の後継者争いに端を発したカルリスタ戦争に関わった父の後を継いだ女志士だと語る。汜卿という中国人の革命悲史が挟まれ、散士が会津戦争における敗北と家族の自決を語り、さらに日本の国権伸長を説く。皆は互いに「亡国の遺臣」であることを知って悲憤慷慨し、それぞれ独立のために奮闘するというのがあらすじだ。つまり『佳人之奇遇』は「敗者」である会津藩士の柴四朗が、小説というファンタジーのなかで世界に散る「亡国の遺臣」たちを引き合わせ、自らの政治思想を仮託した作品なのである。

その思想とは、国内の争い（自由民権運動）に気を取られ大国に隙を突かれる危険を指摘し、まずは国家の自主独立を優先すべきとするものだ。

当時もっとも盛んだった政治思想、世界中に及ぶ舞台背景、実在の革命や事件の登場、「幽蘭」と散士の恋愛要素など、どの点から見ても『佳人之奇遇』は前代未聞の作品だった。これらは熱しやすい書生たちはもちろん「字を読む程の者は読まぬ者はなかった」（徳冨蘆花『黒い眼と茶色の目』岩波書店、大正三年）というほどに大当たりした。幽蘭の明治女学校同窓生である相馬黒光の夫、愛蔵もまた明治二三年に卒業した東京専門学校（現早稲田大学）時代には『経国美談』『雪中梅』とともに愛読したと記している（相馬黒光、相馬愛蔵『一商人として―所信と体験』岩波書店、昭和一三年）。

自由民権思想、国権伸長論はまさに幽蘭の父がメンバーに連なる黒龍会の大元、玄洋社の問題意識と重なる。また、散士は明治二五年から大正六年までに衆議院選挙に一一回当選しているが一貫して反政府的立場をとり、対外強硬路線を打ち出している。そして閔妃《ミンビ》事件(55)では武田範之と協力しアジア主義運動を推進するなど思想的に幽蘭の背景と違和感なく繋がる。

久代が、多感な時代に『佳人之奇遇』に出会い、世界を股にかけて飛び回り国のために命を賭ける佳人「幽蘭」に憧れたことに何の不思議もない。さらにいえば「幽蘭」も「紅蘭」も、ともに父の意志（または遺志）を継いで行動する「父の娘」であることも久代の琴線に触れたのかもしれない。

(54)武田範之の作　武田は、幽蘭が明治女学校卒業の三年後に出会って子を生す関常吉の親友であり、身重の折りに身を寄せる寺の住職でもある。

(55)閔妃事件　李氏朝鮮の第二六代王・高宗の妃、明成皇后（閔妃）が暗殺された事件。乙未《いつび》事変のこと。日清戦争後、親露派の閔妃を親日にしようとして失敗し、三浦梧楼指揮のもと日本公使館守備隊や大陸浪人らが明治二八（一八九五）年一〇月八日に王宮に侵入して閔妃を斬殺した（下手人は不明）。三浦は国際的な批判を受けて裁判にかけられたが証拠不十分で無罪となった。その後、ロシアは朝鮮への影響力を強めて日本との対立が深まり、日露戦争へと向かう。

可愛がられてえぐらるる

「父の娘」――この点から久代を見ていくと実に興味深い。

久代と父一行の濃密な関係は表立っては出てこないが、それだけに根の深さを感じさせるものがあるのだ。

「懺悔録」が事実ならば、少女時代の久代に一行との心あたたまる交流はほとんどない。一行が久代の人生に介入するのは縁談、つまり本荘家の存続に関する場合のみで、その点では一行の家族観はいかにも旧武士階級らしい家父長制(56)に則っている。だが本当に本荘家を大事に思うのであれば、家督を継ぐ予定の久代にしかるべき手をかけ、(女大学であっても)教育を

(56)家父長制　武士の家族は家長の財産や地位に依存した生活をしているため、家族内の権力が家長に集まる。明治政府はこれを戸籍を通じて制度化して全国民に適用させ、儒教的道徳観を「教育勅語」として成立させることで、天皇を中心

施すのが通例だろう。最低限の衣食住を与えて放置というのでは筋が通らない。また、家父長制を敷くのなら、父母や年長者を敬う儒教的精神を尊ぶはずだが、父は年長者である自分の母の遺言を無視して末との生活を選び、後妻にまでしている。[57]一行の家族運営はあまりにご都合主義的で、女性差別的である。

そんな父を、それでも実母の花子は決して悪く言わず「何か事情があるはず」「お父様にご心配をかけては済まぬ」と言い続ける。そんな姿を見た娘は、女性に生まれた不幸を呪うだろう。男性に生まれたかったと考えてもまったく不思議はない。

実は、女性ながら男装で一生を通した同郷の先達が二人いる。原采蘋《はらさいひん》と高場乱《たかばおさむ》である。

原采蘋は寛政一〇年、筑前秋月藩の儒学者の家に生まれた漢詩人である。父に才気を買われて幼い頃から旅に同行し、各地の文人と交流するという特殊な経歴を持つ女性だ。後に久留米藩士の養女となり、女と気付かれないよう男装帯刀で漢詩を詠みながら諸国を漫遊し、旅先で病を得て六二歳で永眠した。生涯独身、男装のままだったという。

とする中央集権国家を形成した。

(57)後妻にまでしている　江戸時代には奉公人の地位しかなかった妾は、明治以降に急速に格上げされた。妻と同じ夫の二等親とされ、妾の子供を庶子（父親に認知された子）とし、夫方に入籍できるようになり、「権妻」と呼ばれて市民権を得ていった。しかし、明治三一年、『萬朝報』紙が著名人総勢五〇〇名の妾を暴露する連載を開始。その九日後に改正された民法で重婚の禁止を明文化され、妾の文字は消えた。なお、一行が花子を離縁して末を後妻にしたのは明治二九年のことですべり込みではある。弁護士で法に明るかったこともあるのだろうが、それにしても機を見るに敏と言わざるを得ない。

高場乱は天保二年、筑前福岡藩のオランダ眼科医のもとに生まれ、父の意向で男として元服の儀式を行い、二〇歳で帯刀、亀井塾では四天王と呼ばれる優等生となる。眼科医を継いだものの次第に商売が厳しくなったため、朝鮮人参の畑を耕しながら病院の横に漢方医の看板を出し、私塾「興志塾」を開く。集っていたメンバーは頭山満、平岡浩太郎、進藤喜平太、箱田六輔、武部小四郎、奈良原至らで、その後「玄洋社(58)」として結実する。玄洋社の生みの親は男装の女性であった。

采蘋と乱、いずれも男装の意図は学問や旅をする際に自由が利くためだが、二人とも父に勧められて行っている。聡明さを認められて息子のように育てられた娘は、生まれつきの息子より愛されたと言えるかもしれない。

一方、久代がしばしば男装していたことや「君」「僕」で会話していたことは、男性としてというより息子として振る舞っていたと考えることもできる。久代の場合のそれはしかし、采蘋や乱のように合理的な理由があったわけではない。尊敬していた父の愛情を得ようと苦しんで、無意識か意識的にか選択した結果のようにも見える。娘が娘のままでいては愛されないという父からの歪んだメッセージを受け取っていたのではないだろうか。

(58)玄洋社　明治一四年に平岡浩太郎、杉山茂丸（作家夢野久作の父）、頭山満、内田良五郎（内田良平の父）、進藤喜平太らで創立したアジア主義団体。

(59)大に幽蘭に同情している　ただし、この記事は倉富本人に取材したものかわからない。記事の前段に書かれたエピソード（幽蘭が倉富に電話した際、「本荘幽蘭です」と名乗ると「本荘久代という女は知っているが、本荘幽蘭という人は知らぬ」と言われたので幽蘭恐縮し「その久代でございます」と言った話）を読んだ倉富は大正八年六月四日の日記に事実を認めつつも、幽蘭が後年よく行って

大正八年六月号の雑誌『夢の世界』（安福通信社）には「倉富にいわせると、幽蘭の堕落は幽蘭個人の罪よりも、寧ろ幽蘭の幼時、幽蘭を継母に育てさせ、自分は女狂いして閨門が修まらなかった（引用者注：夫婦関係が悪かったの意）為めであると。大《おおい》に幽蘭に同情している」[59]とある。この倉富とは、本荘家が仕えていた旧久留米藩主有馬家の家政相談人倉富勇三郎[60]のことで、父のように幽蘭を見守ってきた人物である。一行の所業は本荘家、有馬家などでかなり話題になっていたことが窺える。

久代にとって父の後妻・末のいる家はもはや家庭ではない。だが、そこを出るには学校の寄宿舎に住むか結婚するかしかなく、どちらもうまくはいかなかった。そして父の意向で次から次に家に婚約者を入れるうちに間違いが起こり、望まぬ妊娠と死産、新生児遺棄を経験する。なぜこんなことになったのか、どこで間違えたのか、久代は自分を責め、悩んだだろう。さらに我慢に我慢を重ね、爆発して精神に異常を来す。退院後に入った明治女学校では、寄宿舎で玄関番をしながら苦学する。本来であればする必要のない苦難の連続により、久代が男性全般を心から信頼できなくなった

いた懺悔講演会で倉富とも知り合いであることを匂わせて、面白可笑しく話すネタにしていると記している。であるから、父の乱脈の話も倉富が言ったように書いてあるが、幽蘭自身が記者に話した可能性が高い。

(60)倉富勇三郎　嘉永六（一八五三）年、筑後国竹野郡（現福岡県久留米市）生まれ。司法・宮内官僚。法学博士。男爵。父の代から久留米藩に仕える。明治三七年に東京控訴院検事長に就任。明治四三年の日韓併合で朝鮮総督府司法部長官となり、朝鮮植民地法制の基礎を築いた。大正三年、法制局長官に、また同年に貴族院議員となる。大正一五年には枢密院議長に就任して男爵を授けられたが、昭和九年、議長を辞任。昭和二三年、九四歳で死去。

ことは想像に難くない。さらに明治女学校のバンカラといわれる校風が、よく言えば豪放磊落な、悪く言えば粗野な久代の生き方を後押しして、幽蘭という人格が誕生したと筆者は考えるのである。

明治女学校時代、久代が「ほうづき《（ママ）》や　可愛がられてえぐらるる」という句を作ったと師の青柳有美は書いている。

この頃の久代を「幽蘭」と見れば、後に自らの半生を露悪的に語った彼女の性分から、同情を誘うような、いかにもウケを狙った句のように見えなくもない。しかし幽蘭以前である久代の作と考えれば、「ほうづき」をかわいがってえぐったのは父一行ではないかと思わされる。

娘の人生を自分の都合で翻弄した最愛の父、一行。

しかしそれでも突き放すことはできず、「幽蘭」を名乗りながら事業欲を起こし恋人を次々に替える久代は、父の生き方を模倣し続ける。それは父を肯定することであり、愚弄することにもなっただろう。二つの意味で、幽蘭が「父の娘」である証左である。

この先も幽蘭は、世の矛盾に晒されながら、父のアジア主義人脈に関係していくのである。

第二章

幽蘭誕生

宙吊り舞台出演報告に添えられた写真
◇『女子成功』(明治三九年七月創刊号、唯文社)
「泰西式初舞台」より

幽蘭、第二子を出産す

明治三三年、明治女学校校長巌本善治の計らいで吉和國雄と念願の結婚が成立した。(1)

幽蘭の嫁入り道具は古びた鞄二つと、父が「捨るが如く投げ与えし、十円紙幣一枚」(「懺悔録」)、婚礼衣装は人に用意してもらった寸法の合わない惨めなものだった。かたや國雄は三年間勤勉に働いて裕福になっており、良い着物を着ていた。式は二月三日、櫛原町(現福岡県久留米市櫛原町)の萃香園で執り行われた。幽蘭は重男との一件を國雄に伝えて許しを請うてから結婚しようと心に決めていたが、つい言いそびれた。

新居は庄島町(現福岡県久留米市付近)に借りた角屋敷一軒で、吉和國雄歯科医院の文字灯と大看板があった。ほどなく身内に異変を感じ、妊娠がわかった。かくして一一月二五日、幽蘭の第二子にして國雄の第一子、道孝が誕生した。

小姑一家と同居だったが波風もなく、子供は愛らしく、國雄の医院は繁盛し貯金もできた。母の花子も今では再婚し、しばしば泊まりがけで世話をしに来る。常になく平和な二年が過ぎたある日、國雄が紋付袴で出掛けて帰ってきた。聞けば、有馬重男のところに子供ができたため祝いに行ったという。重男がいつの間に結婚をしたのかと驚く幽蘭、相手は誰かと問えば長谷川倉子だという。倉子というと、幽蘭が重男に迫られて堕胎薬を飲んだ後、重男から結婚の申し込みをされたにもかかわらず、突然断りの伝言を持ってきた女である。あれは倉子の独断だったということか。

妻のただならぬ様子に國雄は訳を問いただし、真実を知る。しかし、幽蘭のせいではないと慰め、今後は兄妹として暮らし、どちらが先に死んでも表向きは夫婦として同じ墓に入ろうと國雄は言ってくれた。しかしその優しい言葉に、かえって身を引く決心をした幽蘭は、一二月二七日に道孝を背負って東京へ出奔した。

(1)結婚が成立した　この後も巌本善治との交流は続くものの、この時点で明治女学校は退学していたと考えるのが自然だろう。

幽蘭、第三子を妊娠す

仁義を貫いて家を出たところで、行くところは東京の実家しかない。しかし案の定、父と末に取りつく島もなく追い返された。上野公園の不忍池で死さえ思ったが、道孝の幸福と安全を第一に考えるべきだと思い直し、隣家に住む同郷の医者に旅費を借りて久留米に戻り、仲人に子供を託し再び上京した。そして巌本善治のもとを訪ねると、巌本は学校の敷地内にある処世庵という離れを貸してくれたうえ、自宅にて食事や風呂まで世話をしてくれた。しばし穏やかな日々を過ごしたと「懺悔録」にはある。

ここで、関常吉という男が登場する。交際の始まりは麹町飯田町六丁目

(2)大久保のつつじ園に行った「惨憺たる」ではなぜかひとりで見に行って現地で常吉と出会ったとしている。なお、大久保は江戸

（現千代田区富士見町）にあった「久留米倶楽部」という同郷人会だった。女性がほとんどいなかったこともあって若い幽蘭はチヤホヤされたが、なかでも熱心だったのが倶楽部の食客、常吉だった。ある日、誘われて大久保のつつじ園に行った帰り(2)、汽車が目白のトンネルに入ったところで常吉に襲われた。「惨憺たる」では「列車進行中に幽蘭女史は、更に思い設けぬ悪因縁を関常吉と結ぶ身とはなった」などとしているが、それにしても列車進行中とは官能小説も真っ青である。以来、常吉は処世庵に夜な夜な通ってきて、幽蘭が絶縁を口にすると巌本校長に言うぞと脅したとある。そうこうするうち、幽蘭は第三子を妊娠した。常吉は意外にも喜び、五カ月で身体が目立ってくると親友が住職を務めている新潟の顕聖寺《けんしょうじ》に幽蘭を預けることにした。

なお、新潟へ向かう列車のなかで幽蘭、乗り合わせた一四、五歳の少年野波静雄(3)に恋をする。これはさすがにプラトニックなもので終わったようだが、「玉肌氷膚《ぎょくきひょうひ》、北越の雪に寒紅梅の面ざしは、女にしても見まほしき」（「惨憺たる」）と評されるこの美少年は、この後の幽蘭の人生に大きな爪痕を残す。

『満川《みつかわ》亀太郎日記　大正八年—昭和十一年』（論創社、平成二三年）には野波

時代からつつじの名所で、一時は寂れたものの明治半ばには「大久保躑躅園」をはじめ七園が開園するなどして人気を盛り返していた。明治三六年春には当時の国鉄が大久保まで「つつじ臨時列車」を走らせた。

(3)野波静雄　生没年不詳。満鉄調査部嘱託、大亜細亜協会会員、興亜学塾職員。妻は国粋主義者杉浦重剛の姪、十時八重子。自由港制度、阿片問題を専門とし、大正一四年のジュネーブ国際阿片会議にも出席している。欧米、アジアを飛び回り、トルコでは初代大統領ケマル・パシャ（ムスタファ・ケマル・アタテュルク）と交流したという。

静雄に関する記述がある。満川亀太郎[4]とは北一輝[5]や大川周明[6]らと国家改造を目指す「猶存《ゆうぞん》社」を創設したアジア主義運動家だ。

『満川亀太郎日記』にはアジア主義者で平凡社創業者の下中弥三郎から静雄を紹介されたとあり（大正一三年五月二三日の条）、「氏は有名なる阿片問題のオーソリチーにして、御互に姓名上の知人なりしなり」としている。また巻末の「主要登場人物録」の野波静雄の項には「（生没年不詳）満鉄調査部嘱託、大亜細亜協会会員、著書に『東南亜細亜諸国』、『国際阿片問題』など」とある。どうも野波静雄は東南アジアや中央アジア、ヨーロッパなど世界中を飛び回って情報を集めていたようだ。嘱託だったという満鉄調査部は諜報活動を担った当時最高レベルの頭脳を持つ集団で、これらの情報を合わせると静雄は容姿も端麗なら頭脳も明晰ということになる。ならばぜひ写真を見てみたいと探したところ、『人の噂』（細井肇が経営する月旦社発行の雑誌）昭和六年一月号に「独逸ザルツブルンネン・ストラーセに於ける野波静雄氏」とする写真があった（満川亀太郎「隠れたる世界的大旅行家　野波静雄氏」）。幽蘭との出会いから二八年も経っているうえ、いかんせん小さすぎて細部まではよくわからないが、ひとまず六七頁に掲げておく。ちなみに、静雄の妻[7]は国粋主義者杉浦重剛の姪の十時八重子で、

（4）満川亀太郎　明治二一年、大阪生まれ。アジア主義者、拓殖大学教授。昭和一一年、四八歳で死去。

（5）北一輝　明治一六年、新潟県生まれ。国家社会主義者。二・二六事件で指導者として逮捕され、昭和一二年に死刑。

（6）大川周明　明治一九年、山形県生まれ。思想家。満鉄調査部、法政大学大陸部

下中弥三郎が教師だった時代に八重子が教え子だった関係もあり、野波静雄が下中に満鉄の図書館経営を依頼するなど、親交が篤かった。

さて、野波静雄と一瞬の邂逅の後に幽蘭が向かった顕聖寺は応仁元（一四六七）年に開山された曹洞宗の寺で、上越市浦川原区顕聖寺五八三に今もある。そのときの住職は第三一代に当たる武田範之《はんし》(8)である。関常吉、武田範之と辿ってみて驚いたのは、二人とも幽蘭と本荘家とかなり関係が深いということだ。

武田範之は代々久留米藩士の家に生まれ、父沢之高《さわしこう》は明治四年に大楽源太郎が起こしたクーデターで勤皇派として立ち回り入獄の憂き目に遭った人物だ。つまり幽蘭の父一行とは逆の立場である。明治六年に範之は武田家の養子となって勉強に励み、周囲からも期待される秀才だったが、養父に官職を勧められたことを拒否して上京、そのうち哲学的疑問にとらわれて出家を決意する。しかし皆に反対されて放浪生活の後、顕聖寺に辿り着いて帰依。その後は朝鮮問題に深く関わり、大韓帝国王妃である閔妃《ミンビ》暗殺に関係したかどで逮捕（後に無罪で釈放）。李容九《りようきゅう》(9)が創設した「一進会」を指導育成し、「黒龍会」を組織した内田良平(10)とともに渡韓して活動した。

部長。東京裁判でA級戦犯として起訴された。

(7)静雄の妻　野波静雄と十時八重子の結婚時期は不明。

(8)武田範之　「惨憺たる」では常吉の親友の住職を「竹内」としているが仮名かもしくは誤りである。

(9)李容九　一八六八年生まれ。政治家。東学党に参加した後、日本に亡命。日露戦争中には日本を支援した。「一進会」を組織して日韓合邦運動に尽力。一九〇七年、侍天教の教祖となる。

(10)内田良平　明治七年、福岡県生まれ。国家主義者、「黒龍会」創設者。韓国統監府嘱託となり渡韓。李容九らと日韓合邦運動を展開した。一方でフィリピン、インドの独立運動を支援。大本教にも接近した。

実は顕聖寺で修行中の武田範之に二度にわたる朝鮮問題への勧誘を行ったのは幼なじみの関常吉で、範之が出家を反対されたときに理解を示し、ともに放浪したのも「久留米の三奇童」と呼ばれた関常吉と北御門松次郎だった。範之、常吉ともに国家主義団体「黒龍会」の事実上の名簿である『東亜先覚志士記伝（下）』の「列伝」に名を連ねている。そしてこの「黒龍会」、幽蘭の父本荘一行も初期メンバーで、さらにいえば野波静雄も「黒龍会」と関係の深い雑誌『東洋』に寄稿歴があり、静雄の妻八重子の叔父である杉浦重剛も「黒龍会」の一員なのだ。偶然にしてはできすぎている。新潟行きの列車のなかで、たまたま「黒龍会」関係者と出会ったという幽蘭の話はそのまま受け取れない。野波静雄とは武田範之、関常吉のいる顕聖寺で出会ったのではないだろうか。だとすればなぜ隠す必要があるのか。限られた資料しかない現状では、想像するしか方法はない。

なお、『東亜先覚志士記伝（下）』の「列伝」には、ほかにも板垣退助、犬養毅、星亨《ほしとおる》などの政治家のほか、大倉喜八郎、下中弥三郎などの名前が並んでいるが、「黒龍会」とはいったいどんな団体だったのか。

幽蘭と「黒龍会」の面々

「黒龍会」について説明する前に、今後の幽蘭の人脈にも関連する当時の社会情勢といわゆるアジア主義についておさらいしておく必要がある。

維新まもない明治二年、新政府が大韓帝国との国交樹立に向けて外交文書を送るが「皇室」「奉勅」などの字句が含まれていることなどを理由に拒否される事件が起こる。書類を持って行った佐田《さだ》白茅《はくぼう》は憤り、帰国後に武力をもって朝鮮政府に開国を迫る「征韓論」を唱えるが、佐田も当時同行していた広津《ひろつ》俊蔵（のち弘信。小説家の広津柳浪の父）も、ともに元久留米藩士であり、このときの征韓派人脈が後の「黒龍会」を形作ったともいわれている。そのため、黒龍会には久留米藩関連人物が多い。

当時は明治政府への抵抗として自由民権運動が活発だったが、それに対抗するかたちで「国権主義」も台頭する。アジア進出を進める欧米列強国の動きへの危機感や、ベトナム領有をめぐる清仏戦争（明治一七〈一八八四〉年）などの影響があったためだ。また、アジアから脱して西洋に学ぼうとする福沢諭吉提唱の「脱亜論」と、むしろアジアは提携して西洋から身を守るべきだとする「興亜論」があり、武田範之や関常吉は後者の「興亜論」を支持するアジア主義であった。日本は明治二七年七月から始まる日清戦争に勝ったものの、ロシア、フランス、ドイツの三国干渉により朝鮮の遼東半島を手放すこととなってしまう。アジア主義団体「玄洋社」に籍を置いていた内田良平はこれに憤慨し、義和団の乱[11]直後の明治三四年に「黒龍会」を設立、対露主戦論[12]を展開した。他にも「対外硬同志会」をはじめとする早期開戦を主張する団体ができるなど開戦の気運が高まり、明治三七年の日露戦争へとなだれ込む。

一年半を費やし日露戦争に勝利した日本はポーツマス条約を締結、満州の鉄道や鉱山、遼東半島、朝鮮半島をロシアから「解放」した。アジア主義者たちや「一進会」の李容九らはいよいよ日本と韓国が対等に組む「日韓（韓日）合邦」に至ると考えていたが、伊藤博文暗殺事件などを経た桂内閣の「裏切り」により、日本が一方的に支配する日韓併合（明治四三年）が実現。範之はその一年後、李容九は二年後に失意のまま亡くなっている。が、それは少し先の話である。

武田範之が「黒龍会」に入ったのは日露戦争後の明治三九年ごろのようだが、関常吉の参加時期は不明だ。なにしろ常吉の情報は範之に比べて極端に少ない。『東亜先覚志士記伝（下）』の「列伝」には「関常吉　謂久留米藩士。文久二年五月一日久留米櫛原町に生れ、年少笈を負うて東京に遊学し、後ち黒龍会に投じて東亜諸問題に奔走した。一種の奇骨を備えた人物で、慷慨世を憂い、『哲王主義』[13]と題する著述がある。大正三年十一月十三日病んで没す。年五十三歳。（遺族、神戸市西灘鍛冶屋一五一、関八郎）」とある。

幽蘭が顕聖寺に送られたのは、武田範之が渡鮮し閔妃暗殺事件などに関わった後にいったん寺に戻り、第三一代住職の地位について数年経ったときだった。そんな硬派な親友の元に幽蘭を送った結果どうなったかといえば、檀家の間に不品行な噂が立って早々と寺を追い出された、とは「惨憺

(11)義和団の乱　日清戦争で敗退した清に対してロシア、イギリス、フランス、ドイツなどが租借地を広げるなか、危機感を抱いた秘密結社「義和団」が排外運動を展開、清もこれを支持して明治三三（一九〇〇）年に列強に宣戦布告した。日本は鎮圧のために八〇〇〇人派兵した。

(12)対露主戦論　義和団の乱以降も撤兵せず、韓国の領土内まで侵入するロシアを脅威に感じた日本では、開戦論が高まった。

(13)『哲王主義』　正しくは『哲王定義』。

たる」の記述。但し、「懺悔録」とは齟齬がある。檀家は収まったが、後からやってきた常吉が野波静雄からの手紙に嫉妬を起こし、東京に戻って武田範之に幽蘭を追い出すよう伝えたとあるのだ。仕方なく幽蘭は臨月間近の身体を引きずって上京したが、そこに血相を変えた常吉がやってきた。実は自分には肺病の妻がいるが病院に入れる金がなくて困っているという。幽蘭は無視もできず、常吉と妻を引き取って三人で大森で暮らした。常吉の妻は幽蘭と仲良くなり、そのうち病いも回復した。[14]

二月二日、幽蘭は「常世」を出産。二日目、子供を失明の危機が襲い、常吉の妻が病院に担ぎ込んだ。出かけていた常吉が帰宅し、常世が美貌だと聞くと「誰の子かわからない」と言い出して病院へ向かったため、幽蘭は離れるのは今しかないと考え、心を鬼にして家を出たという。「惨憺たる」は「常吉今は、何処の野末に其身を托して居る事やら」と結んでいるが、五年後に亡くなっていることを「列伝」を見た我々は知っている。遺された常世は、雑誌『女の世界』「大正婦人録」の記載「私生児二、公生児一を生み公生児のみ生存す」を信じれば、大正九年の時点で亡くなっていることになる。また、「(幽蘭の)吾子の骨の埋まる東京は大森の某寺」とする資料(昭和一二年四月一〇日付『日米新聞』)も見つかっている。

(14)病いも回復した「惨憺たる」では常吉の妻は「帰らぬ人となった」とある。また、三人の生活についても「凄惨たる嫉妬の争いに、いたく其心身を労したものと見えて、久代子の去った後も病気は日に〳〵つのるばかり」となっている。

幽蘭、救世軍の兵士となる

子供を預けた幽蘭は路頭に迷い「フト思い付いたまゝ救世軍(15)に投じて、秋風路頭に道を説く人とはなった」(「惨憺たる」)。救世軍とはイギリス人伝道師ウィリアム・ブース夫妻が創始したキリスト教団体で、百五十年以上経った現在も一二六の国と地域で活動が続いている。

幽蘭が救世軍に近づいたのは、フェリス女学校や伯父元田作之進の影響からキリスト教に興味があったためと「惨憺たる」にはあるが、救世軍日本人初の「士官」である山室軍平の妻機恵子が明治女学校の同窓生だったためと、別の資料(16)にはある(機恵子入学は幽蘭の八年前なので面識はないと思われる)。巌本善治が編集する『女学雑誌』にも救世軍に関する記事がしば

(15)救世軍　日本では明治二八年に始まり、「自由廃業運動」で名を馳せた。三三年に保護施設「東京婦人ホーム」を設置、楽隊らを連れて吉原に乗り込み機関紙『ときのこえ』を配って廃業感化に努めた。

(16)別の資料　『神風』第四四号（明治四〇年八月五日）「最近に得たる妾の信仰」に機恵子が先輩のため頼ったとある。

しば掲載されていたので親しみもあっただろう。そして何より、住みが込みできるというメリットが大きかったと思われる。

幽蘭が入ったのは明治三六年春のこと。本人曰く「中尉候補生」[17]だが、家も仕事もないため救世軍が運営する女性の保護施設「東京婦人ホーム」に寄宿していた。そこでは女性たちに「職業学校で覚えたレース編み（やはり共立女子職業学校に在籍していたか？）」を教え、作品を籠に入れて銀座通りまで出向き、新聞社やクラブやホテルで押し売りしたという（「（新聞社には）態《わざ》と編集の妨げになるような時間に行って、随分放言壮語までし」て売ったらしい〈『神風』第四四号〉）。「惨憺たる」には「女史既に幾分キリスト教の感化を受けた事がある上に何となく気品高き其美貌は、忽ち衆目を惹いて、伝道の成績もよく、一躍して救世軍中尉に任ぜられた」とある。記事は幽蘭からの聞き書きなのだから、臆面もなく自画自賛しているわけである。だが、飛び込み営業のようなことは得意だったようなので、成績が良かったのは本当かもしれない。

一方この頃、長尾内記と称する男と関係したらしいが何者かはわからない。「心にもなき恋」ですぐに終わり、救世軍からも遠ざかった幽蘭が次に交際したのは、「印刷所国光社の社員」清藤幸七郎《きよふじこうしちろう》だった。

実は清藤も「黒龍会」メンバーで『東亜先覚志士記伝（下）』の「列伝」にプロフィールが載っている。明治五年肥後国（現熊本県）生まれ。幼少期から東亜問題に関心があり、明治二三年には長崎で弁髪にし中国語を学んで中国革命を志し、宮崎寅蔵[18]、内田良平とともに孫文の代理として広東に行く。姉の秋子も共鳴し、下田歌子らと「東洋婦人会」を結成、孫文と下田歌子を会わせ歌子を西太后に謁見させて革命党に資金を出させるなどの活動をしたという。清藤はその後、橋本忠次郎と国光社を設立、黒龍会発行『時事月刊』を編集し、下中弥三郎の援助で『標準漢字自習辞典』を上梓した。また下中と平凡社を創立して一冊一円で大当たりしたいわゆる「円本」も清藤が考案したとあるが、『下中弥三郎事典』などを見ても裏付ける記述はない。が、大正一三年に平凡社が児童雑誌『鑑賞文選』の発行所として創立した文園社の社長に清藤を据えたという記述は『下中弥三郎事典』にある。昭和四年の時点で「そのころ清藤は病弱だったので、業務には参画せず、文園社は毎月、その生活費をみついだ」という。昭和六年に六〇歳で逝去している。

(17)中尉候補生　中尉など「士官」になるための「救世軍士官学校」の創立は幽蘭加入の三年後のことである。

(18)宮崎寅蔵　明治三年、肥後国(現熊本県)生まれ。革命家、浪曲師。滔天ともいう。徳富蘇峰の私塾でキリスト教や自由主義を学ぶが、その後棄教している。中国革命、フィリピン独立運動を支援。孫文に傾倒するが、一方で桃中軒雲右衛門に師事し浪曲師の修行もした。自伝『三十三年之夢』は漢訳されて中国で広まった。明治四四年、辛亥革命後に総統府顧問となったとも。大正一一年、五一歳で死去。

清藤幸七郎は幽蘭の「男を男とも思わざる挙動《そぶり》を見、且つは容色の只ならぬを見るにつけ、如何にもして、己が一時の弄《なぐさ》みにせんと」「親切に久代子の身の上話を聞いてやる素振りを見せかけ」(「惨憺たる」)我が物にした。二四歳の幽蘭が七歳上の男性に無理強いされてかわいそうにも思えるが「久代子は小夜更けて、国光社の社宅に清藤幸七郎を訪れた」とあり、性懲りもなく夜に男性の住まいを訪れているのかと少し呆れてしまう。しかし一方で、身の上話をするのに単身こっそり訪れていることに違和感がないでもない。さらに言えば、関常吉、野波静雄、清藤幸七郎と、この時期の幽蘭はあまりにも「黒龍会」人脈と近しい。それはそのまま父のネットワークであるが、にもかかわらず彼らとの出会いを偶然としているのも謎である。

いずれにしても、こうしたことからも幽蘭の言を元にした「惨憺たる幽蘭女史の懺悔(半生)」は評伝資料として不適当と考えられるが、幽蘭が「思わせたかった」もうひとつの史実として慎重に見ていくのが穏当だろう。

幽蘭、「日本初の婦人記者」となる

さて、ここに及んで幽蘭はついに新聞記者の職に就く。明治三六年、横浜の京浜新聞である。本人は機会あるごとに「日本初の婦人記者」と吹いていたが、これは事実ではない[19]。

今でもマスコミはかなりの男性中心社会だが、明治時代は特にそうで女性記者は片手で数えられるほどに少ない。そのため一人前として扱われるには努力や経験のみならず、策を弄してうまく立ち回らなければならなかった。例えば明治女学校同窓生の松岡（羽仁）もと子[20]は当時男性が普通だった校正係に応募して校正の試験で「男でもここまでできない」という評価を得て初めて報知新聞に職を得たし、大沢豊子[21]は当時先端だった速記の技

(19)事実ではない　幽蘭の入社は明治三六年秋頃だが二二年に國民新聞に竹越竹代が入社。三一、二年頃には報知新聞や萬朝報などに婦人記者が出始めた。
(20)松岡（羽仁）もと子　明治六年、青森県生まれ。ジャーナリスト、自由学園創設者。
(21)大沢豊子　明治六年、群馬県生まれ。速記者、新聞記者、ラジオプロデューサー。

術を活かして時事新報に入社したが、就業中は扇風機やストーブにもあたらずできるだけ目立たないよう机の前を離れなかった。しかし、特別扱いの立場を利用し派手な振る舞いをして目立ちたがる女性記者もいて、大阪時事新報の下山京子(22)や中央新聞の中平文子(23)は後者だった。そして我らが幽蘭も当然ながら後者である。「彼方《あちら》からも、此方《こちら》からも、チヤホヤされるので、性得多情の久代子は（中略）心私《ひそ》かに得意の波を躍らせて居たというに過ぎなかったのである」（「惨憺たる」）。

幽蘭が入社したことで京浜新聞の独身男性社員は色めき立ったが、小競り合いはあっさり終結した。社長の富張《とばり》元一(24)が「彼女を電話室に擁して、まず其《その》恋を挑んだ」（「惨憺たる」）からだ。噂が立ち、冷たくなった同僚たちに幽蘭はいたたまれず、辞職した。

京浜新聞を出た幽蘭は人の世話で今度は電報新聞の探訪員となった。電報新聞の創刊はこの年、明治三六年一一月二三日にできたばかりの新聞社である。探訪員とはネタを探して歩く仕事で、自分では書かない。持ち帰って記者に話し、記者が机上で記事を作成する（そのため想像で補ったでたらめも多かったという）。新聞草創期の探訪員は文字も書けない者も多く記者

(22)下山京子　明治二二年、東京生まれ。新聞記者、「一葉茶屋」店主、女優。

(23)中平文子　明治二一年、愛媛県生まれ。新聞記者、随筆家、レストランオーナー。結婚三回、その間に苗字が武林、宮田と変わる。痴情のもつれで銃撃を受けたこともあるなどお騒がせキャラ。

(24)富張元一　『出版人名鑑』（新聞之新聞社、昭和七年）、『現代出版文化人総覧』（日本出版共同、昭和二三年版）、『出版人物事典　明治―平成物故出版人』（ニュース社、平成八年）などにも情報がない。幽蘭入社三年前に恐喝事件を起こしていることは『読売新聞』の記事で確認できた。

(25)ニューヨーク生命保険会社　設楽久編『日本生命保険業史』（保険銀行時報

より一段低く見られていたが、ネタ探しもそれはそれで技術や人脈が必要になる。幽蘭はすぐに追い出され（在籍は数日か）、今度はニューヨーク生命保険会社[25]の外交員になった。ここでの幽蘭の営業成績はすこぶる良かったという。もともと「成功報酬の多額なるに引寄せられたる募集員」（設楽久編『日本生命保険業史』保険銀行時報社大阪局、明治三七年）の仕事であるうえ「素性は好し、関係者は多し、殊に美顔という武器を振り翳して、勧誘して歩くのだから」（などと「惨憺たる」にはあるが幽蘭本人の弁か）「社からも非常に重用されて先ず事無き日を送って居た」といい、どこまで本当かはわからないが、久しぶりに落ち着き先を得たといえるだろう。ここでしばらくおとなしくしていたらどうかと思うがまたもや男性の影が出てくる。山崎光明、「対露同志会」所属の人物である。

「対露同志会」は近衛文麿[26]が会長を務め、神鞭知常《こうむちともつね》[27]が委員長を務めるアジア主義団体だ。メンバーには頭山満、内田良平らおなじみの名前が並ぶ、ロシアのアジア進出に危機感を抱き早期開戦を主張していた「対外硬同志会」の後身である。

山崎光明について詳しいプロフィールはわからなかったが、明治三七年に俘虜《ふりよ》（捕虜）を救護する「俘虜同情会」なる結社を作り、雑誌の発行や

社大阪局、明治三七年）によれば、明治三五年三月に日本上陸（その他、ミューチュアル、スタンダードなどがすでにこの時代に日本に上陸している）。厳しい保険法などが国内の会社に限って適用されていたために倒産が相次ぎ、この時期に外国保険会社の興隆を見た。

(26)近衛文麿　明治二四年生まれ。貴族院議長、内閣総理大臣などを歴任。

(27)神鞭知常　嘉永元年、丹後国(現京都府)生まれ。大蔵省主税局次長、法制局長官。

(28)音楽会開催　観世流能楽師の梅若実の明治三七年六月一五日の日記によれば、「山崎光明代理本荘久代ト申女学生」が上野音楽会への出演打診に来訪したが断っている。

音楽会開催(28)のため外務省から一〇〇〇円の下賜を受けたと吹いて朝日新聞に虚言であると報じられたことや、大正四年の第一二回衆議院選挙に宇都宮から立候補していること、昭和五年には東京府下落合町町議におさまっていることがわかっている。

とまれ、幽蘭は当時この男と親しく行き来していたらしい。ある日風邪で臥せっていているときに山崎光明が寝室までやってきて思いの丈を打ち明けたという。「光明は浅猿《あさま》しくも女史を病褥に挑んだ。女史も莫遮《まさか》病臥中なればと思って此男に心を許したのが油断のもとで遂に山崎光明の餌食となって仕舞った」と「惨憺たる」にはある。幽蘭側には風邪で病臥中という言い訳が用意されているのがなんともおかしいが、それにしてもまたもやアジア主義人脈であることを確認しておきたい。

順調だったかに見える保険外交員の仕事も「割の悪い役回り」だとして辞めた幽蘭、次は読売新聞に入った。記者稼業は三社目になるが今回はなんといっても大手、京浜新聞や電報新聞とは格が違う。よほど嬉しかったようで、幽蘭は後々までも読売新聞記者という肩書きを名刺に刷っている。

ここで時系列を整理してみよう。読売新聞紙上で幽蘭署名の記事が確認できるのは明治三七年二月二〇日が最初である。とすると、二年前の三五年のはじめに関常吉と出会って妊娠、野波静雄と出会って別れ、新潟の顕聖寺に行って追い出され、翌年二月二日に大森にて出産、救世軍、京浜新聞、電報新聞、ニューヨーク生命保険会社ときて三七年二月に読売新聞入社、これらすべてが二年ほどの間に行われたことになる。なんとも忙しない。

さておき、読売新聞に三七年二月に在籍していたのは事実である。確認できるのは日露戦争で活躍する軍人の家族にインタビューを行った訪問記事七件[29]、いずれも署名は「幽蘭女史」となっている。夫の留守宅に男性を上げることに躊躇する家庭が多いので、この手の企画は婦人記者定番の仕事だ。記事の一例を挙げてみる。

伊地知大佐夫人を訪う　幽蘭女史

青山高樹町といふは、東京の内ながらも、田舎の風物に富みたる閑静のところにて、手形とこそ覚ゆ、子供は七人程挙《もう》げ、総領より、六人打続きて男、一人なりとも女をと待ち設けて最後に生みたるが女故《ゆえ》、幸多かれと祝いて多賀子と呼びたり、男は何れも頭字に重、下字は明治英雄徳義と名《なづ》けしが、三男重英、六男重義の二人今は失《うせ》たりと

(29) 訪問記事七件　「吉村海軍主理の令弟を訪う」(二月二〇日)、「伊地知大佐夫人を訪う」(二月二二日)、「藤井大佐夫人を訪う」(二月二三日)、「松本大佐夫人(筆者注：松本和海軍大佐夫人)」(三月二日)、「松本大佐夫人(筆者注：松本有信海軍大佐夫人)」(三月三日)、「石橋高砂艦長」(三月四日)、「海軍少佐伏見宮」(三月五日)。

なん。

大佐は這回《こたび》出征以後、更に音信《おとずれ》せざれば、近況を知るに、由なく、たゞ出雲艦乗組みと云ふを聞けるのみなるが、同艦は些少《すこし》の破損なく、一人の負傷者もあらぬこそ、武運芽出《めで》たけれ。

暇《いとま》を告げて門辺《かどべ》に立出《たちい》で、腕車《くるま》に乗るを、夫人は幼き令嬢、小間使と共に見送りつゝ声を揃えて『左様なら』……


二三日付の投書欄「ハガキ集」を見ると書生らしき人物が「出征海軍軍人留守宅訪問を担当せらるる幽蘭女史の文読みて吾《われ》は其《その》男子ならざるやを疑う。然《そ》れ共吾《ともわれ》は幽蘭女史なる人は彼の小間使日記の筆者ならんかと想像す。もし左《さ》あらば吾《われ》は読売新聞社の為め此《この》好記者を得たるを祝うなり（沼津沈黙生）」と書いている。幽蘭を男性ではないかと疑っているというのだ。そしてこの頃出版された『小間使日記』（今古堂、明治三八年）と同じ作者ではないか、だとすると読売新聞社はいい記者を入れたと思うと記している。『小間使日記』は没落した富豪の娘が小間使いとして苦労する日々を綴った日記体小説だが、採霞《さいか》女史とあるものの筆者は中島益吉、男性である。また「惨憺たる」には読売の記事を「（幽蘭の）其《その》未

(30)正宗白鳥　明治一二年生まれ。新聞記者を経て小説家。文化勲章受賞。なお、宮地嘉六『宮地嘉六著作集第六巻』（慶友社、昭和六〇年）の昭和三年一月二九日の日記に、宮地の元

熟な文章も誰が添削して遣《や》ったものか、いつも流暢な筆と化して紙上に現らわれた」と代筆を匂わせている。もし実際に男性記者が手を入れているとすれば、投書の褒め言葉は素直に受け取っていいものか微妙だ。

　当時の編集部の雰囲気を伝える資料がある。同じ時期に読売新聞社に在籍していた上司小剣《かみつかさしょうけん》の小説『U新聞年代記』（中央公論社、大正九年）だ。社屋は銀座一丁目に建つ堅牢な煉瓦作りの洋風建築で、文芸新聞として評判をとっていただけあって正宗白鳥(30)、幸徳秋水(31)、川上音二郎(32)、竹越与三郎(33)などの有名人が毎日のように編集部にやってくる。幽蘭も胸躍らせていたに違いない。小説の中で幽蘭は「長本紅蘭」という名で登場、「二十六七の、馬のように跳ねかえる、色の白い、十人並の、烟突の掃除棒の先のような束髪をした婦人記者」と描写されている。幽蘭お得意の美貌も「十人並」とはなかなか厳しいが、それにしても烟突の掃除棒の先のような束髪とは先が三六〇度に広がっているということか。主筆の足立荒人(34)に「長本さん、社にも宿直室が出来ましたよ。おそくなった時、泊って行きませんか」と言われ「あたし、怖いわ」と言った幽蘭、シナをつくったはずみにもたれかかっていた椅子ごと真っ逆さまにひっくり返って「両脚天に朝す」

にやってきた幽蘭が目黒に住む上司小剣を訪ねようかと提案し、「私、大好きさ、上司さんは……読売新聞時代に正宗さんは嫌いだったけれど上司さんは好きでしたの」と語ったとある。

(31)幸徳秋水　二六三頁参照

(32)川上音二郎　一一四頁参照

(33)竹越与三郎　慶応元年武蔵国（現埼玉県）生まれ。歴史学者、政治家。衆議院議員、枢密顧問官、宮内省臨時帝室編修局御用掛、同編修官長などを歴任。昭和二五年、八四歳で死去。

(34)足立荒人『U新聞年代記』のなかの人物像は「三十四五歳。脂肪肥りで、麦酒樽のように腹が出て、あから顔」「全体に愛嬌があって、またひどい感情家でもある」。

というおっちょこちょいキャラに描かれている。暇つぶしにからかわれているのが見て取れるのだが「惨憺たる」によれば幽蘭、足立に夜勤を命じられて従い、足立も一緒に泊まったというから飛んで火に入る夏の虫である。しかし関係があったかどうかについては「人の口に戸は立てられぬ。社員の中には何時となく主筆と女史との関係を疑う者を生ずるに至った」（「惨憺たる」）としか記していない。二人のことは社の文選職工（原稿を見ながら活字を拾って文選箱と呼ばれる箱に文章通りに組んでいく職人）にまで噂されたという。

実は、この話にはもうひとつの説がある。翌年の明治三八年に出版された雑誌『天鼓』（文藝社）二月号に、松の下人という名で書かれた「名優幽蘭女」だ。そこには、「往訪の車代が多過ぎるというので首となり」とある。一体、どちらが事実かはわからないが、車代の無駄遣いの方が幽蘭らしい気もする。だとすると、恋多き女のイメージを意図的に振りまいていたともいえる。ともあれ、やっとつかんだ読売新聞社の記者という職からも去ることになった。幽蘭、つくづく学習しない人である。

幽蘭、男たちの海を渡る

たった一ヵ月弱の腰掛けだったものの読売新聞でマスコミ業界と顔をつないだ幽蘭、職を探しがてら四人の男性記者と一人の壮士と交際した。その期間、わずか一年ほどと思われる。お相手は長谷部天夫《てんぷ》(35)、遠山景澄《かげすみ》、柴田博陽、松永敏太郎、千葉秀甫《ひでほ》の五人だ。

一人目は長谷部天夫。「惨憺たる」には朝野《ちょうや》新聞の現在の主筆とある。当時の天夫がどう生計を立てていたのかはよくわからないが、二年前の明治三五年五月一〇日付『東京朝日新聞』に保険会社支配人を恐喝したかどで禁錮八ヵ月、罰金一五円、監視六ヵ月の刑を言い渡されているとあるので刑期を終えてブラブラしていたのかもしれない。「最も之は女史

(35) 長谷部天夫　「現在の主筆」とあるわけは、『朝野新聞』は二度廃刊していて、新聞の再々刊の時期（第三次再刊は明治四〇年七月三日付から四四年七月一二日付まで。天夫は第一次、第二次には関係していない）にあたっているためで、幽蘭と交際している頃の身分ではない。

の方から云い寄った恋か、女史自身もこの人に就《つい》ては余り聞き辛いような話もしなかった」（「惨憺たる」）というから面白い。それ以外の人たちのことはくさしていたのだろうか。しかしこの恋で「些《いささ》か其《その》心身を静養する」必要に駆られ、現在の千葉県辺りにしばらく滞在していたという。「当時彼女は『恋愛された』という意味深長の言葉を用いたが吉和國雄、野波静雄、長谷部天夫の三人のみは此語を適用されなかった」（「惨憺たる」）らしいので、本気の恋だったのかもしれない。しかし「恋愛された」とは謎の言葉である。確かに本人の言う通りの経緯なら、いつも風邪だとか身の上話を聞いてもらうだとか心が弱っているときにつけこまれているふうだが、それが一度の過ちなら「恋愛」とは自称しないだろう。強引に来られると断れず、なんとなく自分もその気になってしまうわけで、実は自己評価が低い一面があるのかもしれない。

　二人目は遠山景澄という人物。国会図書館には『京浜実業家名鑑』（京浜実業新報社、明治四〇年）という著作が一冊あるのみ、著者名は「京浜実業新報社　遠山景澄」とある。幽蘭が京浜新聞にいた頃の人脈かとも思うがよくわからない。本名であれば遠山の金さんこと江戸町奉行の遠山左衛門尉景元（金四郎）の子孫と考えられ、その線で探してみると、果たして意外な事実がわかった。「アール・エフ・ラジオ日本」社長で戦後の大物フィクサーのひとり遠山景久[36]の父だったのだ。但し、景澄は早世したため、景久に父の記憶はほとんどないという。

幽蘭は職の斡旋を頼もうと遠山景澄を訪ねたが「先ず肉の報酬を要求」され、「情操なき彼女は苦もなく下野《しもづけ》塩原の温泉におびき出されて、茲《ここ》に又も遠山の弄ぶ所となって仕舞った」（「惨憺たる」）そうな。またもや「おびき出され」か、とも思うが深くは追求すまい。

すっかり落ち込んだ幽蘭がたどり着いたのはなんと「天狗煙草」で奇人として名を馳せていた岩谷松平の家だった。景澄の著書『京浜実業家名鑑』にも松平の名はあるが、実業家と親しい景澄に紹介されたのだろうか。「天狗煙草」については後述するが、ここでの幽蘭は執事として事務を執り行っていたという。が、ただ寄食していただけという気がしないでもない。そこも離れ、東京電報紙（後に民声新聞と改名）の記者となった頃には矢でも鉄砲でも持ってこいってな心境になっていたのか「只男の挑むがまゝに任せて敢て抵抗をしなかった」由。大阪新報記者の柴田博陽[38]、壮士の松永敏太郎[38]、記者千葉秀甫とそんな心境で立て続けに関係したという。

(36)遠山景久　大正七年東京神田生まれ。父景澄と死別、兄が家族を養った。戦時中は陸軍将校となり、戦後は闇物資で儲けたり衆院選挙に立候補、ソ連の作家ソルジェニーツィンを招聘するなど暗躍した。

(37)柴田博陽　明治七年、栃木県生まれ。大阪新報などの記者を経て、大連に基督教慈恵病院を創立。その後、柴田病院を開業。紫綬褒章受章。

(38)松永敏太郎　明治四四年には「不動貯金銀行」頭取の牧野元次郎の「ニコニコ主義」を実践する「ニコニコ倶楽部」の理事となる。

柴田博陽は大阪新報にいたとあるが、この新聞社は言わずもがな幽蘭の父一行が社主を務めていた会社である。但し二十二年も前の話で、博陽がそのことを知っていたかはわからない。

松永敏太郎は「惨憺たる」には壮士[39]とあるが（あるいは当時は壮士だったのかもしれないが）「商日本社」という出版社を興し、「時事通信社」（明治二一年に設立された時事通信社のことか。なお、現存する同名の通信社とは無関係）社長を務めたこともあるマスコミ人である。

千葉秀甫[40]は世界的オペラ歌手である三浦環のストーカーとして世間を騒がせた男である。環と秀甫の関係は幽蘭が交際していたとする明治三七年の四、五年後に始まり、騒動のピークは記事「惨憺たる」と同じ雑誌『サンデー』（サンデー社）に秀甫から環への公開質問[41]が載った頃、「惨憺たる」掲載の三年後のことだった。

秀甫は外語大出身でドイツ語が堪能（青柳有美との共訳『髯一つ――喜劇脚本』〈シルレル（引用者注：シラー）著、文明堂、明治三八年〉などもある）、音楽的素養もあり、国際新聞協会の会員でもあるインテリだった。夫と離婚したばかりの環を創立間もない帝国劇場に紹介し、オペラ「胡蝶の舞」や能を脚色した歌劇「熊野」を興行的に成功させた秀甫は、公私ともに環

(39)壮士　自由民権思想普及のために活動した政治運動家。

(40)千葉秀甫（写真）

(41)公開質問　『サンデー』二〇三号（サンデー社、大正元年一一月）に秀甫からの公開質問状「柴田環に与うるの書」が、二号後に環

と歩むつもりだった。が、恋多き環が医者である三浦政太郎と一緒になろうとしたため、暴力を振るったり悪い噂を流したりしてこれを妨害する。政太郎と環がシンガポールに移住した際も追って行ったと言われたが、実情は不明である。大正四年、舌癌を患っていた秀甫はスイスで客死した。

　ここで幽蘭が執事を務めたという奇人「天狗煙草の岩谷松平」について記しておこう。岩谷松平は嘉永三年薩摩国（現鹿児島県）に生まれている。父母を亡くしたため酒造業を営む本家岩谷松兵衛の家の婿養子となった。二七歳のときに上京、銀座三丁目に薩摩絣やかつお節を売る「薩摩屋」を開いて成功を収める。そのうち紙巻き煙草に目をつけ、弟らを渡米させて技術を学ばせ、明治一三年に煙草製造販売店「天狗屋」を開業。日清戦争時には軍に納入するなど商才を発揮した。天狗煙草が有名になった理由はド派手な宣伝方法にある。天狗煙草、岩谷松平といえば赤というほど、店舗、住居、衣服、帽子、馬車に至るまですべてを赤に統一し、店舗や広告には大きく「勿驚《おどろくなかれ》税金たった百万円」「慈善職工五万人」「大安売の大隊長」などと記した。しかし次第に「村井兄弟商会」が台頭、しのぎを削る[42]ようになる。引退後、岩谷松平は一万三〇〇〇坪の渋谷の邸宅で養豚業などを

からの回答「千葉秀甫に答うるの書」が掲載された。秀甫は、自分との関係を環の両親に引き裂かれたことや政太郎との結婚中止の勧告などを綿々と綴っているが、環は逃げの一手だ。しかし、武内真澄『実話ビルディング ― 猟奇近代相』（宗孝社、昭和八年）によれば、ベルリンで秀甫に会った大阪朝日新聞記者は、環とのあられもない写真が混じったスライドを見せられたという。

（42）しのぎを削る　明治三〇年代には通称「明治煙草宣伝合戦」が勃発、醜い中傷合戦を繰り広げるが、おかげで煙草の普及のみならず日本に於ける広告宣伝や印刷技術の発展にも寄与したと言われている。三七年に煙草が国の専売制となって争いも収束した。

していたが、脳卒中で半身不随になり、大正九年に脳溢血で亡くなった。

幽蘭が岩谷邸を訪れたのはほぼ隠居していた頃だろう。それにしても、岩谷松平といえば妾が二〇人、子供が五〇人といわれた人物、紹介されたとはいえ自ら伏魔殿に飛び込むとは、と思ったが松平の子孫である中村七重によればそれは中傷合戦の際に出た根も葉もない話らしい（『広告の親玉赤天狗参上！——明治のたばこ王 岩谷松平』岩田書院、平成二〇年）。実際には結婚は二回（いずれも死別）で晩年には内縁の妻がおり、子供は計一三人だった。五十之助《いそのすけ》、五十一郎《いそいちろう》、五十二《いそじ》と名付けたことから子供が五〇人という噂になったのではと語っている。

幽蘭、同情からの結婚が破談に

さて、千葉秀甫と別れた後、明治三七年頃の幽蘭は本所のおでん屋に寄寓して「婦人記者という肩書を到る処に振り廻し」「会う人毎に、従来関係した十三人の男の暴状を愬《うった》えた上に、其《その》無情と冷酷とを憤って居た」（「惨憺たる」）そうな。「無情と冷酷」も数人ならまだしも一三人が揃いも揃ってとなると首をかしげたくなるが、これを真に受けた奇特な人が現れた。当時、毎日電報記者だった光行民雄《みつゆきたみお》という男性が「一日幽蘭女史の追懐談を聞いて非常に感激し、無情、冷酷の世を憤って女史を恐る可《べ》き暗黒の淵から救済すべしという名の下に女史に対して公然正式の結婚を申し込む（ママ）だ」というのだ。もちろん幽蘭は快諾したが、民雄は「程なく幽蘭が自分の義侠的結婚を余りに感謝して居ない事を知ってホト〳〵馬鹿らしくなって来た。それと同時に彼女は恐ろしい妄想狂なる事を発見した。斯くの如くにして光行民雄は、飜然其《ほんぜんその》義侠的結婚を破却した。最も之は却って女史の望む所であったかも知れない」。我々の知る限り四度目の離婚である。

光行民雄の失望には、幽蘭と男性との興味深い感覚の相違が露呈している。幽蘭が何かというと身の上話をすることは今までにも見てきたが、その目的はあくまで共感や同情を得ることであって庇護ではないということがこのくだりで判明するのだ。話を聞かされる側からすれば、さまざまな男性に運命を弄ばれ（それにしても数が多いが）、自らの才覚で切り拓いた道もことごとく閉ざされ、それでも女の細腕で世間の荒波を渡る健気な女性と言われれば、精神的、経済的な支えを必要としているのだと考えて「俺がなんとかしよう」と発奮するだろう。しかし、幽蘭は一方的な関係には興味はない。お金は自分で作るし、恋愛も結婚もあくまで人生の一部で命を賭するつもりもない。自分は苟《いやしく》も五百年来（本人曰く）の旧家本荘家の娘であり、フェリスや明治女学校で学び、英語が読めて記者も務めるインテリで、これから大きなことを成し得る大人物なのだ。結婚はいいが恩を着せられるなどまっぴらごめんである。しかしこのような考え方は一般的ではなく、ましてや実際に何も成し得ていない以上説得力もない。か弱いと思っていた女性が実は強く、数々の挫折も多分に自業自得の面があるとわかれば、騙された、あの身の上話は妄想か、と憤られるのもむべなるかな（相手をよく理解しないまま結婚した点でお互い五十歩百歩であるが）。

とまあ、幽蘭と男性たちとのかみ合わない関係は一見不幸にも見えるが、男性たちとの交際によって人脈が広がり仕事に繋がっていることも事実である。貞操などという明治的観念を捨てさえすれば、安定した人間関係を築くのが苦手らしい幽蘭が人生を切り拓くある種の処世術として活かすこともできる。そこに気がつき、開き直っていくのはもう少し後の話になる。

ところで『女のくせに――草分けの女性新聞記者たち』（文化出版局、昭和六〇年）には著者江刺昭子が光行民雄のご子息に会ったときの挿話がある。それによれば民雄は東京日日新聞本社で外信部記者のような仕事をした後に郷里の柳川市に戻り、柳河新報を発行していた。幽蘭は大正時代にもときどき洋装で現れたそうで、当時は柳川の劇場などで講演していたという。結婚生活はすぐに破綻したが、交流はあったらしい。

幽蘭、ベルギー人と恋に落ちる

さて、光行民雄と離婚した幽蘭は「越後行きの汽車の中で美少年野波静雄を恋してから之は又絶えて久しいまことの恋」に出会う。今回はなんと外国人、ベルギー公使館に勤めるフェリックス・シャザル男爵である。二人がどうやって知り合ったのかは謎だが、「天狗煙草」の岩谷松平の甥で松平と同居していた岩谷二郎が後にベルギー名誉領事となっていることと何か関係があるのかもしれない。

シャザルが幽蘭と交際していたのは明治三七年末頃かと思われるが、当時彼は相当忙しかったはずだ。というのも翌年四月からリエージュで開催される万国博覧会に日本の参加を促すべく奮闘していたからだ。博覧会参加の経緯や実情は、利栄寿万国博覧会日本出品協会発行の『千九百五年利栄寿万国博覧会報告』（明治四〇年）に詳しい。それによると、日本政府は二年前に米国セントルイス万国博覧会に出品したばかりであることや日露戦争中であることから、当初は参加に消極的だったらしい。しかしベルギー政府たっての依頼に折れ、有志団体への助成を決定。両国の取り次ぎや交渉をはじめ陳列スペースの確保など細かい事務作業に至るまでシャザルが携わった。とくにスペースに関しては正式決定前にシャザルが自らの責任で日本政府と仮契約を結ぶことまでしており（イギリス、アメリカなども面積を減らされていたが日本は免れた）有能且つ献身的な性格が窺われる。博覧会以来、ベルギー外相ダントイ男爵やベルギー駐在の加藤恒忠公使らが日白研究会[43]を発足したり、月刊の機関誌も発行されるなど両国の貿易は活発化した。シャザルには『日本研究』なる著作もある。

「青髯美しき優姿」のシャザル氏との「水も洩らさぬ交情の、他処の見る目も羨しい程」の恋もそのうちあっけなく醒めた幽蘭、今度は「やまと新聞」に入社した。京浜新聞、電報新聞、読売新聞、東京電報新聞に続いて新聞社も五社目である。

（43）日白研究会　明治三九年、ベルギー・日本間の貿易の発展や経済交流を目的として結成された会。フランス語と日本語併記の月刊会報誌『日白研究会』はブリュッセルで印刷、横浜で発行されており、少なくとも明治四一年まで確認できる。

幽蘭、再び婦人記者となる

やまと新聞の幽蘭署名の記事は明治三八年一月二九日から二月二七日まで一〇本[44]確認でき、訪問記事ばかりの以前と違ってコラムが増えているのが目に付く。これは幽蘭がある程度有名になっていたためか、当時やまと新聞記者で幽蘭と社内恋愛の関係になった正岡芸陽[45]に融通してもらったものかはわからないが、明らかに読売時代よりは優遇されている。

「家政婆言」という読み物では衣食住や家事に関する知恵を紹介しており、第一回は靴下や足袋を長持ちさせる法、第二回は手水鉢《ちょうずばち》の正しい使い方とある。いずれも常識的な物言いを幽蘭がしていると思うと面白い。

「そゞろ言」という二〇〇字前後の小さなコラムもある。一月二九日には今日しも銀座横通りを歩《あゆ》行める折掛《おりがけ》声勇ましう軋《きし》らする美しき一輛の黒塗《くろぬり》馬車に出で偶《あ》いぬと視《み》れば御者台にけば〲しき緞十の大座蒲団を敷きたる何とのう異様に感じられける借問《しやくもん》す此《この》計らいは下様□《(不明)》者へもと情ある計らいか将又《はたまた》我身を飾らんとてか知らまほし

翌日の三〇日の「そゞろ言」は

昨夜所用ありて京橋南鍋町を通《とお》行りけるにさる路次《ろじ》より、つと見上る程の者出《い》で来《きた》りぬ怪《あや》しと目を峙《そばだ》つれば何ぞ計らん弁当屋のお若いのが実□《(不明)》空箱かは知らぬ五十計り積み上げしを而《しか》も左手に事なげなり蕎麦屋其他《そのた》の夫《それ》は屢々《しばしば》見受《みうけ》し所なれど斯計《かくばか》りなるは未《いま》だしかりき

世の中総て□《(不明)》事《こと》習わんよりは慣《なれ》よぞかし去《さ》れば今日は此処《こちら》明日は彼処《あちら》□《(不明)》浪《さす》らい歩く輩《ともがら》の世を経るも一廉《ひとかど》の者と成り終りぬは此の理由知らぬ痴漢なればぞ

二月二四日の「そゞろ言」は

(44) 一〇本「家政婆言(一)」二本、「そゞろ言」三本、「新帰朝者　松尾次郎丈を訪う」二回分、「不観梅の記(上)」「不観梅の記(中)」「不観梅の記(下)」

(45) 正岡芸陽　明治一四年、広島県生まれ。一〇歳で両親を亡くし苦学しながら小学校教師となり、後に青山学院に入学するも退学、やまと新聞に入社し著書『新聞社之裏面』(新声社、明治三四年)で世に出る。三八年八月から始まった日露戦争後のポーツマス講和会議ではやまと新聞特派員として取材に当たり、その後渡米してアメリカ研究に力を入れるが、大正九年に三九歳で逝去している。

先頃所用ありて芝白金に行く途《みち》すがら魚籃坂を降りつるに異国の老いたる女の腕車して登るに出で会《あい》ぬ聞《きき》としもなう耳根に通う片言交りは嬉し此賤《このいや》しき業の男児を労《ねぎら》いて坂なれば徒歩せんとの情けある言の葉なり四千余万の同胞の一人を知りつる身の猶《なお》人心忘れ果てゝ己を傲《おご》りむくつけき男はともあれ涙の権化ちょう女の浅《あさま》しゝも彼の九段の坂の上に四辺静かに打眺めつゝ汗玉つゞる車夫の襟元知らず顔なると較べて其《その》差別実に雪と墨も啻《ただ》ならずこそ

街で見かけた光景に幽蘭なりの視点から一言添えた構成になっている。派手な座布団を敷いた馬車が銀座を走るのを見かけ、庶民の目の保養（?）のためか我が身を飾るためかわからなかったとしたり、京橋で弁当屋の店員が五〇個ほどの弁当箱を高く積んで左手だけで運んでいる姿に行き当たり、世の中すべて「習うより慣れろ」で、あちこち放浪している人が一廉の人物になれないとしたら「慣れ」のわからない愚か者であると書いたり（放浪者云々は自虐か）、白金魚籃坂で人力車に乗った外国人の老女が車夫に片言の日本語で坂道は大変だろうから降りて歩くと言ったのを耳にして、山の手のお屋敷街に住む連中が車夫の襟の汗の玉すら素知らぬ顔をしているのにこの老女は雲泥の差であるとしている。事実か創作かはわからないが、細やかな視点ではある。
「不観梅《うめみず》の記」は梅園観光レポートだが、ユーモラスな筆致が新鮮だ。例えば「不観梅の記（下）」はこうだ。

　是《これ》より先き自分は馳け足をした其時《そのとき》さなきだに蓬髪《ほうはつ》なのが層一層《そういっそう》壊れて仕舞って此所《このところ》幽蘭改め幽霊女史で先《ま》づ差当《さしあた》り弊家《へいけ》の落無茶《おちむちゃ》と云う按配式嘸《あんばいしきさ》ぞやさぞ茶店の婆様や別嬪《あねさま》達が打《ぶ》っ魂消《たまげ》申したんべいよ
（中略）
　家とては是でも人の?・《（ママ）》と思わるゝのがちらほらと在るばかりーと見る間に何時《いつ》しか夫《それ》も跡なくなってなあーんにもない畦道の長いは〳〵歩いたわ〳〵
（中略）
　踵《きびす》を廻《めぐ》らして新田神社を指す既にして到れば是は又余りの廃殿「何物の御座《おわ》しますかは知りつれど忝《かたじけ》なからで涙こぼれぬ」とでも地ぐりたい様態（中略）

一同俄《にわか》に色めき立って我後《おく》れじと馳せ参じ両眼刮《かつ》と見開けば成程一《ちょ》寸《つと》算用の出来ぬ位沢山の梅の樹はあるが花らしい物は一二三《ひーふーみー》と云う始末「雪なくして何の巳《(ママ)》れが梅花観哉《うめみかな》」と気張って見ても初まらず見頃は何時《いつ》と言問《ことと》えば「左様《さよう》来月の末頃」との返答にヘエ――と計り……………

マアいゝさ英照皇太后様が御行幸《おみゆき》の名所花は御互《おたがい》の胸に在るわサと断念《あきら》められぬを断念《あきら》めて名物の種なし梅の曲物《まげもの》手に〳〵疲労《くたびれ》た足引きずり〳〵えんやらやっと川崎迄辿り着き五時十分の上り列車で………とは御苦労〳〵(完)

どんな遠方に出向いたのかと思えば今の大田区矢口である。なお、「不観梅の記(上)」には大森で車夫を見かけ「大森の里隠れの時分見知り越しの升《ます》さん」だと気付いて話し込むくだりがある。大森は関常吉の妻と三人で暮らして常世を生んだ地である。髪が乱れた自分の姿を「幽蘭改め幽霊女史」「弊家《へいけ》(平家)の落無茶《おちむちゃ》(落武者)」と茶化して書くあたり、自分を十分客観視することのできる人といえるのではないだろうか。ともあれ、楽しい職場にも別れを告げるときが来る。幽蘭、突如女優デビューを果たすのだ。

幽蘭、女優デビューを果たす

突如、とは言ったが下地はあった。まず読売新聞記者時代に川上音二郎(46)ら演劇関係者を見知っていたこと、そしてまさにこのとき新聞記者や小説家らの文士が演じるアマチュア演劇「文士劇(47)」が盛り上がっていたことだ。

幽蘭デビューのこの年、在京の新聞の演劇評論記者たちが社の垣根を越えて「若葉会」という演劇集団を結成し、五月には歌舞伎座で「仮名手本忠臣蔵」などを演じる予定だった。流行りものに目がない幽蘭のこと、文士劇を飛び越えて本物の劇団に加入してしまった。

とはいえなにしろ唐突だった。二月二七日まで記者として記事を書いていたやまと新聞の約二週間後の演劇情報欄には女優として出演する演目の

(46)川上音二郎　一一四頁参照

(47)文士劇　明治二三年、尾崎紅葉一派の硯友社が興行したのが端緒とされる。「今の俳優には、役に就ての心理解剖が出来ない」(江見水蔭「硯友社と文士劇」)という気概で始めたが、会場は個人宅、煙を出す場面で火事になりかけたりと素人丸出しだったという。

告知が出ているのだ。その舞台は日本橋中洲(48)にある真砂座で開演した「新生涯」で、伊井蓉峰《いいようほう》(49)一座の興行である。

同じ時期に伊井一座にも加入していた俳優の井上正夫(50)の著書『化け損ねた狸』（右文社、昭和二二年）によれば、真砂座(51)は新派劇の発達史に貢献した重要な劇場で、当時他にはなかったフットライトが備え付けられており、舞台背景を洋画家が描くなど「『ハイカラ』の尖端を行く劇場だった」という。新人女優にとっては過分なお膳立てだ。

なお、この時期に「（引用者注：谷《たに》）活東《かつとう》と恋愛関係にあったのに、活東に図ることもせずに、新派劇の女優となって、真砂座に出た」（『森銑三著作集 第一七巻』中央公論社、平成七年）との証言がある。谷活東(52)は尾崎紅葉門下の俳人で作家、幽蘭の二つ年上である。ただ、幽蘭が一方的に追い回していたという説もあり、『文芸倶楽部』明治三九年二月号に掲載された活東の葉書には、自分のセリフとして「役者の中には好い男が多いと云うのじゃもの、私ゃ、気が揉めて揉めて」と新派劇風にふざけて書かれていて、交際の事実の有無は図りかねる。二人のことは文学界では有名だったのか、泉鏡花は活東をモデルにした明治四四年発表の短編小説「杜若」に、幽蘭らしき婦人記者が登場すると森銑三は記している。が、それは女柔道

(48)日本橋中洲　隅田川が新大橋の下流で二股に分かれる間の三角州。
(49)伊井蓉峰　明治四年、日本橋呉服町生まれ。芸名は「いい容貌」からきている。銀行員から作家を目指すが、川上音二郎に影響され川上一座に加入。後に別れて「済美館」、「伊佐美演劇」を立ち上げ、三五年から真砂座を本拠地とし人気を博す。「新派三頭目（伊井蓉峰、喜多村緑郎、花柳章太郎〈河合武雄ともいう〉）」の一人として活躍。昭和七年に六二歳で死去。
(50)井上正夫　明治一四年、愛媛県生まれ。新派俳優、映画監督。村田正雄一座、

家の笹原扱体《ささはらきゆうたい》というキャラクターのことではないかと思われる。

さて、幽蘭出演の「新生涯」、原作は田口掬汀《きくてい》(53)の小説『人の罪』と続編『新生涯』である。田口掬汀は新声社の雑誌『新声』の記者をしていたことがあり、正岡芸陽も『新声』の記者から主筆になった過去があるので、その繋がりが出演に関係したかもしれない。あるいは、三月九日付『都新聞』に「真砂座にては新旧俳優中女形の払底に、此墟《このまま》では劇界に大影響を及ぼすを憂《うれ》い居《お》りしが、今回或る大家の勧告に依り、普《あまね》く劇道熱心の女子を募集し、試験の上女優たらしむる都合にて、募集」ともあり、自ら応募した可能性もある。幽蘭は杉戸侯爵夫人満津子役で、その他の出演者に村田正雄、市川久女八、尾上梅代らがいた。開演は三月一九日だが、一五日の『読売新聞』「楽屋すずめ」欄には「尚此外《このほか》に某新聞に女記者として筆を執りし本庄(ママ)幽蘭女史は何に感ぜしか、断然女優となり同座の舞台に現るる事となりし由」とある。真砂座では少なくとも二〇日夜にも公演していたことが雑誌『歌舞伎』（歌舞伎発行所、明治三六年四月一日号）で確認できる。「惨憺たる」曰く「兎に角婦人記者として多くの新聞記者と関係の深い女史の事なれば女史の演技は非常な喝采を博して新聞の批評などもナカ〳〵

伊井蓉峰一座を経て新時代劇協会結成。映画界へも進出した。井上演劇道場では後進の育成にも努める。日本芸術院会員。昭和二五年、六八歳で死去。

(51)新派劇　歌舞伎を旧派とし、新しい演劇の意味で生まれた対義語。翻訳劇や文芸を演劇化したものが多かった。

(52)谷活東　翌年、結核で夭折している。

(53)田口掬汀　明治八年、秋田県生まれ。小説家、美術評論家。雑誌『新声』編集を経て、『萬朝報』で家庭小説を連載、流行作家となる。後に美術評論家に転身、昭和一八年に六九歳で死去。

に好かった」。新聞社を五社も渡り歩けばマスコミに知り合いも増え、評価の手加減をしてもらえるだろうというわけだ。

劇全体の出来も良かったようで、同時期に藤澤浅二郎[54]らが本郷座で興行した「新生涯」と比較して「筋立てとか合方とか仕出しとかは充分に注意してあって、芸も何れも揃って好い出来」と褒めた記事もあった（「真砂座の新生涯」『歌舞伎』歌舞伎発行所、明治三八年四月一日号）。

そしてこの間の幽蘭は、なんとまだあどけない子役に熱を上げ、「燃ゆる恋の抑制せんようもなく、あわれ春まだ浅き一個の少年を捉え」（「惨憺たる」）交際リストに加えてしまったという。記者は少年の名前を聞いていないらしいが、一体いくつの子を相手にしたものやら。

その後、京都の明治座に出たという「惨憺たる」の記述を裏付けるように、『歌舞伎』誌には四月二三日に京都明治座で「ロメオ、エンド、ジュリエット」「浮薔薇」の出演者のなかに幽蘭女の文字が見える。ただし、少し寄り道があった。四月二日付『都新聞』に「真砂座へ現われし幽蘭女史は今回限り同座を脱《ぬ》けて北海道へ乗込むとか」とある。「幽蘭女の都落ち」と題した同じ日の東京朝日新聞の記事はもう少し悪意を感じる。ちょっと長いが書きっぷりをぜひ味わってほしい。

幽蘭女の都落ち

中洲のハイカラ座（引用者注：真砂座の意）に本庄《（ママ）》幽蘭女という新女優が出現し、赤電気青電気の外《ほか》に一種不思議の光を放ちたる事は、世の人既に御存じなるべし。此の女史、一時は新聞記者となり碁盤罫の原稿用紙に対《むか》って大の男に一目置かせしが、斯んな事で日を送らば斧の柄よりも人間が朽ちるであろうと俄《にわか》に一大飛躍を試み、星と菫《すみれ》に泣いた筆を鏡台の前に取直して楽屋に新月の眉を引く其手附《てつき》の初々しさは、度胸の半分にも及ばざりけり。左れど女史は大得意なれば、楽屋入りも広告がてらに華美《はで》やかな洋服扮装、ヤア女優が通るぜと男子を騒がせる了簡なれど、其細腰を拝すれば蜂の精に異ならず。妙なものが真砂座に巣をくったと眼引き袖引き笑う程ゆえ、近辺の子供等は失礼にも女子を見て麵麭売《パンうり》か飴売《あめうり》(55)かと思い居るこそ無法なれ。斯《かく》て、お目見得は何がし夫人唯《ただ》一役、昔ならだんまりの大百と云う所を束髪の前髪で利かせ、慈善演説会の場に於て黄色な声の演説は谷の戸出る鳶《とんび》の如く、夫《それ》が又《また》火の見に止《とま》って高い〳〵有為顔《したりがお》に見物よりも一座が驚き、一つ遊んで呉れようかと悪戯する者少なからず。先ず稽古の折に

(54) 藤澤浅二郎　俳優、劇作家、ジャーナリスト。雑誌や新聞の記者となった後、川上音二郎と出会い、書生芝居で俳優、戯曲作家を兼業。明治四一年には俳優養成所を創設し、多数の教え子を輩出した。明治四〇年頃から大正四年まで三〇本の映画に出演したが、大正六年に五〇歳で没した。

(55) 麵麭売か飴売か　突飛な格好をしているの意。

丸山操[56]が惚れられたとやらで女史のみだらな事が判りしかば、彼の村田正雄とて、九州台湾を打廻り今度帰京した先生が、此奴《こいつ》面白しと狂言を書き直《じき》に人の噂となる。新物の片仮名劇『ハックショ』とも題すべき妙な事を演ぜしより、一褒められと二くさゝれ何が何やら種々《さまざま》の評判ばかり最《い》と高し。猶其他《なおそのた》にも関係筋多く女史は異《おつ》な板目《はめ》になって居る上、見物にも山が利かぬと見たものか、次興行には同座を退き北海道へ乗込で伊井一座の立《たて》おやまと旨く吹《ふ》き当《あて》る積《つもり》になり、近々の内都を落ちて指し行く道は北の方、その貴夫人の一役を置土産とも三叉の中洲を跡に旅衣。（後略）

幽蘭に関する新聞記事のほとんどがこんな失礼な調子なのだが、この記事は時期的にはかなり早い。記者が幽蘭を貶めたいと思ったポイントは、女性であること（「星と菫《すみれ》に泣いた筆を鏡台の前に取直して」といった表現から。「星と菫」とは恋愛や感傷を歌うロマン主義文学者、またはそれを揶揄する言い回しである。但し当時は女性であるだけでこのくらいのことは書かれた）、実力もないのにその気になって派手な洋服姿でうろつくこと、共演者にすぐ手を出すなど女だてらに「みだらな」こと、人気俳優の村田正雄になぜか気に入られていること、あたりだろうか。列記していくと、幽蘭にも隙があることはある。なにもことさら得意げに女優ぶったりやみくもに男性に秋波を送ったりしなくてもとも思うが、誰が何といおうとやりたいようにやるのが幽蘭である。記事を読んだか読まずか幽蘭、北海道に赴いた。

早速当時の北海道の新聞『北海タイムス』（全道本社版）を繰ってみると四月八日に

> 女俳優《おんなはいゆう》幽蘭女史の来道　曾て東京人民新聞にありし女記者にて、去月真砂座伊井蓉峰一座に現われし本庄（ママ）幽蘭という女俳優は今回青柳捨三郎《あおやぎすてさぶろう》[57]一座に加入し函館巴《ともえ》座に乗込み、洋服姿にて楽屋入りに人目を惹き居《お》るというが、同地打揚げ後は当地（引用者注：札幌）へも乗込む筈なりと

と出ている。函館でも洋服姿で目立っていたとは期待を裏切らない。しかしその後音沙汰はなく、函館からそのまま京都に向かったのか、札幌で出演はしたが端役すぎて掲載されなかったのか不明だ。

ともあれその後、前述『歌舞伎』誌にあるように四月二三日には京都明

(56)丸山操　明治一二年、東京生まれ。新派俳優。本名、丸田卯之助。芝居好きが高じて家を飛び出し、伊井蓉峰門下となり、女形として活躍。

(57)青柳捨三郎　安政二年生まれ。新派劇俳優、座長。明治一一年に川上音二郎に壮士劇のアイディアを伝えたという新派劇の元祖、落語家の桂文之助こと曾呂利新左衛門の弟子（雑誌『歌舞伎』第五七号）。川上一座に加入し、俳優として活動する。

治座で「ロメオ、エンド、ジュリエット」「浮薔薇」のどちらかに出た。「惨憺たる」によれば京都の巡業中に美少年木村夢弓(58)に恋をした。夢弓は本名を秀雄といい、当時同志社の学生（後に中退）で「頭脳明晰、才華縦横、弁論に文章に行くとして可ならざるなき秀才」（「惨憺たる」）だった。親友の松岡荒村(59)によれば、三六年末に社会主義の勉強会である早稲田社会学会を発足させた際、木村秀雄も談論風発していたがその後渡米、「バークレーの大学」で宗教哲学を学び、一年半後に「大のアメリカ嫌いになり」（『松岡荒村——埋もれた明治の青春』不二出版、昭和五七年）帰国した。アメリカでの薬物を使ったと思しき神秘体験で開眼し、祈禱治療術「観自在宗」を開く。その後は妻と霊術講演や興行に精を出すが、この妻とは女優で舞踏家の木村駒子(60)である。

「惨憺たる」では絶賛の秀雄が、小林栄子『尼になる迄』（須原啓興社、大正五年）では「兎角《とにかく》其行為が脱線勝《がち》で、魔法使い見たいなことをし、突拍子もない演説なぞをするので世間からは随分変った男として見られて居た」となるのだから面白い。常軌を逸した嫉妬深さだったとも本にはある。変わり種で美少年とくれば幽蘭の好みだろう。実は、妻の駒子が女優とし

(58)木村夢弓（写真）

(59)松岡荒村　明治一二年、熊本県生まれ。詩人、評論家。足尾銅山鉱毒事件などの社会問題に強い関心を抱き活動するも、明治三七年、二五歳で夭折。

(60)木村駒子　明治二〇年、熊本県生まれ。女優、神秘

て舞台に立つきっかけを作ったのは幽蘭だった。大正三年末に座長の曽我《そが》廼家五九郎《のやごくろう》(61)に駒子を紹介し、秀雄まで金龍館顧問の肩書きを得た。そんな恩人の幽蘭と秀雄の過去を駒子が知っていたのか気になるところだが、大正四年二月一八日付『世界新聞』「駒子の復讐譚（中）」に興味深い記述がある。

　駒子が望む結婚相手の条件は童貞で浮気しない男というものだったが、秀雄と結婚して間違いなかったと思ったきっかけは、結婚後に訪ねてきた幽蘭が「御亭主秀雄さんに惚た。而して諦める事が出来ないからタッタ一日で可いから秀雄さんの身体を私に借しては呉れまいか」と頼んだことから始まった。駒子が承諾を与えると日を改めて現れた幽蘭、膝詰めで露骨に口説き始めたが秀雄は相手にしなかった。すると埒が明かないと見て秀雄の股座《またぐら》を取って押し倒したが、秀雄は飽くまでたしなめて追い返したため、駒子は夫に惚れ直したというのだ。それにしても、ここでの幽蘭は咬ませ犬のような立場に置かれており、なんとも気の毒である。

　木村夫妻は浅草の金龍館やアメリカなどで興行、生死《しょうじ》と光明《あかり》（夭折）の二児をもうけるものの、秀雄は昭和一一年に亡くなる。

主義研究家。熊本女学校で「新しき女」思想に出会う。木村秀雄に出会って結婚。夫婦で「観自在宗」の布教を開始。大正二年、青鞜社に対抗して「新真婦人会」を発足し雑誌を創刊。その後、女優デビュー。昭和五五年、九二歳で死去。

(61)曽我廼家五九郎　明治九年、徳島県生まれ。喜劇俳優。明治四五年、浅草帝国館で一座を構え、女優を出演させたりオペラの要素を加えるなど喜劇史に大きく貢献した。大正六年には観音劇場の経営を任され、一座で公演。大正一四年に漫画を映画化した畑中蓼坡監督『ノンキナトウサン』シリーズに主演し当たり役となった。昭和一五年、六四歳で死去。

幽蘭、男たちをちぎっては投げる

京都での公演を終えた幽蘭は大阪に向かうが、このとき交際していたのは「惨憺たる」によれば福井茂兵衛(62)と阪本格(63)だという。そう、かつて父が連れてきた婚約者、あの阪本格である。まずは福井茂兵衛から紹介しよう。

福井茂兵衛は安政七(一八六〇)年生まれの壮士、新派俳優だ。幽蘭より一九歳上の大先輩(演劇史的にも当時の地位的にも大御所である)だが、茂兵衛が自らを語った言葉に「今日まで仕て来た私の職業は、境遇の千変万化に伴うて、なか〳〵多種多様なものでした」(雑誌『小天地』金尾文淵堂)とあり、三〇の職業(うち新聞社は五社)を挙げていて、幽蘭に通じるところがある。

(62)福井茂兵衛　実家は東京猿若町(現台東区浅草六丁目)にあった江戸三座のひとつ中村座付きの芝居茶屋「丸鐵」。自由民権運動に傾倒し、板垣退助に随行して講談師として巡業した。川上音二郎らの興行元をした際、音二郎の代役でデビューし俳優に転身。明治二六年頃に座員を引き連れ福井一座を立ち上げ活

阪本格は『東亜先覚志士記伝（下）』の「列伝」に名前がある。黒龍会のなかでもとくに実業方面を担っていたらしい。「惨憺たる」には「今（引用者注：明治四二年）は東京の『國民新聞』に記者をして居る」とある。それにしても、かつて一四歳上の「大変肥満の赤ら顔」と描写された気の進まない縁談相手だった阪本と交際していたとは驚きである。

さて幽蘭だが、大阪では九条の繁栄座で新派の祖とされる角藤定憲《すどうさだのり》[64]一座に加わった。試みに『歌舞伎』誌の「興行一覧」で繁栄座の演目を見ると、五月から一一月までここで興行していることがわかる。幽蘭はその中のいくつかに出たのだろう。一座が中央には出られず地方巡業が多かった理由のひとつを、秋庭太郎『日本新劇史』（理想社、昭和三〇年）などでは人材不足としているが、素人の幽蘭が潜り込めたのもそのおかげと思われる。また同書には、袂から金を掴んで座員にやったり、巡業先の下関で地元の殺人事件を聞きつけてすぐ芝居に仕立てる角藤の姿が記されており、豪放磊落で機を見るに敏、演劇の質よりも大衆受けを狙った角藤と幽蘭の気が合っただろうことは想像できる。

角藤定憲は福井と同じく元壮士俳優から新派に移り、一座を率いる座長

躍。昭和五年に死去。

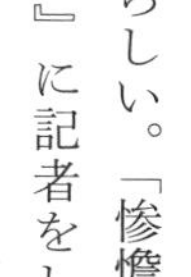

(63)阪本格　慶応元年、肥後国（現福岡県）生まれ。福岡県会議員の後、台湾で産業を興す。日本農業株式会社、福岡興業銀行重役等に就任。撫順居留民会会長、撫順実業協会会長を歴任。大正一〇年死去。

(64)角藤定憲　慶応三年、備前国（現岡山県）生まれ。板垣退助を後見に「大日本芸劇矯風会」創立。川上音二郎にも影響を与えたが、東京進出が遅れ、もっぱら地方巡業が多かった。明治四〇年、四一歳で死去。

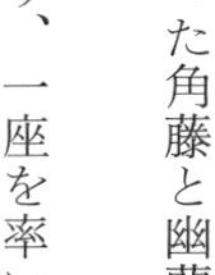

でもあり、川上音二郎と同じく新派劇の祖である。自由民権を啓蒙する硬派な壮士演劇がなぜシェークスピアなどを演じる新派になっていったのかについては「世渡りの都合上」（『明治劇壇五十年史』玄文社、大正七年）、「時世の変遷に連れて、進歩か退歩か、兎に角推移して居る」（前出『小天地』）としていて、どうも成り行き上ということらしい。

整理すると、角藤定憲が二一年に始めた新しい芝居を観た川上音二郎(65)が、同年に「書生芝居」を始め、それを見た福井茂兵衛や伊井蓉峰が川上一座に加入し、脱退後に各々一座を始めるという流れだ。新しい文化が生まれて潮流となり枝分かれしていくエネルギーを感じる。そして紆余曲折あって女優に流れついた幽蘭が、角藤定憲、福井茂兵衛ら日本近代演劇史上に輝く綺羅星たちと往交していたとは天晴れな話だ。

この頃幽蘭が関係したのは「惨憺たる」によれば「大阪アスペスト会社の支配人中村某」、座長の角藤定憲、佐藤淡水、「大阪硫曹会社の社員須藤虎治」、「呉服商の田中和三郎」、西村忠兵衛と実に六人いる。角藤は前述の通り、その他素性のわかる人のみ記そう。

(65)川上音二郎　元治元年、筑後国（現福岡県）博多生まれ。一四歳で上京し増上寺で小僧となり、福沢諭吉に師事したり新聞記者になったりした後に自由民権論

佐藤淡水に関する詳細は不明である（佐藤金属株式会社の創業者で淡水の名を持つ佐藤保氏は同名異人）。

西村忠兵衛は「今天一坊《てんいちぼう》と悪名を謳われた」（「惨憺たる」）と書かれているが、天一坊つまり虚言を操ったとされるような事件は見当たらなかった。ただ、海運商である西村家の年代記を見ると江戸から明治、大正、昭和と時代の荒波に翻弄された実業一家の姿がかいま見える。西村通男『海商三代の記録』（西村通男、昭和三八年）によれば、初代西村忠兵衛は文政元（一八一八）年に能登の農村に生まれ、少年時代に船問屋兼造り酒屋に奉公に出たのを契機に海商として立志し、明治一六年頃には和船十数隻、洋船二隻を有する一大海運会社を経営するまでになった。当時は「銀行の鴻池、鉱業の古河、海運の西村」とうたわれたほどで、西道頓堀の店の周囲には一二の白壁の蔵が連なってその周りを卸問屋や仲買人の店がとりまき、店頭掲示の相場表で毎日の取引が決められていたという。初代は家運のピークである明治一八年に没したが、一代で富を築いた家にありがちな問題が勃発する。長男忠五郎は倹約家で綿密な性格で、父の片腕としてよく働いたが、汽船の時代に乗り遅れた。さらに次の世代には養子忠吉と、

の演説家となる。落語家桂文之助に弟子入りし、明治二一年から浮世亭○○（まるまる）の名で後ろ鉢巻に陣羽織という出で立ちで風刺歌「オッペケペー節」を披露。一世を風靡したが、二四年に書生芝居を旗揚げ。人気芸者だった貞奴と結婚して戦争劇などで評判をとった。しかし三一年の選挙に二度出馬して落選、借金に追われ逃げるように渡米、茂兵衛らはその肩代わりに激怒して音二郎を除名して福井一座を立ち上げる。が、川上夫妻はアメリカで大成功、翌年にはパリ万国博覧会などで興行しフランス政府から勲章を賜る。三六年以降は日本で翻訳劇を公演、大阪市中央区に帝国座を開場し、貞奴は帝国女優養成所を開く。明治四四年、四八歳で死去。

後に生まれた庶子忠太郎、さらにその後に生まれた嫡子忠一が入り乱れることとなる。庶子忠太郎は祖父である初代に預けられたためにかわいがられ、二代目忠兵衛[66]を襲名。また忠一も嫡子として両親に愛され、養子の忠吉だけがのけ者になる。忠吉は一〇代で天然痘に罹ったせいで顔にあばたがあったが顔の作りは良く、お茶屋ではとてもモテた。養父の目を盗んで船で出張しては密かに遊んでいたという。

幽蘭が関係したという明治三八年に「西村忠兵衛」を名乗っていたのはあばた顔の三代目、忠吉[67]（明治三年生まれ、昭和九年病死）である。正式に家督を継いだ身ではあるが、二代目の忠太郎がたびたびやくざ仲間とともに金の無心に来たため護身用ピストルや仕込み杖を持って逃げ回っていた小心者だった。それにしても、遊び好きで臆病な忠吉と女優として売り出し中の幽蘭の組み合わせは話題性抜群に思えるが、雑誌などを賑わせた様子はとくにない。

(66)二代目忠兵衛　放蕩人となり、養父に裁判を起こされて別居、日陰者になった。忠吉が三代目を襲名するが、事業への関心はなく七つの妾宅を渡り歩き、晩年は認知症を患って亡くなったと伝えられている。四代目の忠一は函館海運合資会社を興すなどして実業界で活躍。しかし海運業を継ぐ者はなく西村海運の歴史は幕を閉じた。

(67)三代目忠吉（写真）

幽蘭、男たちの山を踏破《とうは》する

さて、大阪の興行を終えて上京した幽蘭は東京の常磐座に出演するが、その前の僅かな時間に代議士の松村雄之進(68)、世界館主人の高木五郎、大光館主人の兄「茂木某」、牧野萬二郎という四人と交際した。まるで泳ぎを止めると死んでしまうと俗に言われる鮪《まぐろ》のような生活である。

松村雄之進といえば、一九歳の幽蘭が阪本格との縁談を持ちかけられた際に仲介役だった人物である。しかも嘉永五年生まれ、父親ほどの年齢だ。明治四年の大楽源太郎のクーデター時には志を同じくするも涙をのんで大楽を斬ったといい、久留米開墾社として福島に入植、後に社長を務めた。

(68)松村雄之進　嘉永五年、筑後国(現福岡県)生まれ。政治家。台湾総督府新竹支応長、雲林支応長などを経て明治三五年に衆議院議員となる。大正二年に対支総合会に入会、頭山満と並ぶ国士浪人として活動。大正一〇年、死去。

言わずもがな黒龍会メンバーでもある。それにしても父一行の古い知り合いで、かつての婚約者の仲人だった人と関係するとはどういう気持ちなのか、いささか計りかねる。

世界館主人高木五郎なる人物だが、当時世界館と名のつく映画館は、東京浅草、新潟県高田、大阪千日前、三重県伊勢、香川県丸亀、熊本、福岡県博多、愛知県大須など全国にあったが、高木五郎については『日本映画事業総覧』(国際映画通信社、大正一五年版、昭和三・四年版、五年版)にも明記がなかった。

次に大光館主人の兄「茂木某」。大光館(69)は現港区芝にあった割烹旅館である。明治時代のこの辺りは花街があり温泉旅館や料亭が軒を連ねていた。明治一四年には当時のセレブが集う会員制の高級料亭「紅葉館」(小説『金色夜叉』の著者尾崎紅葉の筆名はここからとられた)が開館、明治二二年に鉱泉が見つかって後は、牛鍋屋チェーン店「いろは」オーナー木村荘平らが開いた温泉場や芝浜館、芝浦館をはじめ、大の家、見晴亭、松金、いけす、かめやなどの旅館や店舗が林立、大光館もそのひとつだった。三一年一月一四日付『朝日新聞』には大の家が支店大光館と名を改めると

(69)大光館　芝浦の旅館。明治四〇年には「ろせったホテル」を開業。これはイギリス製旅客船ロセッタを

出ており、その支店の広告には、数千人の運動会ができる大庭園や数百人が集える楼上、月見ホテルもあらたに新築するとあり、その規模の大きさが窺える。幽蘭が交際した主人の兄こと「茂木某」は羽振りが良かったことだろう。

次に交際した牧野萬二郎は「惨憺たる」によれば「侠客梅津の客分にて、柔術の教師をして居た牧野某の弟」とある。侠客梅津とは梅津勘兵衛[70]のことだろう。柔道家の牧野某は梅津勘兵衛のもとに出入りしていた人物らしいが特定はできなかった。幽蘭と交際したという弟の牧野萬二郎については職業すら不明である。黒龍会には「牧野萬十郎[71]」がおり、「惨憺たる」は人名の誤記が多いのでこの人物である可能性もある。

さて、四人との交際を経て常磐座に出演した幽蘭、「斬り髪お留」という役についた（「惨憺たる」）らしいが演目の明記がない。一一月には「金髪芸者」ことノラとジネーのフェイゲン母子[72]の口上言いに幽蘭が雇われたという新聞記事がある。資料を時系列に並べると、

三月二〇日から　東京真砂座「新生涯」にて女優デビュー

定期船や巡遊船、船上博覧会などに利用した後、エンジンを抜いて芝浦海岸に係留し船上ホテルとしたもので日本初の試みだった。

(70)梅津勘兵衛　明治四年生まれ。同志社卒でキリスト教徒の博徒。大正初めに社会主義者が大量発生し、なぜか博徒にも逮捕者が出たことに反発し、博徒を集めて大正八年「関東国粋会」を結成、理事を三十年務めた。

(71)牧野萬十郎　明治八年熊本県出身。一七歳で上京するも学校には行かず黒龍会に入って朝鮮問題、満蒙問題に身を投じる。大正七年、四三歳で死去。

(72)ノラとジネーのフェイゲン母子　神戸の花柳界で活動していたイギリス人芸妓の親子。寄席芸人もしていたようだ。

四月初旬　函館巴座出演（八日付『北海タイムス』より）
四月二三日から　京都明治座「ロメオ、エンド、ジュリエット」「浮薔薇」どちらかに出演
不明　大阪繁栄座で角藤定憲一座に入座
一一月初旬　大阪でフェイゲン母子の口上言いに雇われる
不明　東京常磐座で「斬り髪お留」に扮する

ということになる。フェイゲン母子の興行が大阪で行われていること、それを伝える記事で幽蘭を「角藤一座の女優」としていることを考えると、東京の常磐座出演は三八年末から三九年にかけての可能性が高い。

「金髪芸者」ノラ・フェイゲンと娘のジネー・フェイゲンの寄席の口上言いを幽蘭が務めた話は三八年一一月一六日付『東京朝日新聞』、三九年九月一三日付『萬朝報』などで確認できる。口上言いとは興行前に観客に対し独特の調子で挨拶することだが、幽蘭に経験があったかは疑問である。

「惨憺たる」には常磐座出演中に幽蘭が交際した相手として「本郷座の取締にして壮士の親分と云われて居る垣田源吾」、俳優の村田正雄(73)、「四の宮

(73)村田正雄　本名又彦、明治四年丸の内に生まれ、二四歳で俳優デビューを果たす。明治三五年に福井茂兵衛一座に加入後、伊井蓉峰一座で確固たる地位を築く。明治末期以降は映画にも進出、多くの作品に出演し大正一四年に没した。村田とつきあっていたということは伊井一座にまた戻ったのかとも思えるが、その辺りはよくわからない。また、函館に行く直前の三八年四月二日の時点で読売新聞の幽蘭の記事に村田正雄の名が出、「其の他にも関係筋多く女史は異な羽目に

某」の名が挙がっている。

垣田源吾の名は、前出の井上正夫『化け損ねた狸』に出てくる。明治四二年（幽蘭と交際した約三年後）一月、井上正夫が大阪の弁天座出演のため稽古をしているときに東京座に出演させようと料亭から使者が現れ脅迫してきた。協議の場に現れたのは東京座頭取と用心棒二人、井上側は弁天座興行主の長谷川勘兵衛と垣田源吾、井上だった。東京座の用心棒がわざと短刀を落としてみたり一触即発の場面になったが垣田はまったく動揺しなかったという。また、大正五年ごろにはアメリカ仕込みの「トウダンス」（トウシューズを履いて行うダンス）で浅草オペラで活躍した高木徳子[74]が夫との離婚でごたごたしたとき、夫が垣田を雇って脅迫するなどした（徳子には通称「ピス健」こと嘉納健治というやくざが興行師としてついていた）。その件で垣田は大正六年五月一二日に収監されている。どうも興行の周辺で暗躍していたやくざものらしい。

ともあれ、女優業も話題性だけでそうそう続くはずもなく、「惨憺たる」には名声も振るわず、本人が飽きたとのみ書かれている。

なって」と関係を匂わせているので話が前後しているのだろうか。

(74)高木徳子　明治二四年、東京神田に生まれる。一五歳で高木陳平と結婚し渡米。夫婦で料理人やメイドとして働くが、芸人を目指し歌や手品で巡業。後にパントマイム、ダンスを習い、ニューヨークで映画俳優も経験。ロンドン、ロシアなどで公演し、第一次大戦の際に八年振りに帰国する。日本では帝国劇場でダンスを披露し、ダンススクールも開校。しかし夫の暴力により自殺未遂を起こす。伊庭孝と「歌舞劇協会」を設立。伊庭との別れ、夫との軋轢、興行師の暴力などもあり、心臓病で二八歳で死去。

幽蘭、宙吊りの舞台に立つ

明治三九年七月に入り、突然威勢のいい情報が入ってきた。雑誌『女子成功』の創刊号（唯文社、明治三九年七月二日発行）に「泰西式初舞台」と題して幽蘭本人が近況について筆を執っている。それによると、横浜の喜楽座で活動写真上映の合間に色物として独り舞台をするという。しかも「普通の芝居でなくて泰西（引用者注：西洋）式の電気作用活人画と素養のないダンスをやらなければならぬ」そうで、演目と配役は「（1）火焔の滝　に天使として出現するのと（2）花輪おどり　のダンスと（3）胡蝶の舞　の少女《おとめ》の三役です（直言すれば美姫と云うべし）」とのこと。

（1）は宙釣りですし（2）はタイツ着用の天勝《てんかつ》式の奇麗事(75)です

勿論旨く行く道理はないが、併《しか》し只今迄に余りない電気活動写真等

を応用しますし、着用の服は悉《ことごと》く贅沢な物で新調しつゝありますし、

其他あらゆる研究を積み準備を完全にとこれ務めて居ますから、仮令《たとえ》

幽蘭フェース醜《しゅう》なりと雖《いえど》も技拙なりと雖も多少の人気は集中し得るだ

ろうと内々希望に満ちて居ます

と鼻息が荒い。内容は「興行上のポリシーで」伏せているらしく具体的にはわからないが「電気作用活人画」は活人画(76)の背景に写真を映写するのだろうか。宙吊りはアダリー嬢という欧米帰りの日本人芸人（本名は松井周子、兵庫県明石の士族の出で七歳時に誘拐されて外国人に遊芸を仕込まれたとは四月二一日付京都日出新聞による）が綱を口に咥えてぶら下がる芸のようだ。

写真も今度右三種のを撮りますから其うちから択《えら》んで御掲載がいゝ

だろうと思います

とあり、羽根のついた帽子と刺繍のドレスを着た幽蘭の写真（六三頁参照）

(75)天勝式の奇麗事　松旭斎天勝風演し物の意味か。松旭斎天勝は明治一九年、東京生まれ。奇術師、エンターテイナー。本名は金沢かつ。門前仲町の天ぷら屋に奉公し、店主の松旭斎天一に師事して奇術の道に入る。以降、松旭斎天勝を名乗り、アメリカ興行を行い、帰国後にブレイク。明治四四年、天勝一座を発足。水芸が有名だった。昭和一一年に弟子に譲って引退。昭和一九年、五八歳で死去。

(76)活人画　人間が衣装を着けてマネキンのようにポーズをとって絵のようになること。

が掲載されている。

当時横浜で発行されていた新聞『横浜貿易新報』を見ると六月二五日に「喜楽座の不思議館」として「二六日より毎夜二回東洋にて未だ曾て有らざる不思議館という最も斬新なる物を開演する由」とある。そして当日には「却々《なかなか》の上景気」で「『活人画』のダンス玉川、胡蝶の舞はカアマンセラー(77)、天勝の両嬢も遠く及ばざる巧妙の出来にて最後のイルミネーテ、フワウンテンの大噴水、火の滝、光の女王は其の装置の大仕掛なるに驚きたり。流石座主が費用を惜しまず苦心惨憺経営せしものとて見物何れも快哉を叫ばしむ」とべた褒めしている。幽蘭吹きまくるもやむなしの大舞台のようだ。

幽蘭の文章には喜楽座の後にも各地巡業するとあり「初日が済めば泰西式初舞台苦心談位なら執筆しましょうさ」と相変わらず勝手に決めつけているが、五月十日付『京都日出新聞』には「昨日限り千秋楽」とある。

その後の消息を伝える記事は二カ月後の九月四日付『読売新聞』の「浪花節奨励会を聴く（続）」で、浪花節の会に幽蘭が出没したと出ている。

この日の「奨励会」の出演者は一一名にのぼり、トリに浪花亭峰吉が『太閤記』間違いの婚礼」を演ったところ、漢語や洋語が交じるたびに「高座の下なる燕嬢と幽蘭女史とが嬉々として歓迎する其《その》嬌態は当日第一の景物なりき」とある。幽蘭のはしゃぎぶりが相当目立っていたようだ。

女優に飽きた幽蘭が次に流れ着いた仕事は千葉新聞記者である。九月一三日付『萬朝報』に一〇日に契約して千葉に向かったとある。

前述の記事には「此度《このたび》婦人職業通信所の紹介により」と記されていて、今回は男性に頼らずに真っ当な職探しをしていたようだ。千葉新聞はこの年の八月に創刊したばかりだが、幽蘭の在籍期間はわからなかった。ただ、父の死にあたって久留米に帰省しており、死去が一〇月一四日なので、新聞社には約一ヵ月程度の腰掛けだったと思われる。

記者時代に交際したのは「弁護士坂田高壽の子息にて、日本大学の編輯局長[78]をしていた坂田高方」（「惨憺たる」）という人物。『日本弁護士高評伝』（誠協堂、明治二四年）、『明治弁護士列伝――肖像入』（周弘社、明治三一年）には、父である坂田高壽が宮城県出身で明治一三年に代言人（弁護士）となり愛国倶楽部や立憲自由党に所属、二三年からは宮城県選出の代議士を務めたと出ている。息子の高方が所属していた日本大学の前身は「日本法律学校」である。坂田家は法律一筋の家柄なのだろう。弁護士の子供といえば幽蘭もそうなのだが、はてどこをどう間違ったやら。

(77)カアマンセラー　アメリカ人女優カーマン・セラー。明治一〇年の第一回内国勧業博覧会や明治三六年の第五回内国勧業博覧会などで幻想的なショーを行っているが、詳細は不明。

(78)日本大学の編集局長　詳細不明

東の大関に千葉秀甫、前頭に青柳有美が見える。幽蘭は西の年寄。（『新公論』大正二年一月 新春倍号「変な男変な女大番附」）

變な男變な女大番附

蒙御免

行司
活動寫眞辯士
救世軍女士官

呼出
男變裝記者
女變裝記者

檢査役
故 長谷川泰
故 奥村五百子

勸進元
阿吁婆羅教王 西田頂法
天理教開山 故 中山みき

東の方

横綱 與謝野寛
大關 千葉秀甫
關脇 多田恵一
小結 野依秀一
前頭 青柳有美
同 宮崎虎之助
同 泉鏡花
同 伊藤銀月

前頭 天本梅華
同 森田草平
同 宮崎滔天
同 押川春浪
同 武者小路篤麿
同 長田秋濤
同 伊藤痴遊
同 岩野泡鳴
同 新井奥邃
同 田中弘之
同 望月小太郎
同 吉岡將軍

前頭 堺枯川
同 太田三次郎
同 大木遠吉
同 松本君平
同 平沼専蔵
同 田尻稲次郎
同 谷本富
同 西本國之輔
同 秋山定輔
同 内村鑑三
同 中村不折
同 岩村透
同 松谷天一坊
同 佐々木照山

前頭 來馬琢道
同 木下尚江
同 木村鷹太郎
同 坂本紅蓮洞
同 大蓮寺走り坊主

年寄
頭山満
三浦梧楼
岩谷松平
田中正造
河合清丸
赤法師
桃中軒雲入道

西の方

横綱 與謝野晶子
大關 柴田環
關脇 可知喜代子
小結 小林孝子
前頭 長谷川時雨
同 宮崎光子
同 田村俊子
同 竹内政子

張出大關 平塚明子

前頭 樫村銀子
同 尾竹紅吉
同 日向きん子
同 中井天勝孃
同 松井須磨子
同 竹本綾之助
同 井口あぐり
同 岩野清子
同 福田ひで子
同 原禮子
同 嘉悦孝子
同 原延子

前頭 森律子
同 天野はつ子
同 羽仁元子
同 瀬沼夏葉
同 鈴木とく子
同 下村京子
同 磯村春子
同 栗塚龍子
同 佐藤智恵子
同 初瀬浪子
同 永沼ちゑ子
同 内藤千代子
同 廣岡浅子
同 秋間為子

前頭 關夏子
同 宮崎壽
同 二井きち子
同 北源末子
富川町の呑平和民

年寄
深川藝妓 小三
千歳米坡
奥原晴湖
花井お梅
本荘幽蘭
立花橘之助
川上貞奴

三一

第三章

仕事遍歴、男性遍歴

『週刊サンデー』「当世好き者鑑」より
◇左端の女性の着物に「本荘幽蘭」と書かれている
（サンデー社、明治四一年）

幽蘭の父、死す

明治三九年一〇月一四日、突如訃報が舞い込む。病気療養中だった父、本荘一行が死去したのだ。

当日出た死亡広告によれば、一四日午後八時に亡くなり一七日午前七時から「下谷区西町三番地の二九」の自宅を出棺、満谷祥雲寺にて仏式葬儀を執り行うという。親族の名前が早川均三郎、村上成二となっており、喪主の名はない。

幽蘭は急きょ駆けつけ「心ゆくまでに慟哭した」（「惨憺たる」）。八年前に巣鴨病院に入院して以来会うこともなく援助もないまま自活するなど、事実上放擲されていた幽蘭だったが、父への思いが相当強かったことが読み取れる。「過去の生涯に思い到ると、身も世もあられぬ慚恨の情に苦しみ悶えざるを得なかった」（「惨憺たる」）というくだりを見るに、幽蘭がその後もしきりに使う、本来は神に向けて行う「懺悔」は、実は父に向けたものなのかもしれないとすら思われる。

しかし、ここでも継母の末に冷遇され、別れを惜しむ暇を取り上げられた。しかも「一夜誰とも知れぬ一人の男が不意に彼女の寝室を襲うて、黒暗々の中に没し去った」という異常事態が起こった。親の葬儀で帰ってきた娘を襲う男がいるとは！　名物女の奔放な男性関係を聞きつけて「一丁お手合わせ願おう」などと思った不逞の輩がいたのだろうか。警察に駆け込むべき案件だが、当時の感覚では特別に地位や権力のある人でない限りあまり真面目に取り合ってはもらえないだろうことは予想される。まして新聞などで面白おかしく書き立てられている女性の話を親身に聞いてくれる可能性はきわめて低い。

すっかり気落ちした幽蘭は故郷久留米に赴き、一木斉太郎(1)という男と「計らずも」関係したが、この件で幽蘭は故郷でも顰蹙を買って再び上京を決める。が、その前に吉和國雄と息子の道孝のもとに秘かに出かけ「それと

（1）一木斉太郎　安政五年、肥後国（現熊本県）生まれ。犬養毅の兄弟分ともある。「策あり、略あり、胆あり、智あり、又善にもたけ、悪にもたけ、明治、大正を通じて、容易に見当らぬ型の、怪物と称すべきか、傑物というべきか、特異の存在」（紫垣隆『大凡荘夜話　天の巻』二二三書房、昭和三二年）という人物。頭山満、内田良平、杉浦重剛、杉山茂丸、大隈重信ら政財界の大物と親しかった。明治四四年に死去。

なく母子の対面をなし」（「惨憺たる」）た。明治三三年生まれの道孝も今では数えで七歳、かわいい盛りになっていただろう。柄にもなく家族の結びつきに触れるひとときだった。

　上京した幽蘭の懐は珍しく暖かかった。父の遺産一〇〇円（二〇〇円説あり）があったからだ。今の感覚でどのくらいかというと、例えば当時の巡査の初任給は一二円、現在二一万円とすると約一万七五〇〇倍、遺産は一七五万円から三五〇万円ほどとなる。いつも金に汲々としていた幽蘭にとってはまとまった金額ではある。しかし持ち慣れない大金を持ってどうするつもりなのか、あちこちにばらまいたりするのではないかと思いきや、意外にも上京したその足でシュミット商会に身を寄せた。

　シュミット商会は、カメラ好き、またはドイツ製カメラ「ライカ」好きのなかで知らぬ者がいないほど有名なライカの日本総代理店である。明治二九年にスイス製の精密機械や医療器具の代理店として出発したが、大正一四年からエルンスト・ライツ社（現ライカ）製品の輸入を手がけた。後にシチズンを創業する鈴木良一、中島与三郎が在籍していたり、写真家の木村伊兵衛らを育てるなど日本に於けるカメラの発展に大いに貢献した。

「惨憺たる」曰く「商会主ペー、シュミットの心を惹いたものと見えて、

（2）パウル・シュミット　明治二九年、スイスの精密機器、医療用具の輸入代理店「株式会社シュミット」

やがて其《その》激しい恋をしむけられる事となった」。幽蘭はシャザル男爵のときと違い気が進まなかったが、結局は屈したらしい。なお、商会主ペー・シュミットことパウル・シュミット[2]はこの年、芦ノ湖に外国人初の別荘を建てている。幽蘭も足を運んだだろうか、真相はわからない。なお、吉川速男『カメラと五十年――写真随筆』（光画荘、昭和二二年）によれば、パウル・シュミットは生涯独身だったという。

を開業。その後、エルンスト・ライツ（現ライカ）を扱うようになる。昭和一一年、死去。

宮武外骨、幽蘭を語る

本書の冒頭で記したように、明けて明治四〇年三月、久しぶりに幽蘭が表舞台に出る。上野で開催された東京勧業博覧会を当て込み、上野動物園下の花園町一〇番地に「幽蘭軒」（別名「蘭の茶屋」）という三坪ほどの喫茶店を開いたのだ。「亡父の遺産約二百円を懐にして上京し之れを資本に」（三月一七日付『都新聞』）開店したとあり、幽蘭にしてはまずまずまともな遺産の使い道だった。

博覧会には日本全国のみならず外国人や海外のＶＩＰも多数来場する。出展者、参加者はそれぞれ工夫を凝らしてビジネスや活動をアピールするわけだが、そのなかに異様な風体の集団が目撃された。「戯神武軍急先鋒」

と大書きされた旗を持ち、法官帽（裁判官の被る帽子。縁がなく烏帽子に似ている）を被って黒木綿の紋付に小倉袴、樫のステッキをつきながら「我邦《わがくに》は天孫降臨云々……」「大和魂の根本は神道なり」などと絶叫し、キリスト教や仏教を攻撃しながら布教している一派だ。他に四〇歳前後で長髪に黒い山高帽、フロックコートの上に背中に「預言者」と記された白衣を着用した男と、二四、五歳の黒い筒袖を着た女性も加わり公園内を闊歩していたという（明治四〇年四月一八日付『東京朝日新聞』）。この集団こそ、この後幽蘭が加わり、折口信夫《おりくちしのぶ》(3)と出会うことになる新興神道「神風会《じんぷう》（中央倶楽部）」である。飽きっぽい幽蘭が「幽蘭軒」を閉会の七月まで続けられるわけもなく（一二月九日付『都新聞』には「物の半月とも続かず」とある）、ふらふらと会場を逍遥するうち、この団体に急速に接近していく。

ところで、神風会の話にうつる前に記しておきたいことがある。この幽蘭の店、「蘭の茶屋」とする資料と「幽蘭軒」とする資料があることだ。これは看板に「蘭の茶屋」と書かれてはいたが正式店名は「幽蘭軒」だったのか、それとも「蘭の茶屋」の後に「幽蘭軒」を開いたのか、または途中で改名したのか真相はわからない。五月一〇日付『やまと新聞』には「谷

(3)折口信夫　明治二〇年、石川県生まれ。民俗学者、国文学者、歌人。大正六年、雑誌『アララギ』の同人となり、七年後に雑誌『日光』を創刊。柳田国男に師事し、国学院大学教授となって、『万葉集』『源氏物語』の講座を担当した。昭和二八年、六六歳で死去。

中清水町に幽蘭軒なる喫茶店を出し、葦簀《よしず》張りの夜鷹小屋然たるものに紫の幔幕《まんまく》打踊らし盛んに客を引き居たるが」とあり、既報の「花園町一〇番地」と住所が違うが隣り町だったことを考えると同地と考えていいのではないかと思う。

そしてここで、「幽蘭軒」に明治の奇才宮武外骨が訪れていたことも記しておきたい。

宮武外骨は慶応三（一八六七）年生まれのジャーナリストで、一〇代で雑誌投稿を始め一八歳で出版社を興し、自身の投稿をまとめた六角形の本『孰姉乎妹《いずれあねかいもうとか》』を出版したのを皮切りに生涯四二種の雑誌や新聞を発行、六四冊の本を出版した人物である。

なかでも外骨の代表的雑誌のひとつである『大阪滑稽新聞』(4)の第一〇号（明治四二年三月一五日発行）に、その名もずばり「奇人本荘幽蘭女史」と題する読み物が掲載されている。そこには、かつて『滑稽新聞』編集部に突然現れた幽蘭が、男性数人の前で語った内容が記されている。曰く

此の宮武君は妾《わたし》を余程恐ろしい女のように思って居るらしい、妾が一

秋波を呉れてやった男で妾に手出しをせぬ者はなかったのに、宮武君だけは後《しり》えに瞠若《どうじやく》の気味であった（引用者注：後ろ手に唖然としていた、の意）、勇気が足りないのか、観察眼が無いのか、それとも細君の角が怖いのか、そこは分らないが、思った程の人物じゃないね！

この言葉には幽蘭の考え方がとてもよく出ていて興味深い。次々と重ねる男性経験は、誘惑すればすぐ落ちる恋愛駆け引きゲームの要素があったようだ。落ちない男性には意気地が無いとか奥さんが怖いのかと挑発すれば、沽券に関わると感じて渋々でも乗ってくる。しかし、外骨はさすがにバランスのとれた人だった。「我輩は女に対して進撃するの勇気もなく、又観察力もなく、細君の角も怖いのであるが、彼に手出しをせなかったのは（中略）彼の饗応を頂戴したいと思う情が起らなかったからである」とあっさりいなしている。また、以前幽蘭は初対面の外骨にいきなり「牛肉か何かで飯をおごり給え」とか「明日は東京へ帰るツモリだが旅費が無いから旅費を貸し給え」などと言っていたが、上野の「幽蘭軒」で再会したときは「オヤ何方《どなた》かと思ったら宮武さんですか、先年は色々お世話になりました」と妙に殊勝なところを見せ、傍らに座っていた男性に外骨を紹介

（4）大阪滑稽新聞　明治三四年に創刊した雑誌『滑稽新聞』は大当たりしたが、新聞社の強請や政治家の疑惑をつるし上げるなどしたため筆禍事件が絶えず、四一年一〇月に廃刊、翌月から『大阪滑稽新聞』として再創刊し、大正三年まで続いた。なお、明治三四年ごろから「幽蘭女史」の署名で記事がいくつかあるが、これは画廊柳屋の主人三好米吉の筆名が「何尾幽蘭」だったためで、三八年八月二五日号に「一昨年頃より東京に幽蘭女史といえる真の女子現われ」迷惑していると出ている。

したとも記事にはある。その男性が誰か聞いたところ幽蘭曰く、どこの誰かは知らないが餅が品切れなので仕入代金二円を借りた、餅が売れたら返済できるのでそれまでは「虜」になっていると臆面もなく言い、言われた男性もにこにこしていたとのこと。

驚きの言動を繰り返す幽蘭を前にした明治の男性は、大方「妖婦」「狂女」と切り捨てるか、「女傑」「新しい女」と持ち上げて面白がるか、「かわいそうな女」として同情するか、すべてを許して自分の心の広さに満足する……辺りがありがちな反応。しかし外骨は冷静且つ公平に評価する。[5]

> 我輩は彼を普通の婦人としての魔力の外、別に手腕あり技量ある者とは認めないが、右の一事実（引用者注：餅の仕入れの件）に就ても、彼は尋常平凡の女でない事が分るだろう。彼の醜劣なる品行、奇怪なる経歴は、彼の境遇が作った罪であるが、彼はヨシ順境に処しても、尋常の令夫人たり、細君たるの格式を守って居られない天性を具えた女であると我輩は想像する（中略）されど我輩は彼を『淫婦』とは認めない。

（5）冷静且つ公平に評価する　とはいうものの、外骨も幽蘭に対する好奇心はあっ

つまり、幽蘭を特別な魔力や能力の持ち主とは思わないが、言動は普通ではない。この奇矯さは境遇のせいでもあるが、もともとの性格なのだろう。それをことさら「淫婦」と謗るつもりはないと言っているので、これはまさに筆者の幽蘭に対する見解と同じである。毀誉褒貶の渦巻く当時、異性をひとりの人間としてここまで冷静に見極め、あるがままに捉えた外骨は炯眼である。そして一見おとなしい外骨に対して「観察眼が無いのか」などと誹謗した幽蘭こそ、残念ながら観察眼がないと言わざるを得ない。誤解されやすい性格だけに、誰が味方か見極めてほしいものだが、そんなアドバイスなんぞに耳を傾けないのが幽蘭の幽蘭たる所以なのであるが。

たようで、大正五、六年頃に家に遊びに来た小説家の井東憲に「幽蘭女史を一度見物しろ」などと勧め、幽蘭の「変態的生活」を語ったと井東憲『廃姓外骨論』にある。井東はエログロナンセンスブームの立役者、梅原北明と深い交流があり、自らも『変態人情史』などの著作がある。そのため、外骨は幽蘭を変態的と紹介したのだろう。

幽蘭の「錦蘭帳」

寄り道ついでに「錦蘭帳」についても触れておこう。

これは幽蘭が肌身離さず持っていたとされる小型の手帳で、今まで関係した男性の名前がすべて記されているというものである。当時は「幽蘭といえば錦蘭帳」というほど有名な話で、これについて書かれた資料[6]は枚挙に暇がないが、内容はそれぞれ微妙に違っている。例えば、幽蘭ウォッチャーで医師、文筆家の高田義一郎は「毛断ガールの本家本元」（雑誌『女性』プラトン社、昭和二年一〇月号）で

彼女が平生懐にして居た一冊は『錦蘭帳』と題してあって又『夜這

帳』とも呼ばれて居た。之は情意投合した男の氏名を止めて置く為に作られたもので、大正六年頃までに既に八十有余の思出の多い名前を録してあったが、その中で結婚の形式を執って同棲したものゝ数丈でも已《(ママ)》に十八人に上って居たという。一説には十九人だとも云って、その正鵠は期し得ないし、その以後更に幾何の追加があったかは、我々凡人の覗い知り得ない所である。

と書いている。詳しいのは都新聞記者の平山蘆江《ろこう》(7)で、

いつも帯の間に地獄帖というものをはさみ、これぞと思う男の名がぎっしりと書きとめてあった。

書きつけられた男の名はいずれも、かかりあいをつけた、又は、これからかかりあいをつけようと予定した男の名で、名の一つ一つの上に丸がつき、二重丸がつき、バッテンがつき、三角じるしがついている。丸は一度かかりあった人、二重丸は一度かかりあったが、尚お後に何度でもかかりあいたい男、バッテンは一度食べたが二度は食べたくない代物、三角じるしは考え中とかいう他人には見せぬおぼえ帖な

(6)これについて書かれた資料　青柳有美『女の裏おもて』(大正五年)、田中香涯『愛慾に狂ふ痴人』(大正一五年)、高田義一郎『らく我記』(昭和三年)、平山蘆江『東京おぼえ帳』(昭和二七年)、綿谷雪『妖婦伝』(昭和三〇年)など。

(7)平山蘆江　明治一五年、兵庫県生まれ。新聞記者、作家。都新聞の記者として花柳演芸欄を担当、後に読売新聞に移った。大正一五年、『大衆文芸』創刊。小説、随筆のほか小唄の作詞なども行う。昭和二八年、七〇歳で死去。

のだ。(『東京おぼえ帳』住吉書店、昭和二七年)

とあるが、なぜ他人に見せないのに詳しく知っているのか謎は残る。

また、前述した宮武外骨の雑誌『大阪滑稽新聞』第一〇号の「奇人本荘幽蘭女史」にも「惚れ帳」という名で出てくる。

> 彼は自ら惚れ帳というのを拵えて、一夜の情を交わした男の姓名を一々記して居る、其中には新聞記者もあれば下等俳優もあり会社員もあれば外国人もある、『読売新聞社の大嶋寶水さんは中々良い男前ですよ』とノロケ見たようなことを聞かされた事もある(後略)、

手帳は明治四二年頃からすでに存在し、当時は「惚れ帳」と呼んでいたことがわかる。

この手帳について小説家の出久根達郎氏は小説『謎の女 幽蘭——古本屋「芳雅堂」の探索帳より』(筑摩書房、平成二八年)のなかで興味深い仮説を立てている。幽蘭がさまざまな地域に神出鬼没したのは「錦蘭帳」に名を記されて迷惑している人物に追われて逃げていたためではないかとい

うのだ。確かに強迫的なまでに移動を繰り返すことはそれで説明がつく。錦蘭帳の中身がわかればスクープになるし、そこに時の権力者が交じっていれば大騒動になる。新聞記事に錦蘭帳のことがまったく出ていないのも怪しいといい、確かに記事は極端に少ない（皆無ではなく、例えば明治四〇年五月一〇日付『やまと新聞』には「夜這帳」として出ている）。ただ、少ない理由は幽蘭が食い荒らしたなかに新聞記者が多数入っていることと無関係ではないと思われる。実は、書籍や雑誌には頻出しているし、本人も関係した男性名を雑誌記者などにたびたび暴露している。また「淫婦」と罵られている幽蘭と関係したことが男性の名誉をどの程度傷つけるかについても少々疑問ではある。男性の浮気など甲斐性のひとつくらいの感覚はまだ根強かった。

とはいえ、錦蘭帳に何が書いてあるかわからない限り、出久根説を否定することはできない。なにより、一冊の手帳が一人の女性の運命を握っているという物語は、ミステリーのようでわくわくする。ちなみに本書では、巻末（三二八〜三二九頁）に調査で判明した交際相手の名を「推測　錦蘭帳」として掲載している。秘密を暴くようで野暮の誹りを免れないが、筆者の幽蘭への愛の証左とご諒恕いただけたらと思う。

ところで、浅草の喜劇王、曾我廼家五九郎の生涯を小説仕立てにした丸川賀世子『浅草喜劇事始――小説・曽我廼家五九郎まわり舞台』（講談社、昭和五四年）にも「錦蘭帳」に関する記述がある。幽蘭が五九郎に「地獄帳」を見せながら「ね、男の名前がぎっしりでしょう。名前の上の一重丸は一夜夫、二重丸は二夜夫、バッテンはお粗末で、二度と逢いたくない男」と言っている。錦蘭帳に妙に詳しい平山蘆江が『都新聞』で花柳演芸欄を担当していたことを考えると、この話は舞台人から広まったのかもしれない。

同『浅草喜劇事始』には、五九郎が「極楽帳」という手帳を妻に見せる場面がある。そこには女性の名前が列記してあるが、妻公認の妾の名前に線が引かれ「死亡」とある。驚いた妻が「えっ、亡くなったんですか」と問うと五九郎は「ああ、そう思えば未練はない」と答える。妾に若い恋人ができて去ってしまったのだ。五九郎は幽蘭と親交があり、前述したように大正三年に木村駒子を五九郎に紹介したのは幽蘭である。「錦蘭帳」を五九郎が真似たのかもしれないと考えると、大いに興味をそそられる。

幽蘭、「神風会」に急接近す

「蘭の茶屋」を閉めた後の幽蘭が入会したと思われる宗教団体「神風会」の研究は、今世紀に入って俄かに前進している。というのも、民俗学者、国文学者で歌人でもある折口信夫が空白の学生時代に信徒として活動していたことの判明と、機関誌『神風』の再発見があったためだ。それらに言及している研究家に保坂達雄、安藤礼二、小説家で歌人の富岡多惠子らがおり、とくに安藤礼二「新・連作評論――折口信夫の起源」（講談社、『群像』平成二四年五月号）と、富岡多惠子・安藤礼二『折口信夫の青春』（ぷねうま舎、平成二五年）には、神風会に於ける幽蘭の存在意義や、幽蘭と折口信夫との関係について一歩踏み込んだ論を展開している。

まずは「神風会」について記しておこう。この会は宮井鐘次郎《しょうじろう》[8]が興した神道系教養研究団体で、活動本格化の時期を保坂達雄は三八年四月から六月頃と推定している。宮井の詳細は不明だが『神風』[9]第四七号（明治四〇年九月五日発行）に掲載された長髪で髭を生やした写真を見るに、東京勧業博覧会で「預言者」と書いた白衣を着用していた四〇歳前後の男というのが本人だろう。その教義は天照大神《アマテラスオオミカミ》を至上とするもので、人間の性愛を賛美しそれらを発展させた先にある愛こそが自然の愛「惟神《かんながら》の愛」であり、天照はその化身であるとされた。そして性愛を制限する禁欲的なキリスト教や、平等愛を説く仏教は異端として激しく非難された。性愛を肯定されるとなれば幽蘭が惹かれるのも納得である。多感な時期にフェリス女学校、明治女学校で培われたキリスト教的精神は幽蘭の奔放な性愛観に罪悪感を与えていたと想像する。ちなみに、安藤は救世軍に身を投じた幽蘭を「プロテスタントの信仰を真剣にきわめようとしていた」ひとつの証左としているが、筆者はおもに住み込みができることなど実利的に判断した結果と考える。

幽蘭の入会時期は明治四〇年四月下旬と思われ（後述する演説より推測）、折口信夫の入会は国学院大学予科二年の三九年なので、会の先輩に当たる。

（8）宮井鐘次郎　文久三（一八六三）年生まれ。明治三八年に『神風』を創刊するが、その発行元として「神風会」が発足したため、厳密には『神風』は「神風会」の機関誌ではない。また、「神風会」以前の宮井については不明だが、教派神道の一派で富士講の丸山教にいたという話がある。明治三〇年に「大日本慈善協会」を設立、同年に少年保護施設「同朋園」を設置

しかし年齢は幽蘭二八歳、折口一九歳と九歳も年上だ。二人の交流を証言したものとして『折口信夫の青春』で、折口と中学、大学で同窓だった吉村洪一が「座談会 全集にそって 少年折口信夫（上）」（『折口信夫全集 月報 第卅一号』〈中央公論社、昭和四三年〉）のなかで「（折口は）そのかわり、異性には近づかない。いや、いっぺんあったかな、神風会の。街頭演説なんかやってた女の人。あの会の大立者で女性が一人いるはずです。しかしむしろそれは、折口の方が可愛がられていたのかもしれない」と言っていたことや、国学院の同窓で折口の手引きで宮井の家に行ったことのある田端憲之助の口述記「折口さんの思ひ出」（「釈迢空研究 ― 資料 7号」石内徹編『折口信夫研究資料集成 第5巻 大正7年～昭和40年』収録〈平成六年〉）に「本庄《ママ》幽蘭女史（当時三十五・六才）とも親交があった」とあることを挙げている。これらの資料と機関誌『神風』に掲載された二人の演説原稿をもとに、安藤は「互いに惹かれ合ったはずである」としている。異性と馴染まない折口が唯一交際していた女性が幽蘭となれば興味深い話ではある。幽蘭とて年下は嫌いではないし、慕われれば可愛がるだろうことは容易に想像がつく。しかし恋愛感情だったのかと問われれば不明である。というのも、そもそも前述の座談会で語られる「大立者」「唯一の女性」を幽蘭と

したことは本文に書いた通り（一五二頁）。没年は昭和一五年頃ではないかとは木村悠之介氏の推測である。

（9）『神風』『神風』は明治三八年に創刊し四〇〇号以上発行しているが、そのうち四一、四二、四三号が欠けているとされてきたが、実はその間に『日東新報』と改題しており、成田山仏教図書館に所蔵されている。その『日東新報』二号には幽蘭が「女湯三助弾劾論（上）」を寄稿しているが、その内容は、女湯に男性の三助（入浴者の背中を流すなどする銭湯の雇人）がいることはおかしいというもので、神風会の教えとは無関係である。多年の懸念を書いたまでとのこと。しかも（上）のみで（下）はない。以上、木村氏にご教示いただいたものである。

断定していいのかどうかということがひとつ（人脈はあったもののふらふらしていた幽蘭を「大立者」といえるのか、また博覧会の行進で「二十四、五歳の黒い筒袖を着た女性」がいたことにも注目されたい。しかしこの女性も「大立者」にしては若いだろうか）、そして幽蘭が神風会をものの一カ月ほどで脱退した可能性があることがふたつめの理由だ（後述）。それにしても、かたや芸術院賞などを受賞することになる著名な国文学者、かたや「妖婦」「狂人」と嗤われ歴史に埋もれた女性という、何の接点もなさそうな折口信夫と本荘幽蘭が、ほんの一時期とはいえ親しくしていた事実は人の縁の妙を思わせる。

ここで、神風会が発行する『神風』に掲載された幽蘭の演説原稿（速記者による聞き書き）を紹介しよう。演題は「最近に得たる妾《わたし》の信仰」、発表の舞台は明治四〇年五月八日、救世軍創設者ウィリアム・ブースが来日したことを受けて神田錦町の錦輝館で開催された「対救世軍大演説会」と題する救世軍反対演説会である（但し『神風』には八日、二二日とある）。『神風』への収録はその三カ月後、第四四号（四〇年八月五日）、第四五号（四〇年八月一五日）、第四六号（四〇年八月二五日）になされている。それにしても短期間とはいえ救世軍にいた幽蘭が反対演説会の演壇に立つとは穏やかではない。その辺りの心境の変化に触れつつ話は始まるのだが、例によって例のごとく「私の一種の懺悔話」と称する自分語りになっている。おかげで救世軍に入った経緯など新事実が判明してありがたいが、演説会で聞かされる方は興味をそそられたかどうかは謎である。ちなみにこの日の幽蘭は「紫っぽい和服に黒袴」（田尻隼人「浅酌庵随筆 幽蘭女史の転落人生」『業界公論』第一九巻第四号、昭和四七年）姿、出番は六人目だった。

内容を要約するとこうだ。

五年前の二五歳の春(10)、懐に七五銭しかなく下宿屋を出され横浜で下女奉公でもしようと思った幽蘭は、「平生恩顧を受けて居る」原胤昭《はらたねあき》(11)の家に暇乞いに行ったところ、救世軍を紹介された。その後、婦人救済所に住まわせてもらい、小遣い稼ぎでもしようとみんなにレース編みを教え、作品を売り歩いた。それは宗教心というよりは、明治女学校の先輩であり初対面の幽蘭に「中尉候補生」という位を与えてくれた山室夫妻の思いやりに報いたいがためだった。しかし「私の身に纏って居る借財其他色々の事情の為」、またキリスト教の教義に疑問も生まれたため、救世軍とは離れてし

(10)五年前の二五歳の春　明治四〇年の演説だが（数え）二五歳で救世軍に入ったのは四年前の明治三六年と思われる。

(11)原胤昭　嘉永六年、江戸生まれ。キリスト教信者の実業家。明治七年、キリスト教書の書店「十字屋」を創業。明治九年にはミッション系の女学校「原女学校」を開設した。明治一二年頃には錦絵問屋を開店。また、囚人保護や虐待児の保護に尽力した。昭和一七年、八九歳で死去。

まった。それから縁あって宮井鐘次郎と出会い「宮井先生の口を通して出ることは（中略）総ての事がバイブル以上である」と思うに至った。宮井との出会いは、花園町に開店した「幽蘭軒」が手狭で「折角新聞で提灯を持って下さる其大提灯に対しても済まない」と思い四月二五、二六日頃から移転先を探していたところ、旗を立てて話をしている宮井が目に入った。そこで茶店をしてもいいか聞くと快諾してくれたため（「是が私の今日までの自暴自棄の社会政策なんでございます」）、今（演説時の五月八日）も幽蘭は上野の五重の塔の下の神道の説教所で給仕をしながら宮井の説法を聞いているとのこと。

やはり上野で出会っていたようだ。

信仰についても整理しよう。まずキリスト教への疑問については「私は非常に多忙の為にバイブルを手に致しませぬで、バイブルと云うことの印象は薄くなって居りますから適切な実例は挙げられませぬが」、汝の右の頰を打つものあらば左の頰も向けよという聖書の言葉[12]（『マタイ福音書』5・39、自分を憎む者も愛せよ、の意）は納得がいかない、理由もなく右の頰を打ってさらに左の頰を打つという法はない、また右の頰を打たれても悠然としている徳の高い人の左の頬をさらに打てる人はいないと思ったという。その疑問を宮井にぶつけると、いいところに気がついた、だがそもそも右の頬を打たせないように徳のある人間にならねばならないと言われ、神道家「宮井先生」の言葉はバイブルより尊いと自覚したとのこと。

　また、キリスト教はキリストを通さなければ神に近づけないが、神道の神は森羅万象に宿っており、どこからでも神に到ることができる点が納得できたといい、神道の教えはキリスト教のように疑問が湧くことがないので真理だと思った由。そして古事記旧事紀の類いではなく神道の神髄に焦点をあて、「讃美歌に類したものを用い」るなど時代に沿った新しい神道を作る必要があると論じた。

　幽蘭の「右の頬を打たれても悠然としている徳の高い人の左の頬をさらに打てる人はいない」という考え方は性善説的で、愛を説きながらも性悪説を前提とする欧米的人間観に馴染めない日本人の気質として理解しやすいが、宮井の「そもそも右の頬を打たせないように徳のある人間にならねばならない」という言葉は論点ずらしのようにも見える。演説のなかの幽蘭は総じて謙虚で、「山室夫妻の恩を忘却して、個人としては何等自分が確乎たる信念も無い所の神道と云うものゝ代表者として此処に立ち、其矢

(12)バイブルと云うことの印象は薄くなって　過去に聖書と接した記録としては「懺悔録」に「義母の姪の河内うのと呼ぶが、築地の立教女学校に居て、遊びに来た時忘れて行った聖書の在ったのを、私生児問題から引続いて曲事百出するので煩悶に堪えず、叶わぬ時の神頼みとやらで、其聖書を漁り読んで何時とはなしに信仰の曙光を認めて居た私は、不知々々の間に真実の基督教徒の確念を獲得して居たと見えて」とある。

面に血ぬると云うことは私は実に苦痛であるのみならず、あなた方を侮辱したものであると云うことは確に弁えて居るのでございます」と言い、「今日神道と云うものを代表して立ちましても未だ其教理の何たることをも知りませぬ」と勉強中であることを強調するなど、終始慎ましい態度であった。

それにしても明治の欧化主義の波をもろにかぶり、フェリス女学校や明治女学校でキリスト教の空気を吸った幽蘭が、明治四〇年に至って神道を「再発見」するとはなんとも興趣が尽きない。たった二、三十年の歴史しかないキリスト教的学校教育が、少女たちに与えた影響の大きさにあらためて感じ入る。

演説速記は途中で聴衆に「ノーノー」と遮られた様子もそのまま写し取っているが、五月一〇日付『読売新聞』にもその模様が出ている。会は大盛況で立錐の余地もない状況だったが、幽蘭の演説の途中で喧々囂々となり、幽蘭が「意見があるなら後で直接言ってくれればいいので今は騒がないで欲しい」と言ったものの「この騒ぎで上気したので続けられない」と自ら演壇を降りたという。また、ブースが新橋駅に到着した際に出迎えの人が

「我が帝国を基督に捧ぐ」というような旗を立てたことに憤り「(ブースを)殺してしまうべし」と演説する者（慌てて宮井が「精神的に殺すという意味なり」とフォロー）や、あわや喧嘩になる者、ブース論からずれて尾崎東京市長論になる者などがいて収拾がつかず「近時稀れなる盛況にて又滑稽なる会合なりしと」と結ばれている。

ウィリアム・ブースは四月一七日から五月二四日まで日本に滞在した（博覧会にも立ち寄っている）が、確かにその歓迎ぶりはすさまじかった。新橋駅到着時には二万人の市民に迎えられ、その後も記者会見、東京市主催の歓迎会、講演会、明治天皇謁見、学生大会など、ブース行くところ常に黒山の人だかり、彼の行動はマスコミに逐一報道された。いくらキリスト教がメジャーとはいえ関心の高さに驚くが、宗教家というより徳の高い慈善家という受け止め方をされていた。ブースは全国各地を視察、日本の救世軍に補助金を出すことを決め、これに賛同した大隈重信、渋沢栄一らが後に「救世軍病院」を設立するなど、大いに意義ある来日となった。

しかし、ブース大歓迎のこの騒動、神道以外を邪教とする宮井鐘次郎が面白かろうはずもない。かたや神道は、明治政府の方針「王政復古」「祭政一致」に沿って「国家神道」となって以降、宗教ではなく天皇祭祀と位置づけられていた。対して宗教としての神道を全うする教派神道は出雲大社教、金光教、天理教など一三派が国家から公認されている。宮井鐘次郎の立場について、木村悠之介氏は論文「近代における神道青年運動と神道研究の形成――初期の神風会までを対象に」(平成三一年)のなかで、『国家神道』と教派神道との境目の曖昧さによって理解されるべきなのではないだろうか。そのような境目が流動化する中から神風会も登場してくる」としている。宮井はあえて「神道界の浪人」(前掲論文)として活動し、神風会自体も神道系諸団体の寄付を受けつつも不羈独立を貫いていた。木村氏は、宮井の出発点は神道に慈善事業活動が足りないという思いであったとするが、宮井の活動を見ると、明治三〇年に「大日本慈善協会」を設立し、同年に少年保護施設「同朋園」を設置、明治四一年「神風会婦人倶楽部」発足、大正三年「神風会娘子軍」組織、大正一五年には託児所「神風会龍生淵」設置と、精力的に行っている。その一方、朝日新聞や読売新聞には過激な騒動が掲載されている。明治四五年に成田山の断食が有害であるとして内務省に質問すると息巻いたり、明治天皇崩御の際に遥拝の式を挙行すべきであると「極端に」(大正元年八月二五日付『読売新聞』)主張、根津神社や国学院大学皇典講究所幹事を訪ねるも議論果たさず。大正五年には大正天皇即位式に併せて七五三縄《しめ》、榊、神棚などを設ける通達を無視したとして本願寺の執行長を乱臣賊子として承認せよと裁判所に訴えたりと、奇行とも見える活動を展開している。大正一二年末、伊勢神宮外宮付近に「伊勢神宮奉賛会」という看板を出し会員から金を取って神酒と称して近所で買った酒をふるまい、事務所兼自宅を新築し皇族が泊まりに来ると騙って立ち寄る人から金を徴収していたとのことで、警察が長年内偵し三年後に詐欺罪で逮捕されたが、その時点で「伊勢神宮奉賛会」の会員は中国や朝鮮半島にまで及び被害者数は全国数千人いたと出ている（大正一五年二月二二日付『読売新聞』）。

何にせよ、毀誉褒貶の激しい人物である。

幽蘭、扶桑教に傾倒す

さて、「対救世軍大演説会」講演からたった二日後の明治四〇年五月一〇日付『やまと新聞』に最新情報「幽蘭女史の道行」が出た。それによると、最近は山口某（五三歳）という優男に打ち込み「幽蘭軒」の売上も右から左に流れて名物の「幽蘭餅」の仕込みに差し支えるほどで（外骨が訪ねたのもこの頃だろうか）借金も重なったとのこと。そこで山口と相談し、同居の上総の婆（同居していたらしい）のへそくり三〇円を盗んで電車で逃避行、そのまま行方不明になったらしい。父の大事な遺産で始めた店がこんなやむやなかたちで閉店になったとは残念でならない。

それから約一ヵ月後、消息が六月一九日付『読売新聞』「三面人事」に出た。たった二行の謎めいた情報で「▲本荘幽蘭女史　は扶桑教少教正《ふそうきょうしょうきょうせい》という教導職になれる由」。

扶桑教(13)は現在も続く教派新党の一派である。宍野半《ししのなかば》が各地にあった富士講をまとめ明治六年に富士一山講社としたことが始まりである。二年後に扶桑教と改称、明治一五年に教派神道として独立した。その教えは、天御中主神《あめのみなかぬしのかみ》を一真神とし、男女（父母）の二神をそれぞれ高皇産霊神《たかみむすびのかみ》、神皇産霊神《かみむすびのかみ》としてそれら三神が富士山に御座すと説いたもので、幽蘭がどこに共鳴したのか神風会のときほどわかりやすくはない。いずれにしても、この時点で神風会から離れていたと考えるのが自然だろう。

それにしてもいったいどんな繋がりから扶桑教に入ったのかと思っていたら、『やまと新聞』（六月一九日付）に詳細があった。曰く「色男の山口なにがしと手を執って孰《いず》れへか雲隠れした本荘幽蘭女史は近頃小石川奥の山の手に出現し扶桑教会権少教正とかの肩書ある野郎を銜《くわ》えて小日向臺町三丁目四二番地に巣を構えつつありとは頗る凄いようで可笑し」。

つまり、山口某と雲隠れしたものの、すぐに扶桑教会権少教正という肩書きの別の男と愛の巣を構えているというのだ。今回の場合、扶桑教に入っ

(13)扶桑教　神風会と同じく神道系だが、山岳信仰の富士講をもととしている。天文一〇（一五四一）年に長谷川角行が始めたとされるが、富士講という名称は元禄年間に角行の教えを広めた伊東食行が付けた。食行は油売りのかたわら修行を積み、勤労や協調などの倫理を説き、熱狂的に受け入れられた。また霊山富士には生涯八八回登り、最期は自ら八合目にて入定した。今も全国の神社で目にする富士塚と呼ばれる築山は、富士山に行けない富士講のために作られたものである。江戸時代には「江戸八百八講、講中八万人」と呼ばれるほど広まり、明治に入って枝分かれして実行教と扶桑教になった。

てから「権少教正」の男性と出会ったのか、それとも男性と出会って扶桑教に入信したのかはわからない（後者のような気がするが）。自称している「少教正」（「権少教正」説もあり。いずれにしても教導職の一四階級中、上から五番目、六番目と高位である）もどこまで本当のことか不明である。同時代に活躍した浪曲師の桃中軒《とうちゅうけん》雲《くも》右《え》衛門《もん》も「権少教正」だったが、この場合は東京神道事務局が任命したようだ。

それにつけても、救世軍、神風会ときて今度は扶桑教、いくらなんでも節操がなさすぎはしないかと思うが、やはり救世軍からは「恩を忘れし不徳義許す可からず」（一二月九日付『やまと新聞』）と非難されたらしく「女史も教会（引用者注：扶桑教会）の手前面目なく一時何れかへ雲隠れとなりし」（一二月九日付『やまと新聞』）という。それはそうだろう。

ちなみに扶桑教時代の幽蘭の伝道姿は「白衣を纏い高足駄を穿《はい》て」（一二月九日付『やまと新聞』）、「お巫女式の姿」（一二月九日付『都新聞』）だったらしい。信仰に投ずるといってもそこは幽蘭、衣装を着けてのパフォーマンスが必ずついてまわるのがいかにもおかしい。

幽蘭、隆文館に入社す

時期を特定できないがたぶんこの頃のことだろう、幽蘭に仕事を斡旋した出版人がいる（当然ながら少教正は無給である）。小説家の草村北星だ。

草村は幽蘭と同い年の熊本生まれ、東京専門学校（現早稲田大学）を卒業して金港堂[14]に入り、雑誌『文学界』『青年界』『文藝界』の編集に携わりながら「浜子」「澄子」などの家庭小説を発表。その後、金港堂を辞して自ら隆文館[15]を興し、明治三九年から文芸雑誌『新声』を譲り受けて刊行する。また大日本文明協会、龍吟社、財政経済会などを立ち上げ、『新聞集成明治編年史』『日蓮全集』『白隠全集』など大部の書籍を続々刊行した。これらの全集ものは外交販売といって、書店や取次を通さず直接得意先を

(14)金港堂　明治八年、原亮三郎によって創業された出版社。教育書が主だが、明治半ばに雑誌『少年界』『少女界』などを創刊、興隆を誇った。

(15)隆文館　明治三三年、京都で創業。大正九年には株式化している。

廻って予約をとってから出版する方式をとっており、リスクが少なく成功率も高い。

この予約をとる外交員に「諸方に多くの関係者を有する」ことを見込まれて幽蘭に白羽の矢が立った、と「惨憺たる」にはあるが、一二月九日付『やまと新聞』曰く「日本橋に現れ春陽堂の支配人高見某に泣きつき同人の紹介にて隆文館の外交員に雇われた」とのことで、だいぶニュアンスが変わってくる。

幽蘭が販売した本は『大日本美術略史』[16]といい、小川菊松『出版興亡五十年』（誠文堂新光社、昭和二八年）によれば「菊二倍判の豪華な大冊本」「一冊百円」だったというが、書店に並ばなかったためか図書館にも所蔵はなく、現物を確認できない。

なお、去るにあたっても「惨憺たる」には「美術史の完成と共に、女史は隆文館を去って」、前掲『やまと新聞』では「夫《それ》も三日坊主にて同家を去り」と齟齬がある。本人は針小棒大・自画自賛、マスコミはことさらに過小評価というわけで真相がよくわからないがそれも含めて「本荘幽蘭」という現象なのだ。

（16）『大日本美術略史』明治三三年のパリ万国博覧会に際して編纂された初の官製日本美術史の邦訳本『稿本日本帝国美術略史』をもとにしている（原本はパリ万博向けのためフランス語）。この邦訳本は明治四〇年三月、四一年三月に再販されている。四〇年一一月九日付『やまと新聞』内記事「希有の美術史」には「今やこの貴重にして稀有なる美術史を其儘にせんは口惜しき業なりとて、其翻刻出版を博文館に願い出で、不日京橋区南鍋町の隆文館より其発売を見るに至るべしという」とあり、『稿本日本帝国美術略史』と『大日本美術略史』は同じ内容で表紙や書名を変えたものらしい。

幽蘭、前代未聞の祝言をあげようとす

『大日本美術略史』販売員を辞めた幽蘭、ビヤミルクホールを一一月半ばに開店した。明治四〇年一一月一四日付『都新聞』には「情人《いいの》が出来たとやらで雲隠れせし例の幽蘭女史は、此度《このたび》突如として出現し神田淡路町二の四にビヤミルクホールを開業したるが、恋愛宗の面皰《ニキビ》信者はゾロゾロと押し掛け行きて其の実験談を聞かんとする為却々《なかなか》の繁昌なりと」とある。どうやらこれも一カ月と続かず「幽蘭軒」同様に借金を増やしただけのようだ。それにしてもなぜ突然店を開こうと思ったのか。この謎は一二月九日付の『都新聞』記事で解ける。

それによれば、そもそもこのミルクホールは元憲兵伍長の戸井田亀吉

（三八歳）の店で、学生相手に流行っていたが、「下女（雇い人）」を置きたいと思った戸井田が友人の憲兵大尉大河原某に頼んだところ、どこからか幽蘭が聞きつけ「下女などとは以ての外、是非此の店を譲り呉れよと漢語交じりの談判」をしたという（よくわからない論理だが）。勢いに押され亀吉も了承したが、幽蘭にはなにしろ資金がない。仕方なく名義は亀吉のまま、またもや「幽蘭軒」と名乗って表向き幽蘭の店として営業していたのだが、家主である隣家の筑波館からクレームがつき、買い取るしかなくなった。そこで郷里の姉（民野だろう）に父の遺産はないかと問い合わせたが「ない」との返事、金策に走るうちに上野に出した「幽蘭軒」の負債五〇〇円を取りに借金取りが押し寄せ、そのうちガスまで止まってしまった。これに怒ったのは隣家の筑波館。というのも同じガス管を使っておりそこでも止まってしまったため。宿泊客の除隊軍人が大いに怒って幽蘭軒に乗り込む一幕もあったが、幽蘭一向に気にせず。今度は芝桜田備前町にある芸者専門斡旋業者の段原たみとやらに芸者にしてくれと頼みに行くもたみは獄中で会えず、こうなったら娼妓（遊女）になるしかないと一度だけ会ったことのある引き手茶屋（遊廓内にある茶屋）の主人に会いに行ったが逆に諭される始末、それでもなんとか角海老楼[17]に紹介させたという（自ら売り込んだ説あり）。

なんとも八方破れである。借金を抱えたまま人の店を乗っ取るのも驚きだが、それを返すのに芸者になりたいというのも突飛な話だ。そもそも何の芸もない二八歳の幽蘭が思いつきで芸者になれるとも思えない。かといって娼妓は極端すぎる。というわけで角海老楼の一件は瞬く間に話題になり、良識派は啞然、物好き派は大喜び、良くも悪くも幽蘭を世に知らしめた大事件となってしまった。

このときのことを、明治女学校の同窓生で新宿中村屋の女主人である相馬黒光が自伝『黙移』（女性時代社、昭和一一年）に書いている。

明治四十年十二月下旬《（ママ）》、私が新宿に店を開こうとして準備最中、新聞に「幽蘭女史吉原遊郭角海老楼に身売をなす」と、でかでかの題目《みだし》で私は驚いて読み、憮然として考えました。女史の乱行、非常識はいまに初めぬことで、世間ではもう至るところ愛想を尽かされ、淪落の女として顰蹙《ひんしゆく》されてはいるのですが、根は至って正直な人で、かつ同じ母校の出身ではあり、『この人をこのまま地獄に落してなるも

(17)角海老楼　明治一七年創業、四〇〇坪の敷地に時計塔付き木造三階建てが堂々そびえ立つ吉原きっての大楼である。出入りするのは政治家や高級官僚、勤めているのも一流の娼妓たちだ。とはいえ好きこのんで娼妓になった人はいない。親の借金の形だとか騙されたりだとかして連れてこられた女性がほとんどであり、そこに自ら売り込んだ幽蘭は常識を逸脱している。

のか、身売したとあれば私が行って身受けしよう』と、しかし金はどうする、恰度開店の資として苦心して工面した二百五十円がありましたので、それを持って彼女を買い戻そうと決心しまして、先ず角海老に電話をかけました。するとこの店では、女史は見えることは見えたけれど、拒絶したということで、それからの行動をしらべて見ると、女史は吉原の遊郭を一軒毎に自分を買ってくれと頼んで歩いたけれど、その様子から言葉つきから教育のある女性だということが一見あまりに明瞭なので、廃娼運動のまわし者だと疑われ何処の店もみな怖れをなしてことわったのだと分り、先ずよかったと胸撫で下したようなことでありました。

結局は黒光が書いた通り断られたわけだが、顚末については先に引いた一二月九日付『都新聞』と一八日付『やまと新聞』で微妙に違う。前者曰く、借金返済のために角海老楼に行った幽蘭、三年で五〇〇円の契約を結び（黒光が用意した開店資金の倍額である）、一晩はお目見えしたという。しかし翌朝になって例のごとく「大気焔を吐き」（何か持論を振り回したのだろう）この勢いで他の娼妓に自由廃業などを吹き込まれてはたまらないとして体よく断られたらしい。黒光に遊廓側が「その様子から言葉つきから教育のある女性だということが一見あまりに明瞭なので」と言ったのは幽蘭の知り合いと見て気を使って言葉を選んだのだろう。さすがは海千山千の客商売である。

ともあれ娼妓デビューの道も断たれた幽蘭に思わぬ救いの手が差し伸べられた。といってもこれまた「非常識」な話だが、ミルクホールの経営者戸井田亀吉の伯父の宮澤某が幽蘭に同情し、戸井田の妻になってくれれば借金を肩代わりすると言い出したのだ。これでは金で身を売るのと変わらない気がするが、娼妓にまでなろうとした幽蘭であってみれば断るわけもない。それどころか「女史も今までの放埒を打ち棄てて魂を入れ換え真面目な世話女房になって働きますと誓いを立て」た。今までの彼女を見れば笑ってしまうが案外本人は本気だったのかもしれない。話はまとまり一二月一五日には東京大神宮で神道式の結婚式を挙げることになったという。

ところで、この結婚式がまたふるっている。幽蘭側の親元として松村雄之進元代議士（一一七頁参照）が、仲人として火止石油商会長小林函夫妻が出席することが決定。借金に関してはただ返すのではなく、いっそ債権者すべて（下宿屋、呉服屋、菓子屋、下駄屋、俥屋など四〇人にのぼる）を招待し、三〇〇円の負債（五〇〇円の間違いか）を分配すればいいと思いつき、亀吉も大賛成したとのこと。しかしたった六五銭のツケのせいで結婚式に行く羽目になった下駄屋は、出席するために買う袴の分だけむしろ損するではないかとこぼしているとか。

まったく前代未聞の話である。しかし幽蘭一人では実現不可能なわけで、周囲に協力者がいるからこそ企画が進んだことを思えば、明治時代の人たちの豪快さ、大らかさには感心するばかりである。

ところが事態は一変する。一二月一二日付『やまと新聞』には「幽蘭女史結婚の破談」と出た。曰く、戸井田側が用意すると約束した借金分五〇〇円が思ったように工面できず、それを知った幽蘭、自分は今でこそ落魄したが記者にもなれば教会（扶桑教の意）でも幅を利かせた身、結婚相手として憲兵伍長ですら不満足なのにその程度の金もつくれないのかと「例の口調で」言い立て、戸井田も怖れをなしてしまい破談にしたらしい。ただ、たくましくも幽蘭はその足で芝桜田備前町に出向き（芸者専門斡旋業者の段原たみのもとだろう）、さらに一一日午前一一時ごろには某請負師のもとを訪れて五〇〇円を立て替えさせようとしたという。金策と結婚話が記事によって前後するのでどの経緯が事実に即しているのかわからない。金は戸井田の伯父の宮澤某が肩代わりすると言っていたはずだが、なぜか戸井田本人が工面しようとしているなど、話が二転三転している。記者も展開が速すぎてついていけないのだろう。前掲の一八日付『やまと新聞』によれば、結局戸井田が三〇〇円を用意することで話がつき、式を二二日に延期したが「金次第にて娼妓になるやら花嫁になるやら未だ定まらぬとは大した相違」としている。

さてこの話、医師で作家の高田義一郎はこう書いている。

「明治四十年の歳晩に、吉原の娼妓志願には落第するし、いろ〳〵商売を替える度毎に、殖える一方の借金で首が廻らなくなって困って居ると、間借りをして居たミルク・ホールの前の経営者で、元憲兵伍長であった戸井田亀吉との婚約が出来上り、都合のいゝ事には結納のかわりに五百円を提供して、幽蘭の借金をすましてくれる事になった」「所がそうしながらも幽蘭は、万一戸井田に変心されて結納がフイになれば、この年末が越せないというので、密に又吉原の妓楼に戸別訪問を企てゝ、たった一軒丈で、漸く結納と同額の五百円で三年間という年期の約束が成立した。しかし喜びは束の間の夢と消えて、折角の縁談も何が祟ったのか中止になるし、そんなら此の手だとばかり吉原へ馳け込んで、お目見得で一夜を明かしたが、之亦得意の演説が災して自由廃業の宣伝でもやられはしまいかとの懸念から、破談になり、折角の娼妓にもなれない始末」(『らく我記』)

三年五〇〇円、自由廃業宣伝の懸念など、細かいところは同じだが、さてどれが正しいのか。

それにしても、ここまで世間を騒がせた結婚があっけなく破談になってしまったとは驚きだ。何が気に入らなかったのか知らないが、幽蘭にとってはいつものことでも、振り回されるほうはたまったものではないだろう。

幽蘭、同性に羞恥の色を見せる

結婚も破談になり、娼妓もダメとなると借金を返す方策を練らねばならない。実はこの頃時事新報記者だった下山京子のところに幽蘭が現れたらしい。金策だったのだろうか。そのときの様子が下山京子『一葉草紙』（玄黄社、大正三年）にある。本書冒頭に幽蘭否定派として引用した京子の幽蘭評もこの会見から導かれた印象らしい。

　まず、社に名刺を持って現れた幽蘭を見た記者たちが京子に「ほら、お仲間が来ましたね」と皮肉を言ったという。幽蘭は男性が応対すると思ったようで、京子本人が出てきたのを見て「あッ、あなたが下山さんで」「私はもう斯《こ》んなだらしのない事ばかりして居まして……」と「寂しい荒んだ面《かお》に微かながら、羞恥の色を見せ」た。京子は「同性に対する限りない羞恥と、内心の苦痛を見るに耐えず、早々にして別れてしまいました」と書いている。男性に嗤われるのみならず同性にも蔑まれている幽蘭がなんだか哀れである。しかし、この件について筆者は一言言わずにはおれない。

下山京子は幽蘭の八歳下、明治二〇年に東京牛込矢来町の軍医の家に生まれた女性である。一二、三歳で筆を執り一六歳で川柳の投書をして認められ、一七歳で毎日電報の選者になる。高等女学校を出た後に佃速記術伝習所に通い、一八歳から大阪時事新報に入社し、「化け込み記者」(18)で名を馳せた。その後、東京本社に異動し、新聞社を辞めた後は「一葉茶屋」を経営して二年で閉店、女優になるなどするが、手記を書いたりスキャンダルを起こしたりと破天荒に生きた女性である。同僚から「ほら、お仲間が来ましたね」と言われたのはこんなことからだろう。しかし幽蘭との違いはどうもパトロンがいた時期があったらしいことである（記者時代には「老華族」の世話になっていたといわれ、女優引退後は表舞台から姿を消し、妾暮らしをしているという風聞があった）。であるならば、幽蘭のように金の無心のために他人の家を訪問するような真似をしなくてもいいのは当然である。幽蘭には何をしてでもあくまで自分で道を切り拓きたいという気持ちがあ

(18)「化け込み記者」　女中を募集している有名人、料

り、京子は男性に養われながら話題の女として振る舞った。二人の生き方の違いに優劣をつける気はないが、筆者は幽蘭を支持する。

とはいうものの、京子も男性中心のジャーナリズムの世界で、彼女なりの生存戦略を全うした点は考慮すべきである。京子の生き方は経済的、精神的な利点が大きく、当時としては幽蘭よりも理解されやすい生き方であることも付記しておきたい。

『一葉草紙』で京子はこんな風に締めくくっている。「手折《たお》るにまかする路《みち》傍《ばた》の花は、(中略)花の真情を察したらば、どうか見飽きた花でも路往く人の目ざわりな処に捨て去らないようにと心から祈ります」。つまり幽蘭が気まぐれに手折られて目障りに捨てられた路傍の花というわけだ。このエッセイのタイトルは「地にまみれし女」。傲慢な物言いである。

亭などに潜入し、内幕を暴露する記者のこと。下山京子はフランスの雑誌を真似たと言うが、『大阪時事新報』でこの企画が当たり、中央新聞の中平文子をはじめ、追随した記者も多かった。東京日日新聞部長でジャーナリストの千葉亀雄は「趣味としてあまり感心したものではありませんよ」とし、欧米の化け込みに比べて社会問題に切り込んでいないと『週刊婦女新聞』昭和五年五月一〇日号で批判している。

幽蘭、辻占いの豆売りとなり、はたまた活動弁士となる

　さて、金策も不首尾に終わった幽蘭、突如辻占いの豆売り[19]に転身したらしい。結婚のドタバタが明治四〇年末なので四一年初め頃、数え二九歳のことだろう。辻占いの豆売りとは豆菓子と占い（おみくじのような他愛ない内容のもの）の紙を売り歩く行商人で商品を仕入れれば誰でもすぐに始められる。この頃の幽蘭の姿を高田義一郎は「厚化粧を紅の紐の色も濃い深編笠に包んで、赤い蹴出しをちらつかせながら」（『らく我記』）と描写する。

　それからしばらくはマスコミに出なくなるが、高田義一郎曰く「大阪、金沢、神戸を転々として居」たらしく、そのうちに「神戸の外国商館に勤めて居たS・M・ジョソップと、C・M・アラトンという両人の米国人に

(19)辻占いの豆売り　豆の袋に占いが入ったもの、豆と占いが別になっていて値段によって占いの枚数が変わるものなどがある。格好としては、脚半と草履は必須、大抵は前か後ろ（もしくは両方）に籠を下げている。この頃の幽蘭について前掲『一葉草紙』には「須磨の浜辺を編笠に厚化粧の物々しい出立ちで、英語の辻占を売り歩いて居たとも

見出されて、日本語教師として泊り込みを頼まれた」。そして予想通りこの二人と三角関係になって一カ月で破綻、四月末には「本郷座（現文京区本郷三丁目辺）前のミルクホール(20)を畳ん」だとする資料（明治四三年七月一五日付『報知新聞』）があることから、再びミルクホールを開店し、即閉店したようだ。この店については、雑誌『新公論』（新公論社、明治四四年四月号）「奇物変物愚仏」に情報がある。曰く、開店前日に車夫を雇った幽蘭、なんと元カレの千葉秀甫のところにやってきて、机や椅子を借りると告げると答えも待たずに直ちに車夫に命じて運ばせたとのことで、さすがの秀甫も唖然としたという。オペラ歌手三浦環をストーキングしていた男を呆れさせるなんて幽蘭もなかなかだ。また、「本郷座前に『幽蘭軒』という東京最初のカフェ(21)を出して失敗」（武林無想庵『放浪通信』記録文化社、昭和四八年）したとする資料もあった。なおここには、堀岡良吉という人物が明治大学生だったこの頃に幽蘭に「筆下し」された際の話として、幽蘭には「昊天《こうてん》に向って号泣する」という特異な癖があったとも記されている。

　堀岡良吉を『人事興信録』（人事興信所）で引いてみると、明治一九年石川県生まれ、仏典や典籍を編纂して出版する「蔵経書院」や「能登印刷」

聞きましたし、エビスホテルの女ボーイになって外人二人を左右に綾なして、外妾になってるとも聞きました」とある。

(20)本郷座前のミルクホール『女学雑誌』第一二巻第一号（博文館、大正元年）「世に拗た女の噂」にはこの頃の幽蘭についての描写がある。あるときは黒紋付きに紫袴、お下げ髪に白襟、または印半纏につば広の山高帽などの突飛な服装で店の前をうろつき、一度でも来た客に「やぁ君」「チト来たまえ」などとやるので誰も通らなくなったという。

(21)東京最初のカフェ　実際に東京で初めてコーヒーを出した店としては、明治九年開店の浅草寺境内「油絵茶屋」とも、明治二一年開店の上野「可否茶館」ともいわれている。

などの取締役を歴任したとあるが、前述『放浪通信』によれば、若かりし頃は幸徳秋水や堺利彦に感化された社会主義者だった由。明治四三年の大逆事件の際には官憲に目をつけられて尾行されたという。人に歴史ありである。

ともあれ、しばらくすると幽蘭、今度は高知で活動弁士になったという話が聞こえてきた。活動弁士の正式名称は活動写真弁士といい、活動写真とよばれるサイレント映画を上映する際に俳優のセリフや説明を語りで補う仕事である。

またこの頃のことと思われる記述として「神出鬼没の第一着に大阪へ立廻り、編笠女幽蘭餅と唄われた後に外妾《らしやめん》と早替りをなし、西の宮へ蘭の茶屋を出すかと思えばMパテー[22]の活動弁士となって四国へ落延びた」（四三年七月一五日付『報知新聞』）とする資料もある。ここでは豆売りが餅売りになっている。

幽蘭の早替わりは、インターネット時代でもなければ追いつけない速度である。新聞や雑誌ではとても対応できず、勢い誤報や想像が混じってしまうようだ。

(22) Mパテー　フランスのパテー（Pahé）社の映画をシンガポールで買い付けた梅屋庄吉が明治三八年に創業した日本の映画会社。Mは梅屋から取り、パテーは無許可で名乗った。大久保の私邸に撮影所を作り、映画製作にも乗り出す。孫文の辛亥革命に賛同し革命資金の提供も行っていた。大正元年、福宝堂、横田商会、吉沢商店との合併で「日本活動写真株式会社」（日活）を設立、翌年梅屋は新たに「Mカシー商会」（妻の旧姓「香椎」から）を創業する

第四章 満鮮、南洋へ

中国や蒙古を旅する幽蘭の姿
◇『朝鮮公論』（大正一一年八月号、朝鮮公論社）「露支満鮮を股にかけて」より

幽蘭、自伝を新聞連載す

明治四一年春以降は高知で女優をしていたとされる幽蘭だが、たぶんこの頃だろう、雑誌『大国民』（大国民社、明治四四年二月号）「淫婦乎《か》狂人乎《か》本荘幽蘭女史」に人の情けに涙した挿話の掲載がある。

ある夏の夜に上野公園で襲われそうになった幽蘭を救ったことで知り合った遠山造という男性がいた（これまた幽蘭に都合のいい出会い方ではある）。数年後、遠山が「革命党員と手を切って」信州の山寺に入り座禅三昧にふけっていることを知った幽蘭、地方巡業の一座を脱けて信州に赴き二、三カ月をともに過ごしたという。その後、遠山は韓国に行き幽蘭はまた女優に戻ったが、土佐に着いたところで一座が解散、旅先で一文無しになった。

すると、伝え聞いたのか遠山が一八円と冬着数点、肌襦袢、湯巻などを送ってくれ、幽蘭は「胸迫り、犇《ひし》と小包を抱いたまゝ一夜を泣いて明かしたという」。節操なく誰とでも交際しては別れているように見えて、いい恋愛もしているようだ。「淫婦乎狂人乎」には、その後として「土佐の地を引揚た幽蘭女史は久久にて九州に入り郷里久留米を訪ねたれど老母を養わん程の孝心もあらず二三地方新聞を喰荒《くいあら》した後朝鮮に入った」とある。久留米に住む老母とは実母花子のことだろう。

「二三地方新聞を喰荒した」と簡単に書いているが、実は幽蘭、四二年三月ごろに九州毎日新聞に入社して「赤裸々の懺悔」と題する自伝的小説を連載していたようなのだ。

前掲『大阪滑稽新聞』の「奇人本荘幽蘭女史」には「昨今福岡県久留米市に流れ込んで居ると見え、『赤裸々の懺悔』と題する自作小説を九州毎日新聞に連載せしめ、其《その》数葉を我社に送って来た」「前記の小説は昨今『名のみの夫《つま》』の二とか三とか云うのであるが、其《その》名のみ夫は凡《およ》そ百名以上もあるであろう」とあり、どうも事実のようだ。この連載については綿谷雪《きよし》『妖婦伝』（鱒書房、昭和三〇年）にも記述がある。また、相馬黒光が『黙移』で「いつ頃でしたか『サンデー毎日』に自叙伝を書きはじめ、『自分はいま九十何人目かの男と一緒にいる、直き百人になる』などとあって、全く肝を寒うしました」とあるのもこのことかもしれない（『サンデー毎日』目録にそれらしき記事は見当たらない）。

この『九州毎日新聞』は入手困難な新聞で、国会図書館にもなければ幽蘭本人から記事を送られたという宮武外骨のコレクションを元に設置された東京大学の明治新聞雑誌文庫にすら飛び飛びで三日分、各日一枚の計三枚しか目録化されていない。それにより明治四一年に創刊したことはわかったが詳細は不明、もちろん「赤裸々の懺悔」も未発見である。この連載が見つかれば明治四一、二年ごろの幽蘭の詳細がわかるのだが、残念な限りだ。

明治四二年五月に入ると、俄かに幽蘭に関する新聞情報が細かくなってくる。どうも長崎に現れ、記者を摑まえて今後について吹いていたらしい。

▲幽蘭女史の消息　東京地方に於て有名なる幽蘭女史流れ〳〵て当市に来り。奇人大会を開かんとして成らず露国に渡りて不忍池式の茶店を開かんと煩悶中なり（長崎電報）（五月二日付『読売新聞』）

●幽蘭女史の露国行　（前略）はるぴん辺りで多くの露助を手玉に取らんものをと内内支度を調え居る由、昨日長崎より長々しき電報かくの通り（五月四日付『読売新聞』）

何をそんなにロシア、ロシアと騒ぎ立てているのかよくわからない。誰かに儲かると吹き込まれたのか、隠された目的があったのか。四日付『九州日報』に詳細が出ている。

幽蘭女史の征露計画

東都に於て新聞記者となり俳優となりミルクホール茶店の女将となり終には女魁《おいらん》と迄ならんとしたる久留米の本荘幽蘭女史は、上野の幽蘭軒以来失敗してか郷里に帰り、九州毎日新聞に入り赤裸の懺悔と題し頃日《けいじつ》迄紙上に筆を執りつゝありしが、此の程飄然長崎に飛び、何がな天下を驚倒する事をせんものと思案の揚句、終《つい》に奇人大会というものを思い付き、例の雄弁を以て天下の知人を集めんとしたれど、有繋《さすが》に幽蘭女史と肩を比ぶる程の奇人も無かりしと見え、徒《いたずら》に空騒にのみ終りて失敗に帰したるより女史も大《おおい》に失望し、日本の地には最早《もはや》妾が手腕を振う可き余地なしと、此の度は露国へ渡り茶好《ちやこう》の国民というよりの思付き、幽蘭軒を開いて大に紅髯《あかひげ》の度胸を拉《ひじ》かんものと準備計画おさ〳〵怠《おこたり》なしとは何処までも風変りの女とや云うべし。

これによればロシア人がお茶が好きという理由で幽蘭軒をロシアに作りたいと思ったようだが、あくまで本人の弁であるところがミソだ。そこら中に借金を作って首が廻らなくなると移動する幽蘭であってみれば、日本に居辛くなって当座しのぎに海外に出たいと思った公算が大きい。それにしても奇人の催す「奇人大会」は見てみたいような見てみたくないような気がする。幽蘭が奇人と認める人物とはどんな人なのか、まったく想像がつかない。

そんな折り、たった三日後に計画変更の報がもたらされた。

●幽蘭女史の露国行失敗　幽蘭女は露国行の計画も齟齬したるより再び俳優たらんとて唐津に興行中の壮俳北村一座に入らんとて同地に落行けり（長崎電話）（五月七日付『読売新聞』）

計画の齟齬というのは概ね旅費の無心に失敗したのだろう。

幽蘭が加わったという北村一座[1]は、二五日付『九州日報』によれば博多寿座で「異母姉妹《はらちがい》」（『九州日報』連載小説を芝居化したもの）を興行して好評だったようで「目下熊本市東雲座に於て開演」といい、幽蘭はそこにも出演していると六月三日付『読売新聞』に出ている。この記事は「この十日に同座を打揚げ次第、愈々出京して大飛躍を試むそうだイヤ大変〱」とおちゃらかしで締められている。

さて、幽蘭の行った「大飛躍」とはなんだったのか。二カ月後の八月五日付『読売新聞』に驚きの行動が明かされた。

(1)北村一座　喜多村緑郎（北村緑郎、北村みどりとも名乗った）を座長とする劇団あるいは興行。喜多村は伊井蓉峰らと組んだ「鏡花もの（泉鏡花原作の演目）」が有名。「新派三頭目」の一人と呼ばれ、昭和三〇年には人間国宝となった。

大連に「幽蘭ホテル」開業す

「浦塩《うらじお》[2]へ行くの東京へ帰るのと言《いっ》て居た本荘幽蘭女史は此頃忽然として大連に現われ、同市信濃町の中島という病院の後を借受けて『幽蘭ホテル』と云《いう》のを創《はじ》め、自ら埠頭や停車場に出馬し嬌舌を振うて客引を行《や》る計画だそうだが、何処から資金を引張り出したかは頗る疑問で、目下同地の問題になって居ると通信のあった儘《まま》」。「飄然」長崎に飛んだかと思えば、「忽然」大連に現れたというから唖然となる。

当時の大連市は日露戦争後の明治三八年に締結されたポーツマス条約以降、朝鮮半島、樺太北緯五〇度以南のロシア、旅順や福建省とともに租借権が日本に移っており、感覚的には日本国内である。長崎、下関など九州の港は釜山や大連、ウラジオストクに向かう定期便が頻繁に行き来していた。どうも大連に行く前に朝鮮半島にいたようなので（六、七月ごろか）おそらく幽蘭はまずは船で釜山に向かったと思われる。

　このときの状況は雑誌『東京』（東京社）が翌（明治四三）年七月に「其の後の本荘幽蘭女史」と題し三号（八二号、八五号、八六号）にわたって伝えている。それによれば「昨年来朝鮮京城辺に出没して、同地の朝鮮日日新聞社長や、外《ほか》二、三の紳士や操觚者に関係し（中略）八月頃秋立つ大連埠頭に瓢然(ママ)として現われた、それ幽蘭が来たぞと云うので、女旱《ひ》でりの満洲では、狼のような連中が、這《こ》の時代犠牲《いけにえ》の女羊《めひつじ》を擁して、吾《われ》も〳〵と食指を動かしたものだ、桟橋に立った彼女の懐中には、タッタ一円の朝鮮紙幣が三枚潜んでいたと云う、それがどうしたものか二、三日を経過すると、市の中央に幽蘭ホテルと云う大旅館の経営に取り掛った、ヤレ満鉄会社の誰から金を引出したの、老虎灘の某料亭で、某実業家を口説いて得たのと、口々に噂された」という。また、元満州馬賊隊で江崙波《こうろんぱ》と名乗っていた辺見勇彦《いさひこ》(3)が一大賭場を持っていたことに目をつけた幽蘭はビール一ダースを手土産に出かけたが、身長六尺（約一八〇センチメートル）、弁髪で眼光鋭い勇彦の猛烈な快弁に気圧されて珍しくすごすご帰ったという。ここでも

(2) 浦塩　ロシア帝国（現ロシア連邦）の極東部に位置する都市、ウラジオストクのこと。

(3) 辺見勇彦　父は西南戦争で西郷隆盛軍の武将として名を馳せた逸見十郎太。勇彦は大陸に憧れ、明治三五年ごろに中国に渡り日本資本の出版社「作新社」社員となる。四川や上海、台湾をうろつき内偵などを行っていたが、日露戦争を機に陸軍に入り、馬賊の偵察や奇襲の任務に就く。以後、日本軍、在留邦人、現地人らとの架け橋となる。

「幽蘭ホテル」の資金源が訝られているが、この「其の後の本荘幽蘭女史」の記事には驚くことに幽蘭が「在韓国の某新聞記者」に送った手紙の全文が暴露されており、そこに当時の詳細が出ている。

まず、龍山（現ソウル特別市）にいた幽蘭を朝鮮日日新聞社社長と某男性（文中では〇〇〇〇氏となっているが仮にA氏とする）の二名が訪れた。新聞社社長は三〇円で「赤裸々の懺悔」を新聞連載する話を持ちかけ、A氏は食のみを提示したが、「前者の才は私をして戦《おのの》かしめ、後者の徳は私を恋に捕えしめ」た。そこで前者の話を蹴ってA氏と南山で一夜遊び、大連に去る日にとうとう一夜を共にした。大連に戻り幽蘭ホテルの経営に悪戦苦闘しながらもA氏が恋しく、手紙や葉書をたくさん出したが一向に返事が来ない。そうしているうちにチャイナタイムスの松本君平とその連れの宮崎という男がたまたま大連に来ていて幽蘭ホテルを訪れ、ホテルの経営に尽力すると明言してくれた。その夜宮崎は幽蘭のもとに一泊したが、一晩中涙ながらに妻に捨てられた話をし、翌朝は金策に東奔西走してくれた。しかし次の夜に宮崎は突如豹変[illegible]幽蘭に挑みかか[illegible]幽蘭は酒におぼれ運命を[illegible]れようとしたが、そこに音信不通だったA氏が突然やってき[illegible]二人の恋[illegible]再燃。A氏こそ夫にすべき人だと思い東京で再会を約束した。

そうこうするうちホテルの経営がいよいよ傾き、一五日（八月？）を境に断末魔となった。幽蘭は大連の救世軍（今さら！）や「父に恩を担える、満鉄の村井氏」に窮状を訴えるも、借金の清算や改悛を求められ「救わざるの人は、救わざる所以を指摘して、口を極めて私を罵り辱かしめ候」由。そんな失意の幽蘭のもとに使いの者が現れ、宮崎が「救いの福音」を持って奉天から帰ってきたと知らせた。幽蘭は会いたくなかったが雇い人らの給料のこともあり仕方なく会ったところ、金を持ってきたわけではなく結婚すれば調達するとのこと。騙されたとショックを受けたが、債権者に対する義務から泣く泣く承諾した。

しかしどうしても反抗的な態度に出る幽蘭に宮崎は激怒して暴力を振るい、天津に連れ去った。そこから逃れ大沽《たいこ》から船で芝罘《しふう》、威海衛《いかいえい》を経て仁川、京城、龍山へと移動し、現在は負債を返すために龍山の明治館にて「赤裸々の懺悔」を執筆しているという。今回の騒動は大連にいる日本人たちの耳にも入りA氏の出世の妨げになると悪いので蟄居しているが、A氏が自分を許してくれると信じたいと幽蘭は書いている。

ただ『東京』誌記者に言わせると「松本君平の媒介で彼（引用者注：幽蘭）

は、宮崎が宿の妻となって、普請最中の幽蘭ホテルを其のまゝに、天津に向って浦帆を挙げた、（中略）天津に落ち着くと三日にして飛び出した」「其の後幽蘭は、大沽とか芝罘とかで、支那の官人を綾なして暫く其の妾となり、若干の金を引き出して、再び仁川に走り京城から龍山を経て」としている。移動した都市と順番は手紙と同じだが、経緯などのニュアンスがまったく違う。いつもながら幽蘭も雑誌記者もどこまで真実を書いているかわからない。

松本君平といえば、上野の幽蘭軒に密かに茶を飲みに来たり何かと幽蘭の周辺で散見する名前だ。新聞記者であり代議士で、後に田中義一内閣では海軍参与官を務める立派な人物である。明治四一年に中国に渡り四二年に天津で『チャイナタイムス』、週刊『チャイナトリビューン』を創刊している。この松本君平が連れていたチャイナタイムス記者の宮崎という人物（『東京』誌は宮崎亀次郎としている）と幽蘭が交際して別れたことだけはどうやら事実のようである。

幽蘭、三行半を誌上公開さる

「幽蘭ホテル」の件は角海老楼への身売りの一件並みに話題になったようで、雑誌『文芸倶楽部』（博文館、明治四二年一〇月一日号）には幽蘭が宮崎亀次郎に出した三行半《みくだりはん》（離縁状）が暴露された。その内容は、とても暴力を振るわれて逃げ出した女性の筆とは思えないほど居丈高で、この記事が捏造でなければ先ほど引用した在韓国の某新聞記者に送った手紙の方が嘘八百ということになる。では、少し長いが引用しよう。ちなみに文中の「僕」は幽蘭、「君」は宮崎亀次郎のことである。

一　僕には目下亜米利加に留学しつゝある野波《やは》と云う許嫁《いいなずけ》の良夫《おっと》がい

る。それが来年四月帰朝するから僕は夫《それ》と結婚する為め君とは夫婦になれぬ

一　例《たと》い僕は君と結婚したにしても、君の如き平凡極まる者は奇抜を以て社会に名を為した僕の如き者と迚《とて》も永久に平等に処世の趣味を解して行く事が不可能である。君は寧ろ平凡な妻《さい》を持つのが適当である。

一　富もなく力もなき君に僕は何の為めに一夜の操《みさお》を許したかは、一寸世間には分らぬだろうが、僕は弱者に同情するのが天性で、先妻に逃亡されし君の非運に同情した結果が今回の始末になったものである。思えば余計な罪を犯したものサ

一　兎に角幽蘭の夫としては不足だらけな君が、僕を天津まで引張り出した腕前を世間が知れば夫《それ》で君は充分ではないか。僕は君から逃出した事は一切断じて口外せぬようにして、金を取りに大連にやった位の法螺を吹いて置き玉え。夫《それ》で君の顔が立派に立つのだ。又僕は君の顔を立派に立てゝやった積りだ

一　生活難はお気の毒ゆえ毎月三十円づゝ玉屋旅館に送って上げるから君は安心して玉屋に寄食し、徐《おもむ》ろに後計を立て給え。先妻のお安

さんの方は僕は充分に骨を折って添わして上げるから大事にして温かき家庭を作り玉え。君は不足を云うけれども君にはお安さんが過ぎものだ。贅沢を云うと災難が来る

一　僕の今後は敢て君の関知する所に非ずではあるが、未練がましくも付纏うような事があっては非道《ひど》く君の出世を妨げる事が出来《しゅったい》するやも知れんから注意し玉え。僕が好箇《こうこ》の（引用者注：僕の適切な）教訓であるかも知らぬ。須《すべか》らく沈思熟考せよ云々

……どこからつっこんでいいのやらわからないが、どうも幽蘭は自分のことを余程の大人物と考えているらしい（『東京』誌の手紙には「公人として義の為めに生くるの天分なる自覚を得」たとも書いている。公人とは！）。そして「君から逃げ出した事は一切断じて口外せぬようにし」と言いながら在韓国の某新聞記者への手紙に自分で書いているのも話が違う。さらに亀次郎と関係した夜のことを手紙では「悪魔と化し、妾が其の手に捕え」られたと書いていたのに、この三行半には妻に逃げられた亀次郎に同情したとあり、これも話が逆だ。さらにさらに金に困って幽蘭ホテルは挫折したはずなのに亀次郎に月々三〇円を送れるほど持っているのも謎だ。これは亀

次郎と別れた後に関係した中国人からもらった金なのだろうか。

いずれにしても、平気で「法螺を吹いて置き玉え」などと書く幽蘭のことだから、疑問をぶつけたところで肝心なことは言わないだろう。ともあれ、四月に「許嫁」が帰国して結婚するらしいので、我々は約束が履行されるかどうかをしかと見届けようではないか。

内地の新聞では九月になっても幽蘭ホテルが失敗したことと亀次郎から逃げ出したことしか情報はなかった。しかし二年後の明治四四年に出た前掲「淫婦乎狂人乎」に当時のことが出ている。

二百金の資を得て幽蘭ホテルというを開業したれど、客の来《くる》より先に我から投げ出し、天津辺で平澤某という亭主を迎えたけれど、平凡なればとて之も我から離縁状を与え、漂然として安奉線により京城の北数里なる清州の地を相し温突《おんどる》（引用者注：台所の釜を利用した床下暖房施設を具えた家屋）を借受て彼が半生の歴史を稿した、（中略）惚れ込《こん》だる竹田某なる銀行員を早速の良夫《おっと》として京城に入ったが夜毎の外泊を妬《やく》のが瑾《きず》とあって之とも離縁し、遂には世外の人たらんとて釜山癩病々院の看護婦を志願したれど用いらず（後略）

目まぐるしくてついていくのが難しいが、平澤某、銀行員の竹田某と交際して別れたこと、「彼が半生の歴史を稿した」とあることから「赤裸々の懺悔」執筆に執着していることはわかる。結局幽蘭が情熱を傾けられるのは自分について語ることなのだろう。しかしただの自己顕示欲かといえばそうとも言えない節もある。実は原稿の意外な使い道を示唆する資料があるのだ。

確認しておくが、幽蘭は誤解されやすいが根はいい人であるという言説が多々ある。例えば明治女学校時代の恩師青柳有美や医師の高田義一郎も記しているし筆者もそう信じたかったのだが、雑誌『新公論』（新公論社、明治四四年四月号）「奇物変物愚仏」に見逃せない記述がある。

彼れ窮して、黄金なきに至れば、必ず旧交を尋ねて、半生の懺悔を公にすべきを以てす。旧交の諸士、狼狽して金品を給与し、之を公にせざらん事を懇請す。

なんと「赤裸々の懺悔」をネタに強請《ゆす》っているといると出ているではないか。

もしかしたら本人は、話題に出しただけで脅迫するつもりはないと言うかもしれない。しかし、結果的には懺悔どころか新たな罪を重ねている。幽蘭式懺悔ビジネス、おそるべしである。

とはいえ、である。その「奇物変物愚仏」でも「他の困窮を見るや、金円を才覚し来《きた》って之を助くる」と情に篤い一面に触れられている。また「淫婦乎狂人乎」には、今どき大の男が朝から晩まで働いてやっと命を繋ぐ程度にしか稼げない時代に、幽蘭は女の細腕一本で自らを養っている、人はよくまぁあの調子で飢え死にしないものだと思うだろうが、本人は金銭問題を超越したような態度である、まさか春を鬻《ひさ》ぐわけじゃなし、決まったパトロンがいるようでもなし、不払いで警察に突き出されても狼狽せず「万事はどうにかなる、成らねば成らぬでよい」という背水の陣で、自分がなぜ飛ぶのかもわからない蝶のようだ、と金銭に頓着しない浮世離れした性格が記されている。また、雑誌『女の世界』（実業之世界社、大正八年五月号）には

此の女《ひと》は本当に着の身着のままと云う裸の人で、何一つ余分の道具等持っている女《ひと》ではない。夫れと同じく金銭にしても、十円を要するに

十円以上の金を算段する性《たち》ではない

とある。幽蘭が金の話をするのは本当に困ったときであり、貯金や贅沢が目的ではなく、困っている人を助ける義侠心もあるという。このような生き方は、「玄洋社」総帥の頭山満をはじめ、いわゆる明治の豪傑に見られるものだ。普段は文無しだが必要とあらばどこからか用立てる、金などの俗事に構わず使命に突き進むという、当時の男性の価値観をそのまま体現しようとしている。

それにしても、青柳有美の言う「詐《いつわ》りもせず瞞《だ》ましもせず、害も加えず仇もせず、真実と誠意とを以て十八乃至十九人の御亭主を持ち、八十余人の男に関係したところに滑稽味があり、お伽趣味が潜み、可笑味《おかしみ》があるのだ」という幽蘭像は理想像だった。実際には金に困ると多少の（?）害を加えるらしい。良くも悪くも生々しい実在の女性である。フィクションの人物のように詩的にはいてくれない。それでもなんだか憎めないと思うのは筆者の欲目であろうか。

幽蘭、恋人の名を秘す

それからの幽蘭はといえば、しばらくして帰京したらしく、知り合いの家に長逗留しては、迷惑も顧みず自説をまくしたてていたという。居座られた人たちには同情を禁じ得ない。また、この頃のことか、松村謙三[4]は『三代回顧録』（東洋経済新報社、昭和三九年）に、幽蘭が「鬼権」と呼ばれた高利貸しの木村権右衛門と意気投合し、松村が勤務していた報知新聞大阪支局に用もないのによく訪ねて来て「人間が人間なので困った」と記している。

そんななか、明治四三年三月頃に忽然とだか飄然とだかわからないが大阪西区江戸堀五丁目の下宿屋「中島」に現れた。どうも兵庫県神戸市の須磨駅前にミルクホール「たのしみ倶楽部、幽蘭軒」を開業するかたわら、英国行きの船に乗り遅れて神戸をぶらついていたインド人サーゲとやらと意気投合、ともに神戸千歳座に出演しているらしい。なお、「たのしみ倶楽部、幽蘭軒」の入り口には「精神病全治者救護事務所」という看板もあるという。実はこれ、三月頃から幽蘭が夢中になって人に吹きまくっていた「事業」であり、その関連で阪神地方で盛んに講演をやっていたのである。当時持っていた名刺には「精神病全治者救護会会長」「精神病全治者救護事業　衛生評論社須磨支局長(5)」などと書かれていたらしい。

精神病全治者救護事業を思いついた理由については、恋愛がいまだ成就しないため「恋に死せんよりは、義に生きん」という思いから、社会的弱者、即ち精神病の全治者が帰る家がないために檻に入れられ冷遇されていることを救わんと立ち上がったという。「私が狂女として巣鴨病院内に一カ年の生活中に感じたるものに候」とあることから、入院体験こそが自分の原点であるという思いがあることがよくわかる。

ところで、この年の春と言えば、宮崎亀次郎への三行半で高らかに言い放った「野波と云う許嫁」が「来年四月帰朝するから僕は夫《それ》と結婚する」と言った時期だが、その件はどうなったのか疑問が湧く。実はその辺り

(4)松村謙三　明治一六年、富山県生まれ。実業家、政治家。日中関係と農政に関心が深く、周恩来とも親しい。昭和三年以降、戦前・戦後を通じて衆議院議員に一三回当選、文部大臣、農林大臣などを歴任。戦後は日中国交正常化の足固めに貢献した。昭和四六年、八八歳で死去。

(5)衛生評論社須磨支局長　「衛生評論社」という出版社は存在し、明治四四年に谷《や》頭《とう》辰《たつ》兄《え》編『衛生法規類纂』という本も出版されているが、幽蘭がどう関係していたのか不明であり「須磨支局」というのもなんだか地区が細かくて不思議である。

のことを幽蘭から聞き書きした記事がある。明治四三年五月一八日から三日続けて『都新聞』に掲載された「思い出した人（女優本庄《マヽ》幽蘭）」である。

それによると、五月半ばの時点でも結婚は未定、そのいきさつはこうだ。許嫁が北満州に旅行中に三カ月便りがなかったため、寂しさについ宮崎亀次郎と関係してしまった。許嫁が帰ってきた際、幽蘭は罪の意識に堪えかねてすべてを話したが、自分が連絡できなかったのが悪かったと一度は許してくれた。しかし、その後許嫁は内地に帰り、幽蘭は宮崎亀次郎につきまとわれ、ホテル事業の資金繰りのことなどから再び宮崎に身を任せてしまった。内地から戻ってきた許嫁はさすがに二度目は自分の一存では済ませられないといい、「当人の師として居る」頭山満の許可が出るまで別れようということになったという。そもそも許嫁が内地に行っていた理由には頭山満に幽蘭との仲を許してもらうためもあったのだから、当然と言えば当然である。しかしこの許嫁、不思議なことにどの記事でも名を伏せられている。幽蘭は「名前だけは許してくれ朝鮮に居る志士ですがまだ二十五の青年でいながらそれは実に傑《えら》いんです」（「思い出した人」）と言っているが、一方で宮崎への三行半には「野波と云ふ許嫁」とあり、『東京』誌にも「八年に渡る野波静雄氏に対する深き恋を有せし」とある。

野波の名前を読者諸氏は覚えておられるだろうか、遡ること八年前の明治三六年、花も恥じらふ幽蘭二五歳のとき、妻ある関常吉の子を宿して新潟の顕聖寺に向かう列車で出会った（としている）一四、五歳の美少年である。なんとあれ以来八年間、許嫁として関係が続いていたというのだから驚きである。しかし、驚くのはまだ早い。『東京』誌を注意深く読むと、許嫁は野波静雄ではないことがわかるのだ。「八年の恋人野波静雄[6]は去って行く所を知らず、新しき恋人〇〇《（ママ）》〇〇氏のみ我が心に充ちく候」「妾の止まりしは氏の妻として仁候いき、野波あらず、宮崎あらず、本荘久代にもまたあらず、実に〇〇久代のみ」とある。ここまで執拗に名を秘すとは幽蘭らしくなく、誰のことなのか気になる。わかっているのは、明治四三年時に二五歳で（数え年で明治一九年生まれ）朝鮮半島にいること、伏字の字数が正しければ姓が二文字、名も二文字であること、頭山満を師としていることである。つまり黒龍会、玄洋社メンバーである可能性が高い。これらを手掛かりに『東亜先覚志士記伝（下）』の「列伝」（名簿）を見ていくと、名前の文字数と生年が合う人物は二人しかい

（6）野波静雄　後の静雄は阿片問題の専門家となり、世界中を旅行して見聞を広め、満鉄調査部嘱託の切れ者になるわけだが、幽蘭と出会ったときは少年だったためもちろんプラトニックだったと思われる（六七頁参照）。

ない。(7) 寺前弥七と鹽谷《しおのや》武次である。

寺前は和歌山県生まれ、満蒙問題に力を注ぎ、満州事変の際には奉天独立守備隊歩兵第二九連隊の通訳官として活動、その後に長春、鄭家屯に転戦、昭和六年に戦死している。

鹽谷も和歌山県生まれ、陸軍士官学校卒業後、工兵少尉、鉄道連隊附、中尉と進み、青島占領期には青島駅長となり勲六等を受ける。大正四年からは満蒙独立運動に従事し、現役を退いた後に中村と姓を変え、張作霖暗殺のための爆弾製造なども行った。大正六年、三六歳の時に張煥相司令部の部屋で銃殺されている。この二人のうち幽蘭が「実に傑い」と感じる経歴を持つのは鹽谷だろうが、幽蘭との結婚について頭山満にわざわざお伺いを立てにいくほど頭山と近しいようには見えない。この件は今後も調査が必要だろう。

ともあれ、その恋人とは頭山の許しを得るまで別れているが「叶えると叶えぬは恋以外の問題で、只あの人は自分の恋しい人だと思って居ればよい」「会わぬ時は会った折の話を思い、遇《あ》った折は遇わぬ折りを忍ぶ、という風だから其の人が居ても居なくても自分の恋人の心は何時も胸の目に見えている」と幽蘭は哲学的なことを言っている。そして携えた信

(7)二人しかいない　ただし、姓名四文字で生年のわからない人物は二一人、生年が一年後の者は二人いる。
(8)中国の民話「梁山伯と祝英台」　四～五世紀頃、祝英台という娘が男装して杭州に遊学に出る途上で梁山伯という青年に出会う。二人は三年ほど一緒に学び親友となるが、山伯は英台が女性であることを知らなかった。その後、郷里に帰った英台に山伯が会いにいくと英台は別の男性と婚約

玄袋から一枚の葉書を取り出した。朝鮮半島から出された葉書には大きく「平生一片心」とある。離れている間のあなたの気持ちはどうですかと尋ねた幽蘭の手紙に対する恋人の返信で、「平生一片の変らぬ心というのが嬉しいではありませんか」と幽蘭。そしてこの葉書には

平々坦々途《のみち》。生来初視之。一陽三春天。
片々胡蝶夢。心血濺枯骨。

と返したという。意味は「生まれて初めて見る平坦な道／一筋の光が差し込み、昼のような日が続く／記憶に残る数々の美しい夢／わたしの心の情熱が枯れた骨の中に残っている」となろうか。「胡蝶夢」は自分たちを中国の民話「梁山伯と祝英台」(8)になぞらえているのかもしれない。なかなかロマンティックな恋だが、記者はそんなに恋を大事に思うならなぜすぐ浮気をしては相手の名前を手帳に書き留めたりするのだともっともな質問をしている。が、幽蘭少しもひるまず、時と場合のはずみと気まぐれの「色」はつまみ食いで、本当の恋は終生変わらない。その証拠に、手帳の名前には甲乙丙と等級がついていると答えたというからさすがである。

していた。山伯は煩悶し、ついに死んでしまう。英台が輿に乗って嫁ぎ先に向かう途中、山伯の墓を通りかかると嵐が吹く。英台は輿を降りて墓の前に行き、身を投げる。すると穴のなかから二匹の蝶がひらひらと飛んでいったという。幽蘭はこの話になぞらえ、両思いでいながら一緒になれない悲しみを表現したのではないか。なお、荘子にも「胡蝶の夢」と呼ばれる説話がある。夢の中でみた蝶について、自分が蝶になった夢を見ていたのか、または今の自分は蝶が見ている夢なのか、というものだが、ラブレターであれば「梁山伯と祝英台」の方が合致する。とはいえ、漢詩は古典の詩や文学の引用が多く、解釈がいくつもあるため、識者のご教示を待ちたい。

妾になるくらいなら乞食になる

さて、明治四三年七月九日には、突然兵庫県龍野にやってきた幽蘭、「精神病者慈善演説」をするといい、「口から出任せの御託宣《（ママ）》を並べて入場料を取り」それを旅費にして上京の予定を立てたという。七月一四日付『報知新聞』の記事によると、龍野駅（現竜野駅）には溜まった借金を取り立てに車夫が張っているので隣りの網干駅から急行券もないまま急行列車に乗ったたが、新橋駅でも借金取りが待ち伏せているかもしれないと手前の品川駅で降りてトイレに隠れて列車を一本やり過ごした……はずが駅員に見つかって駅長室で絞られ、車夫の付き添いで芝のある知人（姓名を明かさないとのこと）宅に行き急行券代五〇銭を漸く支払った。そして意気揚々と「明日は各新聞社を訪問して精神病者の慈善演説会を主催する考えです」などと語ったが、そのときの幽蘭の服装は洗いざらしの浴衣に色あせた紫の袴、手持ちの金はたった一二銭だったという。スラップスティックコメディを地でいく話だ。

また、次の日の『報知新聞』には「轟々たる雷鳴の中を」新橋駅に現れた幽蘭、本郷区森川町一新坂前在住で亡き父の友人である代議士「松村祐三郎」邸を訪れたというが、これは松村雄之進のことと思われる。そして今度は精神病全治者救護事業の一環として「巣鴨の明治女学校跡を借受けて施療患者中の全治退院者を収容する筈」と吹いていたというのだから驚きだ。確かに明治女学校は前年の四二年に正式に廃校になっているが、この計画は「折角の救護会も先方から御辞退さるる」(九月一六日付『報知新聞』)ため中止となったという。その後、跡地は東京帝国大学運動場になっている。

さらにこの頃、本郷三丁目の停留場で宮崎虎之助(9)と出会った幽蘭が「ソウ君と我輩とは共に福岡県人で、且つ御同様失恋組だね、その内時《うち》を定めて失恋述懐会でも遣ろうじゃありませんか」と言ったと『新公論』明治四三年八月号に出ている。宮崎虎之助は予言者を自称する奇人で、この二人が出会ったとはそれだけで見ものである。

(9)宮崎虎之助　明治五年、福岡県生まれ。三二歳から予言者を名乗り、伝道を行う。「神生教団」を創立。妻の光子は木村駒子らとともに「新真婦人会」を発足させた。なお、大正五年一二月二日に青山斎場で行われた夏目漱石の葬儀に現れて伝道演説を行ったことが、芥川龍之介や内田百閒らによって記されている。

この頃幽蘭が連れていたのは戸上哲夫という「生白い男」（「淫婦乎狂人乎」）で、明治四四年一二月一日付『都新聞』「漂浪の幽蘭女史」によれば、作家の生田葵山《いくたきざん》の玄関番をしていた当時二三歳の人物である。

九月一六日付『報知新聞』には「幽蘭のお嫁入り」という記事が出た。それによると「精神病全治者救護会」が頓挫した幽蘭は水天閣（日本橋蛎殻町にあった活動写真や貸会場のある施設）で活弁をしていたが、九月一五日に松村雄之進の仲人で熊本県人戸上哲夫と結婚することとなったと葉書にて新聞社に通知してきたという。

啓本日《けいほんじつ》本郷森川町一新坂松村雄之進氏邸宅に於て同氏媒介の許《もと》に熊本県人戸上哲夫と結婚仕《つかまつり》候《そうろう》間《あいだ》乍略儀《りゃくぎながら》此由《このよし》申入《もうしいれ》候《そうろう》紙上宜敷《よろしく》御披露願上候《ねがいあげたる》

十四日夕　結婚の式場より　本庄幽蘭

本荘の「荘」の字が「庄」になっているのは引用した新聞社のミスだろう。何も式の当日に葉書を書かなくても、という気がするが、ギリギリにならないと確定しなかったのかもしれない。哲夫とは少なくとも翌年二月頃までは一緒にいたらしいことがわかっている。それにしても松本君平といい松村雄之進といい、結婚してもすぐ破局する幽蘭にわざわざ相手を紹介するとは余程の物好きに見えるが、父亡き後、後見人のつもりでいたのだろうか。夫がいようといまいと事業欲も失せないし浮気心も変わらない幽蘭にとって結婚が歯止めにならないのは、これまで見てきた通りである。

これからしばらくは金に窮する日々が続く。

一〇月には「女精神病者救護の看板を掲げたが誰も相手にせぬので拠《よんどこ》ろなく活動写真の女弁士にまで落込み愈《いよいよ》軍用金に欠乏を来した処《ところ》から今度博多仁和賀《にわか》を呼び上げ自分も一役喰うのだそうだ」（一〇月一〇日付『朝日新聞』）とまたよくわからない計画を立てており、一一月一七日には作家の岩野泡鳴[10]宅に金策に赴いたことが妻の岩野清[11]の日記『愛の争闘』（米倉書店出版部、大正四年）に出ている。

曰く、幽蘭が泡鳴に会いたいとやって来たが来客謝絶を伝えると清でもいいというので会った。幽蘭ははじめ風邪なのでコートを着たままで失礼しますと断ったが、実はコートも着物も借り物で羽織がないのが恥ずかし

(10)岩野泡鳴　明治六年、兵庫県生まれ。本名は美衛（よしえ）。詩人から自然主義作家に転身し、「神秘的半獣主義」を宣言したが、結婚三回、愛人問題などがあり、半獣主義＝本能主義と誤解された。

(11)岩野清　明治一五年、東京生まれ。青鞜社同人の婦人解放運動家、小説家。別名、遠藤清子。教師となった後に電報通信社や大阪日報の記者となる。明治四二年、泡鳴と同棲するも肉体関係を拒み「霊が勝つか肉が勝つか」として話題となった。大正二年に結婚し一児をもうけた後に離婚、法廷闘争を二年続けた。大正九年、三九歳で死去。

くて脱がなかったと言い、髪も簡単に束ねた姨子《おばこ》[12]に結って挨を被っていた。今は牛込辺の寄席に出て自分の半生の懺悔話を講談にしていると言い、その半生を話し始めた。清が「あなたも、もう少し真面目におなりなさい」と言うと「私は今迄自分の良心に疚しいような事は一度もしたことはない」と言う。そして「今岩谷（引用者注：松平）の処へ行ったら、妾になれ、そうしたら金をやろうと云ったから、お前の妾になる位なら乞食をする方がましだと罵って来た」と言ったらしい。そこへ近所に越してきた洋画家の正宗得三郎が来合わせた。幽蘭は「私は此頃写真やを亭主にしている。其人が国に行きたいと云うのですが、汽車のパスを工面出来ませんか」と言ったが断ったところ「亭主だと思うと、何時になっても帰らなければならないのが窮屈だ」と笑い、正宗得三郎は幽蘭の「不謹慎な」話を驚いて聞いていたという。

これは金の無心に来る幽蘭のレポートとして貴重である。概ねどこに行ってもこんなやり取りだったのだろう。気になったのは戸上哲夫が写真家であったという新事実と、六年前に世話になった天狗煙草の岩谷松平のもとを訪ねたことだ。どんなに貧しても女幽蘭、妾などは願い下げである。

岩野清は幽蘭の三歳下の婦人運動家で、大阪日報で記者をしていたこともあり共通点もある。この翌年の四四年に『青鞜』に参加、後に泡鳴と離婚する際には裁判を起こして妻の権利を認めさせるなどしている（離婚後は遠藤達之助と同棲し遠藤清子を名乗っている）。他人ごととは思えなかったのか、幽蘭の話に涙が止まらなくなり「順境にいたら優しい婦人として生い立つべき人が、こうして虐げられている」と感じたらしい。しかし筆者は幽蘭の生き方を逆境だけのせいにはとてもできない。むしろ宮武外骨が記していた、「彼はヨシ順境に処しても、尋常の令夫人たり、細君たるの格式を守って居られない天性を具えた女であると我輩は想像する」という印象に軍配を上げるが、読者諸氏はいかがだろうか。

それにしても、岩野清も下山京子も婦人記者出身ではあるが、岩野清は政治活動を積極的に行う問題意識の高い女性であり、かたや下山京子は記者とはいえ化け込み記事などのイロモノで有名になり、スキャンダルを糧に生きていく女性である。その二人が幽蘭という、独立はしているが真っ当な生き方ができない人間を前にして、前者は同情し、後者は蔑むというように対照的な対応になるのが興味深い。二人とも、目の前に出現した幽蘭のなかにどこか自分を重ね合わせていたのだろうか。

(12)婢子　髪を一つに結び、その毛先を二つに分けて左右に輪を作り、横に笄（こうがい）と呼ばれる箸のようなものを刺し、余った毛先を中央に巻いてまとめる髪形。江戸中期の町家の主婦が結っていた。

幽蘭、今度は講談師となる

岩野清の証言にもあるように、この頃から幽蘭は「赤裸々の懺悔」を創作講談に仕立てて方々の小屋で語っていたらしい。地道に小説を書くよりは演説してその場で金をもらう方が簡単だし好みにも合ったのだろう。それで商売になるなら結構な話である。

翌年の明治四四年二月四日付『横浜貿易新報』の記事「幽蘭愈々《いよいよ》堕落」には、二月一日に突如小田原に現れ、俳優東明二郎《あずまめいじろう》[13]と富貴座で「吉丁字」「若女房」に出演したとある。その際、ビラに「朝鮮満洲帰朝」と書かせていたこと、「横須賀辺の何とか新聞」の記者という名刺を振りまわして高尚なことばかり語っているが泊まっている旅館が木賃宿（大部屋の安宿）では幅も利かないだろうこと、「色の生白い男」を引き連れて「何《ど》うも劇の改良は今日の急務で夫《そ》れには妾《わらわ》自身手を下す必要があると信じて舞台に立つのです。何《ど》うです、劇に就《つ》いてお話したい事もありますから是非お入来《いで》下さい。大に珍酒佳肴を整えて夜と共に語り明かそうではありませんか」などと誘うので大抵の人は参ってしまってイヤ是れは是れは、などということが書かれている。

また「奇物変物愚仏」（『新公論』新公論社、明治四四年四月号）にも「近時、活動写真の女弁士として横須賀に在り。壇上に立ちて滔々怪弁を揮い、或は大声に『帝国海軍万歳』を唱えて水兵を驚喜せしむるも、何となく窶《やつ》れたる顔は一種の凄味を帯び、動《やや》もすれば白粉剝落して秋波露われんとす」とある。幽蘭も三二歳、どことなく生活の疲れが顔に出ているのだろう。珍しく半年以上も一緒にいるわりに存在感の薄い戸上哲夫という男は亡霊のように幽蘭にとりついているのだろうか、どこに行くにも一緒のようだ。

三月頃には大阪にいたらしく、三一日付『大阪毎日新聞』に「落語互楽派へ幽蘭女史が女講談師で現われる」と出ている。

また四月二九日、三〇日には大阪市北区蜆橋北陽館にて独演会を開いている。

(13)東明二郎　明治五年、東京生まれ。俳優。明治二九年よりさまざまな劇団に所属。大正一三年に日活京都入社後、帝キネ小阪。大正末期から年に一本程度の映画に出演していたが昭和一七年以降に引退した。昭和二二年、五一歳で死去。なお、息子は映画監督の稲垣浩。

「互楽派」とは上方落語(14)の一派だが、実はこの頃落語界はごたついていた。幽蘭は色物のひとつ「女講談師」として参加したわけだが「互楽派」の命は翌年で尽きている。それを考えると最後のどさくさだったのだろう。明治期は出版界、演劇界、演芸界ともにまだまだ揺籃期且つ混乱期であった。だからこそ素人の幽蘭が潜り込む隙があったといえるが、とはいえ誰もが容易にできたことではなく、人脈、弁舌力、度胸、行動力があり、挫折を知らない幽蘭だからこそ可能となったのだ。

(14)上方落語　明治前後の上方落語は桂派が優勢だったが後継者問題で揉め、明治二六年に月亭と文団治と笑福亭で「浪花三友派」が立った。明治三二年には桂藤兵衛が楽器で音曲や声色や物真似をする西国坊明学と組んで「藤明派」を結成、藤兵衛亡き後には門下の桂藤誠、桂三升、林家正三らで「互楽派」を興す。しかし次第に寄席は色物に走って衰退しかける。凋落に目をつけた富貴席興行主岡田政太郎が四三年頃に「(浪花落語)反対派」を旗揚げした。四五年には「互楽派」も「反対派」に飲み込まれ、岡田の死去とともに衰退、明治末年から大正期に入ると吉本派が頭角を現し「三友派」を吸収していく。

幽蘭、真っ当な男性論を語る

この年、明治四四年の一〇月に幽蘭は雑誌『新公論』（新公論社）に寄稿した。

タイトルは「私の見た男子」、幽蘭による男性論である。

「堕落女性の模範」という命名をされて。国民、報知に各三日間の恥曝しをされたり、サンデーに「惨憺たる幽蘭女史の半生」と至極同情したかの様な標題を並べ立て丶其実《そのじつ》素破抜《すつぱぬき》以上の罪な悪戯《わるさ》をされたり、雑誌「東京」に三回を通じて私書の公表をされたり、其外《そのほか》ありとあらゆる新聞雑誌に淫婦然と批評されて居る私は、斯《か》く男子に接近し、随《したが》って之を研究玩味する事の深い女性であるに相違ない。

となぜか自分が取り上げられた媒体に傍線を引いて強調、自慢のような言葉からはじめた幽蘭は、人がどう言おうと心は汚れていないことに自信がある、何といっても堕落させられたのと堕落したのとは絶対に意味が違う（「私は自分が其孰《そのいず》れであるかは一般社会の批判に任せて決して彼是《かれこれ》と論じはせぬ」）としたうえで、ただ暗黒の半生を生きたため男性に対してどうしても皮肉に見てしまう傾向があるのでその理由を最初に断ったままでだとして本題に入る。

論は「親としての男」「夫としての男」「子としての男」の三題に分かれ、それぞれに過去から導き出されたらしい独自の見解があるが、当時としては先端的な内容になっている。また父や自分の子供への秘めたる思いも垣間見えて興味深い。

要約してみよう。

「親としての男」

社会は男と女で成り立ち、男は父に女は母になる。その資格に差違がないはずだが実際には違う。そもそも子供には公正児（嫡出子のこと。ここでは幽蘭の表記に従う）と私生児（非嫡出子のこと。同じく幽蘭の表記に従う）の二種類がある。公正児は父母を持つが私生児の戸籍には母の名しかなく、侮辱されたり父を知らないまま一生を終える場合も多い。子供が公正児であれ私生児であれ父親は「生理上幸福で精神上は不幸」であるといえる。「生理上幸福」の理由は、妊娠出産の苦労がなく、一度両親の関係が破綻すれば子供を女性に押し付けて省みないでいることが可能だからである（そのせいで堕胎、自殺、殺人などの悲劇が引き起こされることがままある）。「精神上不幸」の理由は、女性は妊娠した以上自分の子供であることは確実で処置も自分の意志でできるが、男性は自分の子供という確証が持てず苦悩するしかない。その意味において男性は最大不幸者である。

「夫としての男」

男尊女卑の日本では情夫としての男性は優者、強者、幸福者である。妻と妾と恋人を扶養している男性は勿論、女性たちに扶養されている甲斐性なしですら「夫権」は担保されている。女性は「女子と小人は養い難し」と貶され、「女子の三従」を厳守して親や夫や子に対し窮屈な思いを忍んでなお「三界に家なし」と罵倒される。まったく女に生まれるのは損だ。恋人は恋人のまま、さらに言えば友のままにしておくのが最上の策である。恋は霊的作用だが肉体関係が生じた瞬間に神聖さは消えて不潔な「色」と化す。同時に恋人、情夫、夫と改称するが、他人以上の距離ができ互いを敵視する悲劇が生まれる。長い一生を「二体一心」で全うすることはまず不可能である。しかし男性は妻を何度取り替えようと「女房と畳は新しいに限る」と平気でいられるが、女性が「亭主と畳は新しいに限る」などと言おうものならどれだけ罵倒されるだろうか。そう考えると結婚は勿論、意気投合すらもめったにできない。男性は実に妻や妾や情婦に対する優者、強者、幸福者であり絶対自由を持つ者である。

「子としての男」

男児も女児も子供に違いはないが親の愛情の多寡は大きく違う。女児には少なく男児には多い。元来、親が子を愛することは自己本位である。その証拠に、自分の子は可愛がるが、他人の子は可愛がらない。「自分の子だから愛する」というのは自分本位ではないか。「親だから面倒を見る」というのは自己中心的ではないか。さらに「楽隠居をしたいから子供に高い教育を施す」などと親自身の安楽を中心に考える者までいる。そしてこの意味に於いても、男は女よりもて囃される。天性の性質や後天の孝不孝もわからないうちに、男なら喜ばれ女なら失望されるなんて、女性はあまりに浮かばれないではないか。女児が成長した暁には金持ちの紳士に嫁がせて玉の輿に乗せ、そこからの下賜物を目的とする親もいる。親を楽隠居させるのは息子だが、娘もそのために金持ちの犠牲になるとあっては、女たるもの忸怩たらざるを得ない。活発な男子は英雄豪傑と崇拝され、覇気ある婦人はお転婆と罵られ、筆が立つ男子は天才、詩人と持ち上げられ、文学に志ある女子は生意気と貶められる。無妻主義者は神と呼ばれ独身女性は不具者と嘲笑され、男子の道義は放任して女子の節操は厳守を命じられ、男子の非行に蹂躙される女性はそのせいで堕落のレッテル張りをされる。憂うべきは二〇世紀の今日、未だこのような風潮のある男尊女卑の我が大日本の社会制度である！

さて、現代人から見て幽蘭のこの説はどううつるだろうか。まず押さえておきたいのは当時の結婚・家族制度が圧倒的に男性優位だった点である。結婚や夫婦に関する包括的な法律は実は明治三一年まで存在せず、比較的大らかだった江戸時代の結婚制度を引き継いで布告や訓告で個別に対応されていた（但し明治五年の戸籍法で戸主の概念はあった）。明治二三年にフランス人法学者ボワソナードが民法典を起草したものの、大論争となり施行延期となる。この前後に植木《うえき》枝盛《えもり》や明治女学校校長の巌本善治編集『女学雑誌』などでは一夫一婦制、女性の選挙・被選挙権、女帝論を含む男女平等が主張されたが、満を持して明治三一年に施行された旧民法は家父長的価値観に基づいたものとなり、非難されつつも昭和二二年まで続いた。

旧民法の家族や夫婦に関する第四編（親族）、第五編（相続）をまとめると、

・家族について　家族の統率者「戸主」は、一家を支配、指導、扶養し、財産を一人で受け継ぐ家長権を持つが、それは原則として男子の年長者に限る（但し女性だけの世帯や入り婿の場合は女性でも可）。また、戸主が死亡したときは長男子のみが家督と財産を一人で受け継ぐ（拒否権なし）。嫡出の長男子がいない場合は嫡出の女子よりも非嫡出の男子が優先される。

・夫婦について　夫婦の所有権、管理権、相続権、子供の親権は夫にある。離婚は夫婦の協議でのみ許され、妻の姦通（不貞行為）は離婚

事由となるが、夫の姦通は姦淫罪として刑に処された場合のみ離婚事由になる。

というもので、男性が優遇され女性は法的に無能とされている。男性の貞操が問題にされなかった背景には、妾や娼妓が半ば公然と認められていた現実があるが（何しろ政府中枢の伊藤博文や木戸孝允、陸奥宗光らの妻は元芸者であり、さらに妾も持っていたのだ）、要は家を継ぐ子供をなるべく多く持つという武家の慣習が踏襲されたのである。しかし武家のなくなった明治以降では、男子優遇の風潮を都合よく解釈・利用する者が多かった。幽蘭の言う、子供を認知せず妻に押し付ける夫や、女児自身の出世ではなく玉の輿に乗せることだけを期待する親がそれである。但し「二十世紀の今日未だ此の如き弊風を逸しあたわざる男尊女卑の我大日本の社会制度！」と幽蘭は言うが、その社会制度が発足したのはたかだか二十年程度、旧民法制定から数えればたった十四年前からである。それより前の江戸時代の結婚制度は自由度がかなり高かった。

高木侃『三くだり半と縁切寺』（講談社現代新書、平成四年）によると、離縁状、いわゆる三行半は夫から妻に出すのが基本（「夫専権《せんけん》離婚」）だったが、再婚許諾書の意味合いが強く、[15]離婚自体もほぼ協議で決められていた。事由はほとんどが妻の飛び出し離婚で、夫が離婚を認めない場合、妻は男子禁制の縁切り寺に駆け込むという奥の手もあった。夫婦共働きが当たり前だった時代、女性の労働力が歓迎されていたので離婚や再婚は日常茶飯事、出戻りもタブーではなかったのだ。

「私の見た男子」がこの時期に書かれたのは非常に興味深い。この一カ月前の九月に初の女性による文芸誌『青鞜』が創刊されているからだ。創刊号といえば平塚らいてう[16]の「元始女性は太陽であった。――青鞜発刊に際して」、与謝野晶子[17]の詩「山の動く日来《きた》る」が有名だが、当初はあくまで文芸誌という体裁だった。らいてうに『青鞜』創刊を勧め、大正二年まで後押ししていた評論家の生田長江[18]こそ理解があったわけだが、らいてうの書いた「青鞜社概則」のなかの「女子の覚醒を促し」を「女流文学の発達を計り」に変える程度の感覚ではある（時流に沿った平衡感覚とも言えるが）。長江は幽蘭と同じくキリスト教教育を受けていた。当時の男女同権論は、論者の性別よりもキリスト教的思想、欧米教育を受けたか否かが大きい。

(15)再婚許諾書の意味合いが強く　夫も再婚の際に離婚証明が必要で妻から「返り一札」という受取り書をもらった。これには妻本人の署名捺印があり、女性に権限があったことがわかる。高木によれば、江戸時代に建前でしかなかった男尊女卑が明治中頃になってあたかも伝統のように吹聴されたという。幽蘭もそんな言説に惑わされていたのかもしれない。

(16)平塚らいてう　明治一九年、東京生まれ。女性解放運動家、評論家。明治

「私の見た男子」は、幽蘭の少女時代を見てきた我々の目には心からの叫びに受け取れる。「両親の関係が破綻すれば子供を女性に押し付けて省みない」とは娘二人を母に任せて仕送りすらしなかった父を思わせるし、「男性は自分の子供という確証が持てず苦悩するしかない」とは、生まれた子供が美貌ゆえ実子かどうか疑った関常吉を思い出す。また、女児を玉の輿に乗せようとする親は継母の末を想起させる。思えば、幽蘭の経験した苦労はどれも男性なら起こり得なかった。「淫婦乎狂人乎」などと書き立てられたが「淫婦」の男性版の言葉がない一事を見ても不公平がわかる。けれども幽蘭は誹謗中傷に反論はしなかった。男性に養われることをも潔しとしなかった。人に援助を依頼することはあっても結婚や離婚に生活を脅かされなかった。その意味では江戸時代式と言えるかもしれないが、それを雑誌に書いても少なくとも当時の都市部の知識人には同意されなかっただろう。なにしろ女性解放を主張していた『青鞜』の面々ですら、貞操や「母性」を重視し、新しい「家族」のあり方を模索するという意味において「家族」という観念から逃れられなかったのだから。

四四年に雑誌『青鞜』創刊。婦人参政権獲得運動や母性保護論争などで話題となり「新しい女」と言われた。また、五歳下の画家奥村博史とは二児をもうけるが事実婚だった。戦後は反戦運動を展開した。

(17)与謝野晶子　明治一一年、現在の大阪府生まれ。歌人。二〇歳で既婚者だった与謝野鉄幹と出会い、結婚。一二人の子を出産する。『青鞜』に参加、母性保護論争では平塚らいてうと論争した。大正一〇年、文化学院を創設。

(18)生田長江　明治一五年、東京生まれ。評論家、翻訳家、小説家。明治四二年、ニーチェの『ツァラトゥストラ』を翻訳。雑誌『青鞜』を後援した。

幽蘭、食い詰めて女優再び

明けて明治四五年一月二一日付『読売新聞』にはこう出ている。

幽蘭刎《は》ねらる(19)

浮かまれぬ例の幽蘭女史は段々落込んで、今は浅草の活動弁士を勤め大切《だいじ》の男を養っているが、近来愈《いよいよ》やり切れぬ始末となって男の描いた油絵を各劇場の楽屋へ担ぎ廻って、二三日前にも新富座へ出かけ悩ましにかゝったが、相手の方が上手なので「押売りはお上の御法度一昨日お出やす」

(19)刎ねらる　首をはねるの意味だが、ここでは撥ね

相変わらず金詰まりであることがわかる。

また二月七日付『中央新聞』には

◎幽蘭甲府に現わる　東京を喰詰めて山梨に現る

　先月末より月に五拾円の約束にて活動弁士として浅草に傭われたるか、年下の夫なる画家中島東洋も共に背景や又は看板等を書き、浅草田原町の小間物屋の二階を借りて同棲し居りしが、此程二人共々共謀の上何れへか姿を晦ましたと思いの外、甲府市に現われ得意の満韓旅行談を演じつゝ土地の新聞の評判を取りつゝあるが、ルナパーク(20)にては俸給数箇月分前払いとしあるにぞ大《おおい》に驚き居れりとは左もあるべし

とある。松村雄之進の仲人むなしく戸上哲夫とは別れ、中島東洋という男と暮らしていたともあるが、一緒にいたのは「六つ下の長田俊雄(21)（号北星）と云う洋画家」とする資料もある（明治四四年一二月五日付『都新聞』「漂浪の幽蘭女史」には「永田秀夫」とあるが仮名か）。それがわかるのは幽蘭手ずから『新公論』（新公論社、大正二年四月一日発行号）誌に寄稿した「私の今一緒に居る男」という記事のおかげだ。曰く、戸上哲夫の嫉妬がひどい

付けられる、拒否されるということか。

(20)ルナパーク　浅草公園六区にあった娯楽施設で、アメリカコニーアイランドの遊園地「ルナパーク」を参考に建設された。開業は明治四三年九月一〇日だが翌年四月に火事でなくなり、四五年に再建するものの大正二年に営業不振で閉館と、短命に終わっている。しかし敷地面積一二〇〇坪のなかに一五メートルの大滝をはじめ、世界旅行館、汽車活動写真館、演芸館、曲芸館、木馬館、植物温室、白鳳館などさまざまな施設が並んでいた。

(21)長田俊雄　「漂浪の幽蘭女史」によれば、長田は越中の資産家の息子で、東京在住の兄が医師のため、そこで厄介になっていたという。

ため、大阪、京都、名古屋へと逃げ、横須賀に向かう車中で長田と出会ったらしい。その間、大阪新聞京都支局の渡辺某や武相新聞の記者など我々の知らない「おぼえ帳登録」（「漂浪の幽蘭女史」）の人々を頼っているのだから、たくましい。

流れ流れて甲府に出没した幽蘭が「土地の新聞の評判をとりつつある」というので『山梨日日新聞』を見てみると

巴座の新派革新団　本日より開演。芸題は一番目富と愛八幕、二番目塚原武勇伝、男女大合同大一座女優の中には例の本荘幽蘭も加わり居れり（一月三〇日付）

▲巴座　男女合同革新劇にて俳優中には例の本荘幽蘭を控えたるが呼《よび》物《もの》となりて毎夜大入りなり。芸題は一番目富と愛、二番目塚原武勇伝なり（二月一日付）

とある。翌日の演芸欄には「舞台の上の幽蘭」として感想が出ている。幽蘭は「女馬賊実は日探（日本の軍事スパイ）樫村武志妻お幸《こう》」という役柄で、きびきびした性格を遺憾なく表してやんやの喝采を受けたという。そして「女性としては其性格に大変化を来した所謂疑問の女幽蘭は、舞台に於てもアヽした拗くれた女馬賊といったような役が嵌り役かと思われた、台詞も原作などにお構いなく、自分の人生観、恋愛観?《(ママ)》をズンズン云って除ける所など幽蘭でなければ出来ない技だと思うた」と締められている。女優といっても幽蘭本人のキャラクターありきでセリフを無視して持論を展開して受けたということらしい。が、一六日付には早速「男女合同劇『芸者と書生』は本荘幽蘭脱走後も相当の入りを占めつゝあり」と出ていて、またもや消え去ったことがわかる。

かと思うと、二カ月後の四月二〇日付『中央新聞』のノド（二つ折りにした折り付近）のはみ出し欄に「幽蘭本郷座を訪う　例の本荘幽蘭昨夜本郷座（一部判読不能）上の肖像を見てこれは先生に似て居ない、一ツ宅《うち》のに書かせて寄付しましょうと際どい処で惚気て居た」とあり、また東京に戻っていることがわかる。夫の絵の営業をするなど健気なところも見せている。

俳優で新聞記者でもあった栗島狭衣・坂田秋峰『俳優生活』（隆成堂書店、大正二年）にはこの頃の幽蘭の挿話が出ている。黒木綿の筒袖に色あせた袴、無造作に束ねた髪の幽蘭と渋谷道玄坂で出会った。「今夜から演劇《しばい》を為るんだ観て行かないか」と言い、指した先には坂の中ほどで雨に色の流れた貧しい幟が数本立っていた。誘われるままに幽蘭の宿に行くと汽車の中で知り合ったという青年美術家（長田俊雄だろう）が煙草をふかしていた。活動写真の女弁士、旅役者、自らの恋懺悔を高座に晒すなどして再び春に東京に舞い戻ったものの食い詰めた幽蘭は、某一座が渋谷で興行すると聞いて直ちに加入したのだった。と、座長が現れ「幽蘭さん、可《よろ》しければ町廻りを願いますよ」と言う。幽蘭は身支度をして「車は来て居るかい……可《よ》し来た――」と威勢よく出掛けた。太鼓を乗せた車の後から旗を持って辻々で芝居の宣伝演説をするのだ。幽蘭を知らない女子供は珍しげに取り巻いていた。一座の役者は皆垢に汚れた木綿着物姿でみすぼらしく、小屋は空き地に古板で組み立てたすさまじいものだったが、娯楽の少ない郊外の人々には物珍しいらしく開演時間にはどっと詰めかけ、泣いたり笑ったりしているさまは村芝居の気分でなかなか面白かったという。

幽蘭、劇団を結成し海を渡る

この年、明治四五年から大正二年ごろまで台湾や朝鮮半島にいたことを示唆する資料[22]がある。そこで土地の新聞を漁ってみるとやはり出ていた。明治四五年四月二五日付『台湾日日新報』に「昨日入港の信濃丸で本荘幽蘭女史が新派女優の一行数名を引率して乗込んで来た」と報じている。二九日には朝日座で開演したようで、

マテアスの妻カザリンは幽蘭女史が勤めて居るがお茶漬的仕草でまあまあと云った所だ（中略）幽蘭女史の女房おかまは頗る適役だ（中略）此の幕の前に幕間を利用して幽蘭君が滔滔と懸河の弁を振って申訳や

（22）台湾や朝鮮半島にいたことを示唆する資料「私の今一緒に居る男」（『新公論』大正二年四月一日号）、松崎天民『恋と名と金と』（弘学館、大正四年）。

ら広告やら気焔やらを混雑《ごっちゃ》に述べたのは大愛嬌で拍手喝采だ。『世の中は物も諦め様で……』ナンテ味な事を云う先ず〳〵此の暑いのに一座の熱心に愛でて懸命《しっかり》頼むと云って置く（明治四五年四月三〇日付『台湾日日新報』）

と褒めている。東京では飽きられている演説癖もここではまだ目新しいらしい。

朝日座では五月五日から同じメンバーで演目を替え、(23) 八日にはさらに演目を変更したものの「女優が余り上手でなかったのと一般の観劇者には少しハイカラ過ぎた」（五月一〇日付『台湾日日新報』）ため不入りだったようで、記者は「願わくば中南部に発展して大に人気を挽回されたい」としている。

その通り移動したのかどうかしばらく音沙汰がないが、一カ月後の六月四日には朝日座の活動写真で活動弁士として一日だけ長広舌《ちょうこうぜつ》を振るい、その日のうちに女優一団を引き連れ基隆《キーロン》(24)に乗り込み、三日間興行して内地に赴くという記事が出る。しかし二週間後に芳野亭に現れ喜劇に出演（「偽唖」二幕、「百年後の女優」四場）、二度演目を変えた末「何の音沙汰もなく芳野亭から台中に行き、台中の有志を説き付け芳野亭女将の後援で愈々珍派《ちんぱ》喜

(23) 演目を替え　「検察官」（幽蘭の役は「長官妻アンナ」。以下カッコ内同）、「新野崎村」（「乳母おみつ」役）を開演、八日には「湖畔の家」三幕（「母堂国枝」役）、「ヴェニスの商人」法廷の場（「サラリノ」役）、「犬」一場を開演。

(24) 基隆　台湾北部にある市。台湾で二番目の貨物取扱量を誇る基隆港があり、台湾の貿易・物流の重要拠

劇幽蘭女団を編成、台中高砂演芸館にて一番目・家庭お伽劇『女神の裁判』二場、二番目『ロストラブ』四場を演じ」たらしい。それにしても「珍派喜劇幽蘭女団」とは！　浅草辺りに押し出すのがふさわしいような期待をそそる劇団名である。

演劇史的にこれがどんな時期だったかといえば、日本初の女優といわれた川上貞奴[25]が関わった「帝国女優養成所」一期生の森律子[26]の初舞台も、「カチューシャ可愛や」で一世を風靡した松井須磨子の初舞台も、たった一年前の明治四四年である。そして四五年のこの年二月、真砂座と有楽座が女優の必要性を感じて二〇名ほどの募集を始めている。それまで女役は基本的には男優が演じていたのだから、「女優劇」や「男女合同劇」を謳うだけで、もの珍しさで客の入りが見込めたのだ。

さて、高砂演芸館の演目が終わると「女流新講談本荘幽蘭独演会」と銘打った幽蘭、一九日から三日間台中座で、二三、二四日は嘉義《かぎ》座で「自分の懺悔話の抜き読み」を試みて相当の人気を得たらしい。なるほど講談といっても抜き読みだったたか。そして二五日付『台湾日日新報』によれば「追々南都及《および》新竹等を廻る由。其口上は曰く三寸の紅舌爛《ただ》れん計《ばか》り長講演

点である。

(25)川上貞奴　明治四年七月、東京生まれ。七歳で芸妓置屋に入り芸者として頭角を現す。伊藤博文らに贔屓にされたと評判をとった。明治二七年、川上音二郎と結婚。音二郎が選挙に落選し借金をしたため渡米。「芸者と武士」という演目で欧米で人気となる。貞奴ブームが起き、キモノ風ドレスが流行した。帰国後に「帝国女優養成所」を設立。明治四四年、音二郎死去後は実業家福沢桃介と同居。昭和二一年に七五歳で死去。

(26)森律子　明治二三年、東京生まれ。「帝国女優養成所」一期生。昭和一〇年より新派女優となり、昭和三一年には四代目桐大内蔵を襲名。昭和三六年、七〇歳で死去。

仕《つかまつ》るとは相変らず凄い事なり」とある。しかし南都や新竹では行われなかったろう。というのも明治天皇の折りからの糖尿病が悪化、二二日頃から新聞各紙が「陛下御重態」と報じはじめたのだ。演芸界隈は様子を見ながらおそるおそる開演していたものの、三〇日午前〇時四三分に崩御が伝えられ歌舞音曲が中止となった。俳優連はその間食べていけず汲々としていたようだ。二週間後には大抵の演芸場が再開しているが、幽蘭の情報はふっつりと消える。(27) なお九月一三日には大喪の儀があり、同時刻に乃木希典《まれすけ》将軍夫妻の殉死などがあり、しばらくお悔やみ一色だった。

次に幽蘭の動向を伝える記事は翌年の大正二年一月二七日付『台湾日日新報』である。しばらく澎湖島《ぼうことう》にいたとのことで二八日に台南に帰って旅装を整え南洋からフランスに遊ぶと伝えている。旅費調達の宛でもあるのか、フランスとは豪儀である。

この頃、知識人の間では渡仏がブームだった。

与謝野晶子が夫の鉄幹の後からヨーロッパに渡ったのが明治四五年五月。大正元年一〇月まで滞在し、後に鉄幹と共著で『巴里より』（金尾文淵堂、大正三年）を刊行している。また、萩原朔太郎が「ふらんすへ行きたしと

(27) 幽蘭の情報はふっつりと消える　「私の今一緒に居る男」（『新公論』新公論社、大正二年四月一日号）によると、原稿執筆時点（大正二年三月ごろ）にはまだ澎湖島にいたようだ。なお、この頃の幽蘭に関する笑い話が『台湾日日新報』に出

思へども／ふらんすはあまりに遠し」とうたった「旅上」を発表したのが大正二年、島崎藤村や藤田嗣治《つぐはる》がパリに発ったのも同年、演劇界では小山内薫が大正元年から二年までフランスに行っている。新しもの好きの幽蘭が刺激を受けないわけがない。しかし実際に幽蘭がフランスに行った話は聞いた事がなく、南洋に行くのも数年後のことである。

　なお、この年の春に、幽蘭が新劇団「香蘭座」を組織したという記事が出たとする資料がある。田尻隼人「浅酌庵随筆　幽蘭女史の転落人生」（『業界公論』業界公論社、第一九巻第四号、昭和四七年）だ。それによると、筆者田尻の友人の伊藤東三という人物が劇団に参加しようと事務所に行くと、予想に反して哀しい旅回り一座だった。幽蘭が歳下の夫を顎で使うなど、しばしば不愉快な場面に接した。興行は甲州街道の府中、日野、立川、秋川上流の五日市と移動の予定だったが、伊藤は一日目の夜に逃げたとのことだ。

　とすると、大正二年の春にいったんは日本に戻ったのだろうか。

ている。台北公園をぶらついていた男子学生数名が女学生二人をからかったところ、言い返された。怒った男子が女学生を囲もうとした矢先、彼女たちは連れていた犬の名前を呼んだ。それが「幽蘭」と聞こえたので男子学生たちは幽蘭がこの辺りにいるのかと勘違い、長広舌に捕まってはたまらないと「君たちは幽蘭の友人か」と尋ねた。その様子を察した女学生、「幽蘭さん、本荘さん」と連呼したため男子学生たちはあわてて逃げ出したという。台湾在住の学生たちにまで「悪名」が轟くとは幽蘭さすがである。

幽蘭、女弁士養成所を計画す

大正三年七月二日頃、幽蘭がひょっこりと新吉原の稲本楼に顔を出したと一二日付『神戸又新《ゆうしん》日報』が伝えている。なんとまたもや娼妓にしてくれと頼んだらしい。懲りない人である。もちろん今回も体よく断られ飄然と姿を消した。今は本所辺りにいるという噂と記事にはある。

その後、神戸に向かったようで二三日付『と代国《よくに》新報』には

◉二十三人の夫を持った女　■幽蘭女史南国へ■

新らしい女の先駆幽蘭女史事《こと》本庄《(ママ)》久代（三四《(ママ)》）は、其後《そのご》二十三人目の亭主田岡某をも秋の扇と捨て去って、到る処に万丈の気焔やら自然主

（28）自然主義　自然主義文学のことか。自然科学の視点から客観的且つ写実的に描写する文学的手法のことでエミール・ゾラによって定義づけられた一九世紀末フランスの文学運動のひとつだが、二〇世紀はじめに日本でもブームとなった。

義[28]やらをほざき廻って居たが、何を感ずったものか先生今度は南洋渡航を企て近々神戸から船出をするとの事で其の道すがら岡山市へヌッと顔を出し、南国へ去るの歌とか云うものを公表し又も大阪へ吹飛んだと同地から通信あり

とある。自然主義を語っていたという証言は興味深いが、ただの修辞的表現かもしれない。記事中の「南国へ去るの歌」は以下の通り。

黒金《くろがね》溶かす南国も　我れは楽土と憧れて、今日旅立ちの胸涼し。
緑したゝる椰子の陰、ゴムの林に鳥つどう、歓楽の酒甘からん。
あしたの雲は七色に、入日眩ゆく五彩湧く、其幻を夢に見る、
現実の明日さても待たるゝ

どうやらパトロンでも見つけたようでご機嫌で何よりである。

さて、「南国へ去るの歌」まで歌った幽蘭が実際に南国に行ったのかといえばさにあらず（九州にいた説あり）。二カ月後の九月二二日付『と代国新報』によれば突然浅草に現れ、寄席「金車亭」に講談師の田辺南龍[29]を訪

代表作といえば島崎藤村『破戒』（明治三九年）、田山花袋『蒲団』（明治四〇年）だが、『蒲団』の影響で出来事をあからさまに描く「私小説」へと移行していく。幽蘭は何しろ「赤裸々の懺悔」をものしているほどだからあからさまは大歓迎だろうが、大正三年といえば夏目漱石の『こころ』など、後に反自然主義とよばれる作品が現れ始める頃ではある。

(29)田辺南龍　本名関川正太郎、明治一一年、東京神田生まれ。明治三九年に五代目田辺南龍を襲名した講談師。幽蘭と南龍のつきあいは長く続いたようで、発見できた幽蘭に関する最後の資料「童話」が収録された『講談研究』（田辺南鶴、昭和二八年）も田辺南龍編となっている。

ね「戦乱の今日、軍国の士気を鼓舞すべく貴君と手を執って新講談を演ずることができれば妾《わたし》一生の光栄です」と言っていたらしい。記事ではここ一年ほどの消息は「上海で洋食屋をやって居るのを見たとか、いや本郷あたりに大学生と同棲して居るとか議論区々《まちまち》中にはヒドク心配して居る先生もあった」としていて、消息はイマイチ摑めなかったようだ。

また、幽蘭は活動弁士養成業にも食指を動かしていた。同年一〇月一四日『と代国新報』「演芸」欄には「青山富岳座にて日々午後一時より例の本荘幽蘭教師となり西村楽天補助として女弁士の養成をなす」とある。とにかく食べるためには何でもやろうということだろう。

この時期、金策でジャーナリスト松崎天民(30)の家に現れている。そのときの幽蘭は単衣を二枚重ねたうえに小豆色の紋羽二重の袷羽織を重ね、束ね髪にしていて少し色黒だったという。訪ねてきたのは三年ぶりで名刺には「講談師、著述家」とあった。「今度は女弁士の養成所を開くのですが、家を借ても家賃を払うことが出来ない。先生、少し貸てくれませんか」(松崎天民『恋と名と金と』弘学館、大正四年)などと一時間余り喋りつづけて出ていったとのこと。富岳座での女弁士養成イベントが成功して場所を借りて本格的にやろうとしたのか。天民は金を貸したとは書いていない。

(30) 松崎天民　明治一一年、岡山県生まれ。新聞記者、作家。大阪朝日新聞、國民新聞などで活躍。都市風俗のルポが得意で、私娼窟を取材した『淪落の女』は大ヒットし流行語にもなった。昭和三年には雑誌『食道楽』を創刊。昭和九年、五六歳で死去。

幽蘭、二十四度目の結婚をなす

二ヵ月後の大正三年一二月三日、社会主義者福田狂二と結婚した。十九人目[31]とも二十四人目ともいわれる夫である。

同月一六日付『世界新聞』によれば、幽蘭にはつい先日まで同居していた五十幾歳の某がいたがあまりに嫉妬深いため、今後他の人と結婚しない旨の証書（効果があるわけはないのだが）と五〇円の手切れ金でやっと別れたものの追い回されるので、取り急ぎ狂二と婚約し幽蘭の本籍地である芝区役所に手続きしたとのこと。なお保証人は木村夢弓こと木村秀雄と、秀雄の紹介で茅原華山[32]とに頼んだそうで、華山には早速五〇銭を借りた[33]という。しかし金を使い果たしたので幽蘭自ら金龍館に売り込み、役を得たと

(31)十九人目　松本克平『私の古本大学』（青英舎、昭和五六年）

(32)茅原華山　明治三年、東京生まれ。評論家、ジャーナリスト。電報新聞では対露主戦論を、萬朝報では民本主義を提唱、雑誌『第三帝国』を創刊。昭和二七年、八一歳で死去。

(33)五〇銭を借りた　内訳は、牛込区役所隣りの代書人に結婚届と狂二の廃家届の代書依頼で四〇銭、結婚祝いに焼き芋購入で五銭、残りは芝南佐久間町一丁目二番地の自宅へ戻る電車賃とのこと。

出ている。

福田狂二[34]について簡単に触れておこう。明治二〇年六月一四日（幽蘭の八歳下）島根県で生まれた社会運動家で、狂二は本名である（なお『日本アナキズム運動人名事典』には別名として「本荘狂二」とあり、婿養子になったと推測される）。早稲田大学政治経済学部中退後に社会運動に身を投じ、大正二年には中国上海に渡り日本人義勇軍として革命軍に参加。三年一月に「普通選挙同盟会[35]」の再興に加わり、「日本労働党」「日本平民党」を結成して即時結社禁止となる。大正五年『実力之社会』創刊、七年に不敬罪で懲役三年の刑に服す。大正一二年に「進め社」を興し雑誌『進め』を創刊[36]。昭和八年に右翼に転向、福田素顚《そけん》と名乗る。一〇年には『進め』を『皇道日報』と改め、戦後は『防共新聞』を発行した。昭和四六年に死去している。

幽蘭と狂二が知り合った経緯を「世話する者があって」（大正四年一月一五日付『世界新聞』）とする資料があるが、二人が籍を入れる約一年前に狂二が参加していた「普選同盟会」の役員に例の代議士松本君平の名があるので、あるいはまたこの人が関係していたのかもしれない。また同じく普選キャンペーン[37]を張っていた『第三帝国』（第三帝国社）誌の主盟は茅原華山

(34)福田狂二（写真）

(35)普通選挙同盟会　明治三〇年に中村太八郎、木下尚江らを中心に結成。普選運動の中心団体となった。大逆事件後に解散したが再興し、大正八年に行った普選デモには約一万人が参加した。大正後期に消滅した。
(36)雑誌『進め』を創刊『文藝春秋』創刊号三〇〇〇部に対して『進め』創刊号は一万部といわれた。
(37)普選キャンペーン　雑誌『第三帝国』創刊翌年の大正三年、「普く天下の同志に檄す」との記事で始まったキャンペーンは「普通選

であり、華山を『第三帝国』に担ぎ出した石田友治《ともじ》は幽蘭が「私の見た男子」を寄稿した『新公論』誌の編集者だった。共通の知己が多々いる二人ではある。

その『第三帝国』編集部を幽蘭は訪れたようで、記者の松本悟朗(38)が居丈高に当時の模様を書いている（「弱き女本荘幽蘭」『第三帝国』第四九号）。このことは、冒頭に幽蘭否定派の意見として前掲したが詳しく見てみよう。

このときの幽蘭は数えで三六歳、相変わらずみすぼらしい姿だったようで「久しい間の荒んだ生活と寄る年波とで筋肉が弛んで、額には小皺を刻んで居た」「彼女の快活な露出《むきだ》しな態度の中にも敗れ行く者の惨じめな影が潜んでいた」と描写する。そして悟朗が「君は弱い女だね」「君は進路を誤った女だね」「君は戦いに敗ぶれた女だね」と言ったときも何とも答えなかったとしている。さらに幽蘭の生い立ちとして「彼女の初恋は薄情な男の為めに裏切られた」「多くの男に誘惑された、そして辱しめられた。汚された」といつものストーリーを語り、「男心の醜と暴とを憤ると共に、男に対する猛烈な反抗心の余り、復讐的に自ら進んで男を飜弄してやろうと決心した。此の旧式な浅薄な無自覚な考が彼女をしてとう／＼無智な露《むき》

挙請願用紙」を付録にするなどして、大きな反響を呼んだ。同誌が民本主義を代表する言論雑誌としての地位を固めた一事だった。

(38)松本悟朗　明治一九年、福島県生まれ。苦学して東洋大学専門部卒業後に『第三帝国』、『洪水以後』（茅原華山主宰）、『内観』（内観社）の編集に携わる。バートランド・ラッセルなどの翻訳をはじめ社会思想に関する著書がある。婦人問題にも関心があり、大正三、四年に『第三帝国』誌上で「新しい女」や平塚らいてうを論じ、伊藤野枝、岩野清らに異見、野枝は「再び松本悟朗氏に」（『青鞜』（青鞜社、大正三年一二月号）のなかで「あなたは何処までも自分を一段高く置いて物を云おうとしてお出になるようです」と憤っている。

出《だ》しな不貞腐れな女にして仕舞った（中略）自分は偉いと思い、自分は勝ったと思って居る間に、実は敗ぶれつゝ滅びつゝ、人間の屑となりつゝあった事に気づかずにいた」とまで言い、帰結するところは「併《しか》し乍ら彼女を生み出した我が社会に罪がないか、あるとすれば其罪はどんな所にあるか、それは各人が深く考えて見る必要があろう」と書く。さらに駄目押しとして「特に私は現代の婦人諸姉にそれを望んで置く」。

幽蘭は殺人をしたわけでも泥棒をしたわけでもなく、当時の女性の規範に沿わなかっただけだ。にもかかわらず、ここまで悪し様に言われるとは。

これは想像だが、『第三帝国』編集部を訪ねたときに、例によって例のごとく「君、御馳走したまえ」式に偉そうにしていた可能性はある。しかし幽蘭のあの態度は男性を馬鹿にするというよりも、己の出自や経歴からくる自負のようなものではないか。「敗れつゝ滅びつゝ」ある女のくせにと腹を立てる性質のものではない。そして、幽蘭の態度の原因を「男心の醜と暴」には向けず女性をも含む「我が社会」に向けるというすり替えも腹立たしい。そんな頓珍漢相手に何とも答えなかった幽蘭は賢明である。ともあれ、常識で計れない幽蘭を前にしたとき、その人の度量が問われるということがよくわかる文章である。

幽蘭、「新劇女優の急先鋒」を自称す

さて、大正三年に幽蘭が役を得たという浅草金龍館での興行は曾我廼家五九郎一座による「チョコレエト兵隊」である。この演目は前年に「新劇社」を立ち上げた俳優で演出家、作詞家の伊庭孝(39)がバーナード・ショー作「武器と人と」第三幕を翻案、改題したもので、幽蘭が出演する一カ月前には例の下山京子（八〇頁）が伊庭孝と「PM公演社」を作り本郷座で上演していた、いわば話題作である。幽蘭のうらぶれた近況を思えば大出世と言え、当時の新聞広告には大きく「五九郎の喜劇　十日より狂言替り　新劇女優の急先鋒本荘幽蘭新加入　チョコレエト兵隊　五九郎は大尉幽蘭はライナ相勤申候《あいつとめもうしそうろう》」と出ている。

このときの状況を一二月一三日付『世界新聞』「人騒せな幽蘭女史」が伝

(39)伊庭孝　明治二〇年、東京生まれ。俳優、作詞家、演出家、音楽評論家。大正元年、上山草人らと「近代劇協会」設立。大正五年には「歌舞劇協会」を設立し、翌年に浅草「常磐座」でオペラ「女軍出征」を上演して大ヒットする。浅草オペラの立役者の一人となる。大正八年「新星歌舞劇団」結成。大正一〇年に引退表明してからは音楽評論に専念。昭和二年に「ラヂオ歌劇第一回」を放送したのを皮切りに昭和一一年までラジオオペラに携わった。昭和一二年、四九歳で死去。

えている。曰く、浅草六区の客には「チョコレエト兵隊」のタイトルがピンと来ないらしいがこの場所で活動弁士をしていた幽蘭のことは知っていて「五九郎と割看板《わりかんばん》（引用者注：一枚に同列に並記してあること）だぜ」と大した人気だった、演技の方も「そう見縊《みくび》ったものでもない」が、幽蘭のペースにすっかり巻き込まれた五九郎は「犬の仲間に猫が飛び込んで来たような有様」、楽屋に居座るチャイナ服姿の福田狂二のことも嫌で「チェッけったくせイどうもあきまへんがなァ」と一人ごちているが、幽蘭は一向に気にせず自分の息子のような年齢の狂二に「オイ君」などと言うので大部屋の役者たちも似た者夫婦と呆れているとのこと。

　八歳違いの狂二を息子のようだというのは大げさだが、女性が年下男性を連れているのは当時の男性には面白くないことである（男女が逆転すれば不問に付するが）。実はこのころ年下男性と年上女性の組み合わせ[40]が注目されていた。平塚らいてうと五歳下の画家奥村博史のカップルである。二人が同棲を始めたのは大正三年二月、別れる際に博史がらいてうに宛てた手紙の一節から「若いつばめ」という表現も生まれた。何十人もと交際してきた幽蘭に今さら年上も年下もないが、ときには「新しい女」と同一視されることもあったので、もしかしたら本人もこの風潮を意識していたかもしれない。

「チョコレエト兵隊」は一二月一〇日から一九日まで上演されたが、[41] このとき楽屋を訪ねてきた木村駒子を幽蘭が五九郎に紹介、駒子は翌年の正月興行から特別待遇で出演して大当たりを取った。この紹介者を幽蘭ではなく「某雑誌記者」とする資料もあるが、[42] 一二月二七日付『萬朝報』「新真婦人（二）」には結婚の証人を頼んだ際に金龍館に見に来るように誘い、五九郎に会わせたとあるし、松本克平は『日本新劇史――新劇貧乏物語』（筑摩書房、昭和四一年）でも、駒子本人から紹介者は幽蘭であると聞いたとしているので間違いなさそうである。駒子は前年に宮崎光子、西川文子とともに「青鞜」に対抗して「新真婦人会《しんしんふじんかい》」を結成、三人の共著で『新らしき女の行く可《べ》き道』（洛陽堂、大正二年）を上梓するなど旺盛に女性解放運動を行っていたが、会が実質文子のものとなり、また娘の光明《あかり》を亡くすなどして気持ちが停滞していた時期だった。夫の秀雄の反対を押し切って出演したところ一躍浅草のスターになったのだった。

「チョコレエト兵隊」打ち上げ後の翌日、幽蘭が有楽座に手紙を出したという記事がある。

(40)年下男性と年上女性の組み合わせ　その後も柳原白蓮と宮崎龍介、岩野清子と遠藤達之助など知識人女性と年下男性のカップルが話題になった。らいてう博史はそのさきがけだろう。

(41)一二月一〇日から一九日まで上演された「秋」とする資料が多いが間違い。

(42)「某雑誌記者」とする資料もある　小林栄子『尼になる迄』（大正五年）

「新劇の将来の為に一月元旦より妾に有楽座を貸して下さい」「近頃新劇団の勃興は欣すべきも一として取るに足るものなし。妾これを惜む依って此際大に蹶起《けっき》して彼等の為に範を示さんとす」などとぶち上げたようで「陽気が少し暖かいと直ぐこれだ」とからかわれている（一二月二〇日付『世界新聞』）。新劇団に見るものなしとして自ら立つという趣旨にも驚きだが、一二月の中旬に元旦の興行とは日程的にあまりにもギリギリである。どうも幽蘭、このころは自分を「新劇女優の急先鋒」と考えていたようで、飛ぶ鳥を落とす勢いの松井須磨子にも公開状を出して怒りを買っていた。しかし、「何にしても相手が気ちがいですもの」といなされている（一二月九日付『朝日新聞』）。この公開状の内容を知りたくて方々調べてみたが、辿り着けなかったことを附記しておく。

また、二六日付『朝日新聞』によれば「幽蘭が鼻の孔を大きくして言うには今度千円の金主が附いたから三崎座に居た女優を率いて有楽座に旗を揚げ大に帝劇と闘う考えだと巻出す。アヽ数え日で忙しい、どうとも勝手にお願い申す」。今さら幽蘭の新事業には食指を動かさないマスコミである。まあ仕方がない。当然ながらこの件もポシャった。

幽蘭、女探偵を志願す

明けて大正四年の一月、幽蘭はまだ浅草にいて「この頃では黒ッぽい洋装にスッカリ若返り、福田と手を携えて春芝居を片ッ端から見て歩き二三日前もヒイフで歌舞伎座の西桟敷で納まっていた」（一月一五日付『世界新聞』）とある。福田とは一二月に結婚した福田狂二のことである。軍資金がないので新しいこともできずにくすぶっているのか。それにしても去年末には「筋肉が弛んで、額には小皺を刻んでいた」と書かれていたかと思えば、すっかり若返っているとは不思議議である。これに限らず幽蘭の容色というのは見る人によって証言がさまざまで当てにならない。

二人はその後大阪に行ったようで、三月一日から浪花三友派に加わって講談を行った後に新婚旅行がてら福田狂二の島根の実家に向かう途中で名古屋に寄ったと一〇日付『新愛知』に出ている。幽蘭は濃いオリーブ色の洋服に真っ赤なネクタイ、黒毛のショールという出で立ちで、狂二の親から譲られた田畑二反を換金して東京で一旗揚げると皮算用していたようだ。そのときに持っていた名刺には「真女優劇協会」「演芸案内主筆」「新劇女優本荘幽蘭実名久代」とあったという。『演芸案内』という雑誌の主筆をしていたようだが、現在確認する術はない。また、大阪梅田駅前の寄席北梅亭で夫婦で講談師として出演していたという証言もある（松本克平『私の古本大学』）。

仲むつまじい様子だったが、とうとう六月に破局が来た。「彼女が一番深く馴染んだ理想の夫」（高田義一郎『らく我記』）といわれ、後に幽蘭が南洋滞在中に懐かしく思い出したという狂二とも、破局の運命からは逃れられなかった。

まず、六月二二日付『横浜貿易新報』に「幽蘭女史の行方」として、海外渡航を思い立って横浜にいるらしいが居所は不明と出る。翌日には夫婦げんかの末に幽蘭が外妾《ラシャメン》になって渡欧するため横浜に向かった経緯が出た。驚くのは幽蘭の行方不明により狂二が自殺未遂を起こしていたことで、東京新聞社の藤田浪人を訪ねて談笑中、藤田が席をはずした隙に第二革命党時に戦争で使った青竜刀（中国の太刀）で自殺を図ろうとしたらしい。すんでのところで止められ、藤田の忠告で幽蘭の捜索願を出すことにしたが「幽蘭は一見雑種の如し」という迷い犬の張り紙のような内容で横浜、大阪、神戸、長崎、上海、香港などの各警察署に送ったという。渡欧するために外妾になる幽蘭と、迷い犬の張り紙のような捜索願を出す狂二。衝動的で直情的なところが似た者同士で別れるのはもったいないような夫婦である。

ひとつ興味深い話がある。狂二が後に興した「進め社」に加わり労働運動や農民運動に投じた樋口喜徳の著書『「進め社」の時代――大正デモクラシーの明暗』（新泉社、平成五年）には、大正一三年頃の福田家の様子が描かれている。当時の狂二は再婚した末野夫人と暮らしていたが、家庭内で幽蘭の名はタブーだったらしく、話題が出ると夫人が不機嫌になったらしい。「結局、福田は幽蘭女史の新劇時代の座員で、彼女のサロメの舞台で井戸の中から首になったヨハネが現れる役とか、兵士になって舞台に立つといったような役をつとめたことがある、というようなことであったらしく、福田自身は肯定も否定もせず、人の話を聞き流しているといった態度であった」とあるが、すでに見てきたように狂二は本荘家に入婿になったばかりか別れ話に自殺まで図っていたのだから、さすがに否定も肯定もできなかっただろう。

外妾計画も倒れたか、何事もなかったかのように大阪に戻った幽蘭は七月一日から新世界ルナパークの通天閣(43)の上で「幽蘭バー」とやらを開きつつ女優劇団の座長になっていた。大阪毎日新聞の記者が楽屋を覗くと午後三時に第一回の余興が始まるとのことで六人の女優、二、三人の男優で賑わっていたという。どうも横浜で狂二に見つかったために再び逃げてきたようで「今度はこゝで三ヶ月の約束ですが其後はもう方々から話があるので今度は生涯大阪にいるつもりにしました、一座の内には十年前私と一所に芝居した女優もあり其他皆かなり経験ある人ですから新劇でも旧劇でもどちらでも向くのですよ」と相変わらずの気炎だった。しかし、逃げてきた大阪で取材を受けたらまた狂二に見つかるのではないかと思うのだが、果たしてというかやはりというかルナパークも十日と続かなかったらしい。

七月二五日、大阪府警の刑事課を訪れた幽蘭は、ことさら奇矯な行動に出た。

「私は日本最初の女記者で、又日本最初の女弁士で、且つ日本最初の女講談師でありますが、日本最初の女探偵に御採用下さいませんか」「夫の福田狂二には私愛想を尽していますが、アノ男は六人力で柔道は三段ですから、捕まったらどうにもなりません、それに電車の飛乗《とびのり》は天下の名人なのでウッカリ電車にも乗ってられないのです、近頃は或人の世話で一台の俥を寄附されていますので途中で狂二に見つかったらすぐ交番へ走らすということにして居ます」とまくし立て、さらに翌日再訪して高等課長を相手に「私は本年三十七歳になります。一張羅の洋服は質に入れてこの着衣は借ものです」と怪しげな浅葱木綿の単衣を指し「私はこれまで沢山の男と関係しましたが無理に辱られた事もあります、その経験から見て女子には是非その防禦法が必要であると思ひます」と言ったり「新しい女、倫落の女を卒業して、此上はもう身の落ちつけどころがないから海外へ渡航します、露国へ行ったら二度と内地へは帰らぬ考えです」などと語ったらしい(大正四年七月二七日付『大阪毎日新聞』)。

女探偵というのは諜報員、スパイのことだろう。あまりにめまぐるしく移動を繰り返す幽蘭がスパイだったのではないかという話は横田順彌氏も示唆しておられたが、口が軽く、気分屋の彼女に務まるかどうかは疑問で、

(43)新世界ルナパークの通天閣　明治四五年に建てられたレジャーパーク「ルナパーク」と通天閣のことで、明治三六年開催の「第五回内国勧業博覧会」跡地に誕生した。ルナパークはニューヨークのコニーアイランドにある遊園地の名前で、日本では浅草にあったが、火事で焼失したため大阪に移転した。ジェットコースターやメリーゴーラウンド、演芸場、映画館、コンサートホールなどの設備があって賑わったが、大正一二年に閉館。通天閣は昭和一八年に空襲の標的にされやすいことや鉄材供出などを理由に解体された。現在の通天閣は昭和三一年に建設された二代目である。

少なくともこの時点では違うと思われる。相変わらず狂二から逃げ回っているのもおもしろい。

ところが一ヵ月後の八月二七日付『大阪毎日新聞』の演芸欄には敷嶋倶楽部で幽蘭、狂二らが近代劇「ヂオゲネスの誘惑」一場を余興として公演する旨が出ているではないか。さらに一ヵ月後の九月には「幽蘭女優劇協会」名義で大阪住吉座で一五日から一七日まで第一回試演を行い、一八日からは奈良の尾花座で「人の親」「妹背山」「サロメ」等を演ずると出ている（九月一九日付『世界新聞』）。「サロメ」はこの一、二年大ブームで、松井須磨子も下山京子も森律子も貞奴もさらには奇術師の松旭斎天勝までもが演じる始末だったが、幽蘭の「サロメ」はこれが初めてと思われる。ということは「サロメの舞台で井戸の中から首になったヨハネが現れる役」で出演したといわれている狂二とは、この時点でもまだ交流があったと見える。

幽蘭、釜山、満州を放浪か

大正四年九月下旬から、しばらく幽蘭の消息は杳として知れなくなる。

夫婦二人がいつまで大阪にいたのか、そもそもいつまで夫婦だったのか調べようとこの年いっぱいまで『大阪毎日新聞』を見てみたがそれらしい記事はなく、「福田狂二との同棲も半歳で終りをつげ、彼女は飄然と満州へ渡ったという噂が流れたと思うと、こんどは馬賊の女団長になって馬上で手下共を叱咤しているという勇壮な話題が新聞をにぎわした」（松本克平『私の古本大学』）という証言を頼りに、『朝鮮新聞』『京城新聞』『満州日日新聞』、念のため『世界新聞』も探してみたが関連記事は見当たらなかった。高田義一郎『らく我記』には「無数の男と離合した中で、彼女が一番深く馴染んだ理想の夫、福田狂二に追われて、流浪する間に、釜山で好きになったのが山口という若いドクトル」という記述もあるので、これらを考え併せるとこの時期は中国大陸、朝鮮半島にいたのではないだろうか[44]。

いずれにしても、大正五年九月に日本にいたことはわかっている。「伊予国今治行の小汽船の二等室に、見すぼらしい古浴衣で転がって居た」からだ（高田義一郎『らく我記』）。

高田義一郎は幽蘭に関する新聞・雑誌記事をスクラップしていたのではないかと想像するが、元記事を発見できないのは口惜しい限りである。

(44) 中国大陸、朝鮮半島にいたのではないだろうか雑誌『女の世界』（実業之世界社、大正八年五月号）には「福田狂二が入監すると（幽蘭は）すぐ南洋に旅立ち」とあるが、南洋行きは次章で見るように大正五年一〇月末のことである。

幽蘭、マレー半島を逍遥《しょうよう》す

「伊予国今治行の小汽船の二等室に、見すぼらしい古浴衣で転がって」（高田義一郎『らく我記』）から一ヵ月後の大正五年一〇月、幽蘭がなんと長年の夢だった南洋に現れた。というのも当時シンガポールに在住していた西村点南こと西村竹四郎(45)の著書『在南三十五年』（安久社、昭和一一年）の大正五年一〇月二九日の項に「内地莫連女の総取締格本所《（ママ）》幽蘭が南洋に落ちて来た」というくだりがあるからだ。一体どこから旅費を工面したのかと思えば、その経緯が一〇月二一日付『満州日日新聞』に出ている。台湾の基隆《キーロン》に入った幽蘭、駅前の吾妻旅館主人に泣きついて旅費を得て、打狗《ターカウ》に向かう途中の汽車中で小間物屋にまた旅費をせびり、香港に着くと南洋

(45)西村竹四郎　明治五年、福岡県久留米市生まれ。医師でシンガポール日本人会の会長も務めた人物。大阪の医学舎や東大医科を出て東京大学脳神経外科に勤めた後に三〇歳で上海に渡り、シンガポールに居を移して精力的に活動した。

行きの旅費をねだるため毎日埠頭に通って汽船から降りる人々を狙っていたという。捕まったのは佐々木蒙古王の異名を持つ大陸浪人の佐々木安五郎(46)。無事に交渉成立したというから驚きだ。

当時のシンガポールはイギリスの植民地で、東西貿易の中継地点として繁栄していた。日本人の移住は、明治初めに通称「からゆきさん」または「娘子軍」と呼ばれるセックスワーカーたちが上陸したのを皮切りに、彼女たちからピンハネして生活する嬪夫《びんぷ》と呼ばれる斡旋業者や理髪師、医師らが移住し、新天地を求めて渡ってきた者は賭博師となったり、雑貨商、下宿屋などを営業した。幽蘭が訪れた大正五年には日本人の貿易会社四〇社、ゴム園経営三〇社、医薬関係一四軒、旅館二〇軒、飲食業一五軒、映画館と写真館四軒、理髪業一〇軒、その他時計店、菓子店、靴屋、洗濯屋などがあった。

さて、医師竹四郎による幽蘭に関する日記の記述を詳しく見てみよう。

内地莫連女の総取締格本所幽蘭《(ママ)》が南洋に落ちて来た。同郷久留米だというのを笠に、我が家に頻繁に出入し、妻の古洋服を貰い各所を訪問し、男子を煙に巻き気炎当るべからざる有様であった。本日は星州楼で講演会を開いた。――四十女の図々しさ。女旱魃《かんばつ》のゴム山廻りをし、あちらこちらから面白半分に引張り廻され、得意満々、南洋男の甘さを満喫した。

なんとも苦々しい書きぶりである。ともあれ幽蘭はシンガポールでも講演会を開いていたらしい。古浴衣も借り物の洋服に着替えて絶好調だったようだ。ちなみにこのとき幽蘭、正確には三七歳である。

またこの頃マレーシアのバトパハにも行っていることが金子光晴(47)の妻森三千代(48)『をんな旅』（富士出版社、昭和一六年）の「環さんと幽蘭女史」に出ている。曰く「ゴム従業関係の人の奥さんや娘さんは別として、女の身でこんなところへわざわざ入り込んで行った人は先ずなかったわけですが、二十年の間に、たった二人。その一人は『お蝶夫人』の三浦環女史、一人は、女ルンペンの先駆者の本荘幽蘭でした」。

出版年の昭和一六年時ですら原生林が生い茂り、虎や大蛇が出たというが、幽蘭が訪れたのはそれよりさらに四半世紀前、ゴム園と小さな盛り場以外は密林が広がっていた。

(46)佐々木安五郎　明治五年、山口県生まれ。大陸浪人、衆議院議員。日清戦争に従軍し戦後は台湾総督府官吏となる。明治三一年に雑誌『高山國（たかさご）』創刊。『台湾民報』主筆も務める。明治三七年、内モンゴルを探検し蒙古王の異名をとる。衆議院議員には明治四一年から四回当選、憲政擁護運動や営業税廃税運動などで活躍した。辛亥革命を支持。昭和九年、死去。
(47)金子光晴　明治二八年、愛知県生まれ。詩人。
(48)森三千代　明治三四年、愛媛県生まれ。詩人。

バトパハでの幽蘭は意外にも講演をしなかった。では何をしていたかといえば、Tゴム園の支配人で当時三五公司（マレー半島最大規模の邦人ゴム事業会社）にいたTさんによると「放浪ですよ。ただぶらぶらです。お金がないから、ゆきあたりばったり、どこへでも都合のいい方へ旅をしていたらしいのです」（「環さんと幽蘭女史」）。まさに女ルンペンである。

　同じく三五公司にいたSさんの述懐はさらに詳しい。バトパハ町事務所のマネージャーが幽蘭の気骨を気に入り、到着した晩に宿舎に泊めるようSさんに言いつけたのだが、掘っ立て小屋同然の建物のしかも一室に男女二人で寝ろという。戸惑うSさんを尻目にどんどん服を脱いだ幽蘭(49)、両手で乳房をつかんで「オイ、一緒に寝るのかい？　兄さん」と言ったという。若いSさんは（ことに現地では老女ばかり見ていたため）どぎまぎして「いいえ、あなただけ、ベッドでおやすみなさい」と言って床で寝たものの、ヤモリやイノシシの気配、蚊取り線香の煙が気になって一睡もできなかった。翌朝、よく眠れたか聞かれた幽蘭は「ええ、ほんとに気持ちよく寝ちゃった。だが、この先生は一晩中、ねられなかったらしい。ハッハッハッ」と男のように笑ってSさんの腕を鷲掴みにしたという。

　また、お金がなくなってお腹がすくと、夜中の一時でも「オイ、米粉《ビーフン》を食いにゆこうや」「サッテを食いにゆこうや」とSさんらを誘って中国人やマレー人の屋台に出掛けたという。
「かえり途は手をつないで帰ってくる。椰子林の中で、大蝙蝠がバサバサやって逃げたり、川っぷちのマングローブの奥で、エメラルドのような鰐の眼が光っていたりする森林のなかをうっすら明るくなるまで、散歩したものです」。

南洋の夜明けの夢のような情景が浮かんでくる。行き当たりばったりの幽蘭のやり方は内地の都会では顰蹙を買っても、のんびりしたバトパハの山奥では違和感がなかったのかもしれない。詩人金子光晴の妻で、自身もよく一人旅をした森三千代はこう締めくくっている。

山のような、退屈な人生で、例い、少々不義理ぐらいしても、迷惑ぐらいかけても、デランゼエ（引用者注：誘惑）を巻き起したとしても、幽蘭のような放浪の若い（その頃は……）女性が存在したということは、たしかに救いであり、美しいことであり、且つ、それ自身が善なのではなかったでしょうか。女というものが大体、そういう役割のものではないのでしょうか。それは傲慢な考《かんがえ》でしょうか。それとも、反対に、

(49)どんどん服を脱いだ幽蘭　なぜか男性用下着の猿股を穿いていたらしくSさんは「驚愕させられた」という。

女の価値を下落させる考なのでしょうか。

旅行者の来訪は在留者たちにとってイベントである。紹介状を書いたり案内したり日常と違う雑事が増えるというだけではなく、彼等の目線を通して周囲の事象をあらためて捉えなおす機会となり、新鮮で心躍る体験になるからだ。自由奔放でならした女性がむさくるしい男所帯に現れたとあればなおさらである。三千代はそれを女性の役割と言えば神聖視しすぎるか、もしくは軽んじているかと問うているが、退屈した在留男性たちのオアシスとなったことは偽らざる事実だと思う。

幽蘭はマレー半島に翌年の大正六年三月下旬までいたらしい。これは高田義一郎『らく我記』に抄録された「×山薫子」宛に届いたという幽蘭の手紙に記されている。「大正六年三月下旬まで住んだ懐しい風光絶佳の郊外、タンヂョンカトン曙楼邸」とあるからだ。

また、一カ月後の四月下旬には台湾に、六月中旬には香港にいた。それを裏付けるのは『世界徒歩十萬哩無銭旅行』（広文堂書店、大正八年）を著した鳥井三鶴《とりいさんかく》(50)である。

無銭旅行自体は明治三〇年代からブームになっていて、無銭自転車旅行、無銭新婚旅行などの本が多数出ている。無銭で旅する場合、行く先々の日本人会を頼って世話してもらうのだが、会を牛耳っていたのは医師、財界人、商人など資産家や知識階級で、中産階級以下の人々や大勢いた「からゆきさん」たちは無縁だった。三鶴もシンガポール領事に無銭徒歩旅行をバカにされ「いい加減止めたがいいでしょう」などと言われて腹を立てている。鳥井はからゆきさん（著書では「日本の姉さん」としている）らとも積極的に交流して宿や人を紹介してもらっていた。虚心坦懐な人物だったので幽蘭ともウマがあったのだろう。

幽蘭とは台湾で知り合ったらしい。『世界徒歩十萬哩無銭旅行』には鳥井が台湾の高雄港から香港へ向かう大正六年四月二九日に会った話が出ている。

「鳥井さん。わたしも来月中旬に向うへ渡りますから、わたしと一緒に行って下さいよ」と言う幽蘭を断った鳥井は、それでも新しい洋服や船の三等切符、二〇円の旅費を用意してもらった。そんな世話好きな幽蘭を「彼女は四十の上を越していたが、持って生まれた美貌と華奢《はで》好みの

(50)鳥井三鶴　熊本県生まれの旅行家らしいが詳細は不明。著書には大正四年五月から大正七年七月まで三年余りを金を持たずに旅した話がまとめられている。朝鮮半島、中国、台湾などで二年を過ごした後、香港からボルネオ、マレー半島、スマトラ、ビルマ（現ミャンマー）、インドまで旅行し、スエズ、エジプト、セイロン（現スリランカ）、インドネシア、フィリピンを通って帰国しているが、当時の情勢や風俗、日本人社会の人間関係などがわかって興味深い。

身の廻りは、彼女を際立てて若く見せた。大きな目と鼻筋の通った、キリッとした口元、髪を二つに分けて何時でも派手な洋装姿は通る人をして目を敧《そばだ》たしめた。彼女は私を他人の前で『私の弟』と平気で呼んでいた」と好意的に描写している。果たして六月中旬に香港で再び「手を握った」二人は料亭で杯をあげた（「わたしあ男《(ママ)》に酒のお酌なんぞしたことがないのよ」とは幽蘭の弁）。この時点で幽蘭は夫を四八人持ったといい、男たちを電報で呼び寄せて一緒に酒を飲みたいと言い出した。その後、鳥井は香港で講演をして金を貯め、ボルネオに向かおうとして旅券がないことに気付いたが、幽蘭が旧知の領事のもとに行って都合をつけた。また、メダンのヤマトホテルへの紹介状も書いてあげたようで、何もかも世話になる鳥井である。それにしても、なんとのんびりした時代であることか。

鳥井がマレー半島のタイピン市を訪れた際、日本人会会長で写真家の「内田氏」と、同じく会の有力者で「女郎屋主人松尾氏」と会った。二人は密かに反目し合っていたが、「本荘幽蘭女史の講演会や綾瀬川の浪花節を催した頃から」仲が悪いとのこと。マレーシアの狭い日本人社会で小さな手柄を取り合っている日本人移住者の姿が垣間見えて興趣が尽きない。

幽蘭、沖縄に上陸す

さて、香港滞在から二ヵ月後の大正六年八月二四日、幽蘭は汽船八重丸で初めて沖縄に上陸した。翌日の『琉球新報』は早速「問題の女本荘幽蘭来《きた》る」と報じている。

たぶん幽蘭本人が新聞社に来県を知らせただろうに、記者が宿に到着すると「船に弱いもんですから一寸お寝《よっ》て居ました」と白っぽいお召しの夏衣に紗のサマーコートを羽織ってしどけなく登場、暑い最中に酒と七輪を仲居に運ばせ「妾《わたし》如何《どん》な暑い時でもすき焼でなくちゃお飯《はん》がおいしく頂《いただけ》ませんの」などと聞いたことのない設定を話している。「お酒はもう駄目です、猪口の四五杯も戴けば沢山です、以前は随分やったものですが……」とい

いながらその四、五杯を立て続けに飲んでいた。(51)

記者を呼べば当然新事業の御開陳となるが、まずは名刺を見てみると「支那、台湾、琉球相互便益商会会主　女流講談師本荘幽蘭」。

さてその「相互便益商会」とはなんぞやと問えば、各地の特産物を取次販売する個人輸入業の会社らしい。実費でやり取りするそうなので本人の言うほど「大いに実業界の方に雄飛」できるとも思えない。とはいえ「芸術を棄てる訳じゃありません、昼は実業家で夜はやっぱり芸術家です、相手があれば芝居もやります、暇があれば創作もやる考えです。何も儲けようが為に商売するのじゃありません。只だ少しでも社会の為に尽したいと云う微意に外ならないのです」と、相変わらず女優業や執筆業にも乗り気であることを匂わせている。翌日の『琉球新報』には同じ日に取材したのだろうか、幽蘭がシンガポールで車に乗っていたところ、ピストルを持った男たちに襲われて講談会で貯めた六〇〇〇円をまるまる盗られた話が出ている。これは創作講談などで話すお得意の南洋談のひとつだろう。

二九日には「幽蘭講演会」が催された。二八日付『琉球新報』によると、会場は端道中座、午後七時からの開演で会費は二〇銭均一（子供は一〇銭均一）という。演目は「第一席　教育講話　近江奇談般若面」「第二席

家庭講話　人格美談復活（幽蘭作）」「第三席　滑稽講話　江戸名物侠骨」の三話だ。

興味深いのは、幽蘭が講談会当日の昼に俥で市中を廻って宣伝した際、朝日新聞、琉球新報など新聞三社合同賛助主催と書いたビラを勝手に撒いたようで、三〇日付『琉球新報』に「主催者に非らず」と訂正の記事が出ていることだ。さらに記事には「幽蘭は一昨日『南洋の女と琉球の女』と題する原稿を本紙に寄せたれど掲載を見合せたる程なり」とあり、いかにも幽蘭らしい見切り発車であった。

同じ日の「鉄筆《ペン》と錆」というコラムには、新聞が幽蘭の来県を大げさに騒ぐために「下田歌子と与謝野晶子の混血児《あいのこ》みたいな頭の好い中央の婦人社会に目醒ましく活動して居る有名な婦人とでも思った」らしき学のある若い婦人が幽蘭を訪ねようとしているのを知って驚いた、と書かれている。執筆者は「教育者や新聞記者などは物の大小軽重を好く知らなくては反って世人を誤る事が多かろう」と記者にお叱りを与えているが、幽蘭の寄稿を見合わせたのもこの意見に与したものかもしれない。

当の幽蘭はといえば、三〇日に大義丸で引き揚げの予定と出ていたが、そのまま身を隠していたと思われる。というのも、一カ月後の九月二一日

(51) 立て続けに飲んでいたこのときの話では「妾は本県は初めてです。芸術家としての幽蘭はもう世界周知の事ですから此の度は実業家としての幽蘭としてお交際を願いますよ」とのこと。「東京を出発（で）たのが大正四年の四月頃で、あれから諸々方々を廻って終いに南洋から新嘉坡、香港、上海、台湾と各地を巡って来ました、台湾には半年ばかり滞在しました。その帰途に先島を経て本県へ来た次第です」というが、大正四年三月ごろは大阪に、六月には東京にいたはずで、行ったとしても四年末、なぜここで話を盛るのか謎である。

付『琉球新報』に「幽蘭捜索願」という記事が出ているのだ。

実は沖縄に来る前の六月下旬に台湾で知り合った鳥井三鶴と香港で別れた後、七月七日まで旅館に滞在していたが、そのときの宿泊料や雑費立替金四〇円を一切払わないままいなくなり、旅館側は途方に暮れていたところ嘉義市から旅館に置いていた自分の持ち物と四〇円の荷為替（荷物と代金を交換するための為替）を送れと言ってきたのでその通りにしたが荷受けされず、いつの間にか沖縄に遁走していたというのだ。それがわかって怒った旅館主は警務課に人相書を添えて捜索願を出したという。

しかし、一週間後に「幽蘭舞台に立つ」という記事がしれっと出た。

曰く「問題の女本荘幽蘭は其後何んたる消息もなかりしか、突然今晩より潮《うしお》会に其艶姿《そのえんし》を現し、潮会役者と合同して向う五日間開演する由にて、幽蘭の役割は曾我の家物『良妻』の令嬢花子、魚屋女房おさだ、喜劇『女八人』にも二役程勤める由なれば、定めて大好評を博するならん」（九月二九日付『琉球新報』）。演芸担当記者の筆は幽蘭には甘い。

一〇月二三日付『琉球新報』は続報として、潮会に元芸者の女優藤川秀《ひで》奴《やっこ》が加入し幽蘭と二枚看板で大入りを続けているとある。どうもウケている理由は、幽蘭が口上を思う存分喋った後に吃音の女の役をやるところにあるらしい。とはいえ演技についても「幽蘭の下女は傑作でちょい〳〵あの日の丸の顔に似合わない理窟っぽい悧巧な文句が出るのは悪いが科《しぐさ》は味《うま》いものだ」と賛美している。

潮会(52)は琉球芸能家の真境名由康《まじきなゆうこう》(53)らが組織した劇団だが、新劇の歴史は本土に比べて浅く、「ハムレット」や「忠臣蔵」も最初は方言でやっていたという。幽蘭と藤川秀奴が加入した頃も、「若いのはもっと普通語を味《うま》くやらねばならぬ」という苦言が呈されているが、「然《しか》し何と云っても芸が以前に比較《くら》べると自然で華やかで上品になったのは明らかに見える。幽蘭と秀奴の加入も満更無意義なものでは無かった。本県芝居の為めに両女をもう少し引止めて置き度くなった」（ともに一〇月二三日付『琉球新報』）ともある。二人の女優が座員にいい影響を与えていることが窺える。

幽蘭と潮会の蜜月は意外に長く続き、一〇月から一一月頃まで出演していたようだ。

沖縄での幽蘭について琉球舞踊宮城流家元の宮城能造が雑誌『現代沖縄』（那覇現代沖縄社、昭和三九年）に「人気をさらった初代女優本条幽蘭と上里マヅル」《（ママ）》というエッセイを記している。幽蘭が女優を始めた時期を大正七年、最初の舞台をカチューシャとするなど記憶違いもあるが、子供の目

(52)潮会　大正五年七月に結成。同年六月ごろ、第二次「球陽座」が分裂し、同座を離れた豊平良猷、真境名由康、真境名由祚らと、その前から参加していた阿嘉繁が、真境名由康を座長に新しい劇団を結成した。本土への演劇視察や脚本募集を行うなど意欲的に活動していたが、大正七年に中座に吸収、合併された。

(53)真境名由康　明治二二年、沖縄県生まれ。七歳の時に役者真境名由祚の養子になり、組踊「大川敵討」で初舞台。沖縄座、球陽座、中座に所属し、潮会、珊瑚座、国民劇場を結成。沖縄芝居の主流として活躍した。沖縄伝統組踊保存会会長を務め、昭和四七年には「組踊」が重要無形文化財総合認定となった。昭和五七年死去。

にうつる幽蘭をいきいきと描写していて貴重な証言となっている。

当時、中座の座頭であり、人気俳優として沖縄の芝居ファンを魅了していた新垣松含《あらかきしょうがん》氏や座員と、いろいろ沖縄の芝居や歴史等を熱心に話し込んでいた。四十才前後といわれていた幽蘭女史の表情は、とても若々しく、子供心にも私は、とてもきれいな人だなあと感心していたのである。（中略）年令よりも若く見える美しい人だったが、とても活潑な人で、いわゆる、モダンガールの草分けとして、往時の文学青年や若者達からもてはやされ、人気者だった。私なども膝にだっこされたり、ずい分可愛がってもらったが、男性的な所もあり、あの頃、女性の美しさの象徴とまでいわれた髪もカットして少しもなりふりにはかまわなかった。（中略）沖縄の芝居好きな人達を熱狂させた本条《（ママ）》さんも、性来の放浪癖は直らなかったのか、何処へともなく、消えていった。

子供には金銭トラブルや演説癖などのマイナス面が見えないからか、ただただ美しくて優しくて聡明な女性とうつったようだ。それも幽蘭の一面だろう。意外と大人も幽蘭の演劇改良論などを神妙に聞いていたのかもしれない。

　さて、女優業に没頭しているかと思いきや、幽蘭はまたも新事業に食指を動かす。潮会で昼興行を行う傍ら、女学校前に「幽蘭倶楽部」という店を藤川秀奴と開業すると言い出した。「幽蘭汁粉」を売り、浪花寿司を出し、新聞・雑誌、囲碁、将棋などを備えつけて物好きな人たちのたまり場にしたいらしい。自ら赤いたすき掛けで店頭に立って給仕し、大正六年一一月一〇日頃には開店するとのこと。まだ台湾に所帯道具や着物を残しているので一度戻って一切を受け取り、沖縄に長居するつもりのようだ。「それにしても女学校を背景にしての巣は対照《コントラスト》が皮肉すぎる」（一〇月二八日付『琉球新報』）と、三面記事の記者が批判的な点は変わらず。こう見えて幽蘭にもそこそこ学はあるのだが、品行が問題にされているのだろう。

　ともあれ、店は無事に開店できたのかといえばさにあらず。なんとこれから大島や鹿児島を廻って開店資金を稼ごうとしたことが一二月一〇日付『琉球新報』に出ている。往路は相変わらずの無一文、宿屋の女将さんから借りたとも古着屋で求めたともいう柏の五つ紋の着流しをまとい、船の上でも講談や南洋談や半生を語って金を得たというからたくましい。「妾《わたし》は大悟徹底してるんである、超越して居る人だ、金がなくなっても悲しみもせぬ」と言っているが、鹿児島では無名のために不入りだったらしく「何ンだってつまらねえ、鹿児嶋という所は不満《つまらねえ》ところだ、もう行くところではないわ、寄附でもして呉れるものは一人もなしい《(ママ)》同情する人もなくてこんなに一人ぼっち、あゝ〳〵、どうしよう」「こんな風では駄目だ、けれど熊本、長崎、福岡辺りは好かろうと思うがなア、それでも不安なようで上海へ渡るか新嘉坡《シンガポール》へ行くか、却って台湾の方が安心かも知れぬテ」と珍しく悲観している。さらに二六日付『琉球新報』によれば、事態が悪化。長崎県佐世保市で「世界歴遊講演会」を開演するための費用を前借りしたまま行方不明となり、宮崎辺りにいるとの噂にまたも捜索願が出される騒ぎになっている。

せっかく沖縄で女優として成功したのに自ら経歴を汚しているのだからもったいない。翌日二九日付『琉球新報』の「本年の梨園界を振り返って（上）」という年末の総括記事では「潮会は十月に幽蘭及《およ》び秀奴と合同したので、観客の喝采を博した」とまとめられている。演芸欄担当記者の評価は揺らいでいないのである。

第五章

戦争に向かって

剃髪せる本荘幽蘭
◇『女の世界』（大正八年五月号、実業之世界社）
「本荘幽蘭尼となる」より

幽蘭、恩師との仲を怪しまれる

大正七年、雑誌『新社会』一月一日号に見過ごせない記事が出た。

タイトルは「青柳有美退治号」。青柳有美とは幽蘭の明治女学校時代の恩師であり、大正七年当時は『実業之世界』（実業之世界社）編集長だった人物である。対する『新社会』（売文社）は社会主義を標榜する雑誌で、堺利彦(1)や荒畑寒村(2)らが参画していたが、論争のきっかけは、『実業之世界』大正五年一一月号で有美が「社会主義を退治せよ」なる論文を執筆・掲載したことに始まる。これをまともに受けた寒村らは一七頁にわたって有美を非難するが、そのなかに驚きの一文があった。

「有名な本庄幽蘭女史の如きは、君と巌本善治君とで明治女学校時代に、腹散々オモチャにしてつっ放したのが、幽蘭女史今日の堕落の原因だそうですナ」（荒畑勝三「青柳有美の面皮を剝ぐ」）とあるのだ。

この噂は、巌本校長の女性関係の派手さや、幽蘭の後の行動から早くから取りざたされていたようだが、幽蘭本人は否定している。それよりなにより、腹立ちまぎれとはいえ直接関係のない幽蘭の、真偽のわからない話を雑誌に書く寒村の感覚にはついていけない。寒村は、続く二月号にも「ヤソ教主義の女学校で、校長と二人がかりて女《（ママ）》を姦したり」（荒畑勝三「豚を抱いて臭を知らず――青柳有美の偽善的仮面」）などと執拗に有美を攻撃したが、同じ号の巻末に有美からの「正誤請求書」が掲載され「予が本荘幽蘭女を腹散々オモチャにして突っ放したとの荒畑勝三氏の記述は虚偽なり」と出て、ひとまず幽蘭の名誉は保たれた（本人が読んだか、読んだとして気にしたかはわからないが）。

この年の四月初旬、幽蘭はまだ九州にいた。いわゆる「支那浪人」として満州や蒙古を渡り歩いた九州田思静《くすだしせい》という人物の講演「満蒙踏破談」が熊本東雲座で三日から行われており、四日に幽蘭が「南洋諸島踏破談」をひっさげて合流したらしい。七日には独演会も開催、昼の部と夜の部合わ

（1）堺利彦　明治三年、東京生まれ。社会主義者、小説家。萬朝報記者を経て、平民社を興し週刊紙『平民新聞』を発行。日本社会党を結成するも弾圧され受刑。出所後に文章代理業の「売文社」を創業する。大正一一年、日本共産党結成に携わり、後に離脱。昭和四年、東京市議会議員となる。昭和八年、六二歳で死去。

（2）荒畑寒村　明治二〇年、神奈川県生まれ、本名荒畑勝三。社会主義者、衆議院議員。管野スガと結婚するも、スガが幸徳秋水のもとに行ったため離婚。大逆事件で秋水とスガは処刑されるが、寒村は連座を免れた。堺利彦と活動をともにすることが多かった。昭和五六年、九三歳で死去。

せて全六題を喋りまくったようだ。新聞に広告が出ているので見てみよう。

日本最初の婦人記者日本最初の新劇女優
本荘幽蘭懺悔独演会

昼の部
第一部　暗黒なる家庭の産児
第二部　没頭せる恋の威力
第三部　戦慄すべき大罪悪

夜の部
第四部　我精神病時代の追憶
第五部　恋の勝利と結婚生活の破壊
第六部　再度の堕落と漁職及放浪

精神病全治者　九州久留米の出身　本荘幽蘭女史
会費二十銭均一　軍人。学生。婦人。半額
入場無料　判事、検事、弁護士、医師、盲人、小児、車夫

これらが幽蘭の回顧談であるならば、「暗黒なる家庭」は少女時代のこ

とで、「没頭せる恋の魔力」は初恋の人吉和國雄のことか。「戦慄すべき大罪悪」は死産と遺体遺棄、「恋の勝利と結婚生活の破壊」は吉和國雄との結婚生活、「再度の堕落と漁職及放浪」（漁職は漁色の間違いか、職を転々したことを指すか）はその後の日々をいうのだろう。いやはやたくましい限りである。

この年、大正七年は以降、情報がない。

日蓮主義の幽蘭尼となる

翌年の大正八年二月一六日、幽蘭は金の無心に出掛けている。相手は、旧久留米藩主有馬家の家政相談人であり、幽蘭の後見人のような立場にある倉富勇三郎である。倉富は、幽蘭の父一行の死去の際に改心を誓いながら守らないことを責めるが、幽蘭は食べていくためには女優や噺家をするしかなく、既に老いたので品行も以前のように悪くはないと言って一〇円をせしめた（『倉富勇三郎日記』国立国会図書館憲政資料室蔵、大正八年二月一六日）。

その後、二月二〇日付『都新聞』に「神田三崎町三市場にて新講談『裁判奇聞狂美人』を演ず」、三月二四日付『朝日新聞』に「旅から旅と経廻《へめぐ》った本荘幽蘭も舞戻り一花咲かす考えか躍起となって浅草劇場へ現われて幽蘭尼と来た、『戯気《ふざけ》た尼《あま》』とは此《これ》から初（ママ）まったんだろう」と出ている。

高田義一郎『らく我記』には「大正八年三月に、洋服姿を新橋の平民食堂の受付に現わし、雑誌発行の後援を頼むという談判で黒山の様に人をたからせ」たという話もでている。この雑誌とはなんだったのか不明である（翌年正月に『絶叫』という月刊誌を出すと話していたらしいのであるいはこれのことか）。

四月三日付『朝日新聞』には「姿を消した幽蘭がまた現れ剃髪記念本荘幽蘭尼懺悔独演会を演るそうだが其のまた肩書が頗《すこぶ》る振ってる『新劇女優の急先鋒』『巣鴨病院全治退院患者』」とあり、東京に戻って「尼」を名乗っていたことがわかる。四月八日には妹尾義郎《せのおぎろう》(3)の家を訪ねていることが妹尾の日記からわかる。「教育講談師本荘幽蘭尼」と名乗っていたようだ。

それにしても幽蘭、神道系新興宗教の神風会に入信したり扶桑教少教《しょうきょう》正《せい》となったことはあったが、尼を名乗るのは初めてである。雑誌『女の世界』（大正八年五月号。なおこの雑誌は青柳有美のいる実業之世界社発行である）に掲載された当時の名刺を見ると「日蓮主義賛美唱道者（巣鴨病院全治退院患者）　教育講談師　本荘幽蘭尼（元読売新聞　やまと新聞婦人記者）」と

（3）妹尾義郎　明治二二年、広島県生まれ。仏教運動家。十代で法華経を知り、法華団体統一団に入団。幽蘭が妹尾を訪ねた大正八年に大日本日蓮主義青年団を発足させる。反戦、反国家主義を唱え、検挙されることもあった。戦後は日本共産党に入党。昭和三六年、七二歳で死去。

ある。どうも「日蓮主義」の尼と言いたいらしい。

日蓮主義とは、明治中期に日蓮の教えを元に田中智学によって確立されたいわゆる新思想である。法華経を本懐とする鎌倉時代の僧日蓮を信奉し、天皇もそこに帰依すべきとし天皇の上に日蓮を置いたことが特徴だ。「主義」の名の通り寺を中心とする宗教ではなくあくまで在家のまま政治、経済、文化、生活など現実に応用する、より実践的な運動が目指された。大正期にはブームとなり、宮沢賢治や高山樗牛などの文学者や創価学会創始者牧口常三郎、北一輝や井上日召などの政治運動家も日蓮主義を標榜した。幽蘭が日蓮主義を「賛美」し始めたきっかけは何なのだろう。流行りものに飛びついたのか、それとも誰かに吹き込まれたのか（当時の恋人の影響か？）謎のままである。しかしこの頃[4]は「日蓮主義の黄金時代」といわれた時期である。

前掲の雑誌『女の世界』（大正八年五月号）には、当時の幽蘭の名刺のほかに「剃髪せる本荘幽蘭」という一頁大の写真が出ている（二六一頁掲載）。室内でロングコートを着た幽蘭が右手にカットした長い髪を持って立っている。撮影者や撮影場所は不明、キャプションには「本荘幽蘭が剃髪の日撮影せるもの、下図は、幽蘭尼が使用しつつある名刺です」とある。雑誌九五頁の「名物女本荘幽蘭尼となる」と題した記事には、錦蘭帳には九十幾人かの名があること、福田狂二が入獄してから南洋に旅立ちこの春帰ってきたこと（昨年から九州にくすぶっていたので事実ではない）、この頃は黒衣の袈裟を纏い数珠を爪繰っていること（但し、数珠をすぐ置き忘れる由）、「他人よりは別して美しい多くの」髪は、切ったものを「今までお世話になった妙な関係の男にお礼として贈呈した」ことなどが記されている。突然髪を贈られた男性たちは、何を思ったやら。

写真では肩まである髪も、後にきちんと剃っていたらしい。五月に坊主頭にトルコ帽を被り「法官まがいの異様の服装で、浅草六区を徘徊して誰彼かまわず、いろ〳〵の話をしかけて居た」（高田義一郎『らく我記』）という証言がある。相変わらずコスプレから入る幽蘭、健在である。また、この年の五月中旬には名古屋の千歳座に現れ、開演中の「虚栄心」「友の情」に出演したり（昭和六年五月二〇日付『名古屋新聞』）、「櫛引さん[5]の手でアメリカ三界放浪する積りであった」（雑誌『夢の世界』安福通信社、大正八年六月号）こともわかっている。

（4）この頃　たとえばこの年二月一六日の日蓮降誕祭をはじめ、三月九日、四月一日から六日、八日から一三日まで、田中智学がそれぞれ東京で講義、講演を行い盛況を博しており、これらに幽蘭が参加した可能性もある。

（5）櫛引さん　「博覧会キング」「ランカイ屋」と呼ばれた櫛引弓人のことか。アメリカに居住しシカゴやセントルイス、ロンドンの万国博覧会で日本式庭園などをプロデュース、青年飛行家らを連れて帰国し「鳥人ナイルス」「鳥人スミス」と謳ってアクロバット飛行の興行をしたこともある人物。幽蘭が弓人とどういう繋がりがあるのかは不明だが、渡米の計画は頓挫したらしい。

それからしばらく足取りは途絶えるが、一〇月二六日付『越後タイムス』に「本荘幽蘭講談」という記事が出ており、秋には新潟にいたようだ。このときの演題は「世界の宝庫南洋諸島珍聞奇談一席」「国事探偵鷲山幸子二席」「幽蘭赤裸の懺悔迷魂録」。

一二月には立て続けに目撃情報が入る。

二六日には、浅草辺で自ら「問題の断髪美人」として出演（「幽蘭愈《いよ》〱影が薄くなり徐《そろ》〱幽霊に近づく」二六日付『朝日新聞』）。二八日付『朝日新聞』には「木綿黒紋附と云う不良青年仕立の如露《にょろ》〱した男が電車の革ぶらで盛んに乾燥《はしゃ》いでいる。熟視《よくみ》たら例の幽蘭、乗合『彼奴《あいつ》ァ掏摸《すり》ぢゃねえか』はひどい」。坊主頭で黒紋付姿では男性に見えただろう。一向に尼らしい振る舞いが身に付かない人である。

翌年の大正九年一月、松本市キナパーク(6)に一七日から十日間出演し、二七日に東京に戻って『絶叫』という月刊誌を出すと言っていた旨が一八日付『都新聞』に出ている。日蓮主義に関する雑誌だろうか。しかし例によって、創刊された気配はない。

一二月には明治座で松旭斎天佐(7)の一行の連鎖魔術と称する演し物に出演、一二月二六日付『京都日出新聞』の評「天左と幽蘭」には幽蘭が「散《ざん》

(6)キナパーク　明治四四年に開館した長野初の常設映画館。

(7)松旭斎天佐　本名、石井清吉（旧姓大野）、もうひとつの芸名は快楽亭ホスコ。芸人の両親を早くに亡くし、イギリス人落語家の

髪女優《ぎり》」と称して黒木綿に袴という男装スタイルで懺悔話をやったり、若い女性のマジシャンを相手に喜劇を演じたとあるが、「見せられる方は聊《いささ》かタジタジにならざるを得ない代物、尤もあれは喜劇にあらず奇劇と見るものかも知れず」と書かれている。

この年春に出た『女の世界』五月号の「大正婦人録」には、自己紹介文が掲載されているが、創刊すると言っていた雑誌『絶叫』には一言も触れず「現在著作と教育講話を業とす。『本荘幽蘭尼懺悔叢書』近刊」とある。いきなり「叢書」とぶちあげてしまうのが幽蘭である。ここには「現住所、浅草区馬道四ノ一一」とあり、当時浅草にいたのは間違いないようだ。

快楽亭ブラックの養子となる。ブラックの内弟子として仕え、ホスコの名をもらうが次第に奇術に関心が向き、明治三六年頃に、奇術師の松旭斎天一門下に入り、天左（のち天佐）となった。なお、妻のローザは横浜出身のフランス人で義太夫語りになった変わり種である。師匠のブラックは晩年、天佐とローザ夫婦の一座に加わっていた。

幽蘭、自省の手紙をしたためる

翌年の大正一〇年に幽蘭が「×山薫子」に出したとされる手紙が高田義一郎『らく我記』に抄録されている。すでにおなじみの手紙の暴露だが、雑誌に掲載されたものを高田が転載したのだろう。この「×山薫子」を鳩山薫子と早合点し、政治家と繋がりのある幽蘭なら知り合いであってもおかしくはないと思っていたが、初出の雑誌『女性』（プラトン社、昭和二年一〇月号）を確認すると、「池山薫子」となっていた。

池山薫子は、大杉栄、伊藤野枝らアナキストたちが集った本郷白山上の書店サロン「南天堂」の経営者、松岡虎王麿《とらおうまろ》(9)の二番目の妻（この時点では薫子は未婚(10)）として知られている歌人で、自ら興した「短歌と詩社」の経営者でもあった。

幽蘭の薫子宛の手紙はかなり長いが、当時の気持ちと例によって突飛な計画が細かく綴られているので引用する。

『世に立ち初めてより十有八年、理想とか抱負とか、趣味とか、意義とか、或は張りとか意気地とか、精神的の事ばかりに拘泥して、少しも物質的の事に留意せず。軽挙妄動して快を叫んで居たのが誤って居たと、断髪後、世から放たれた心理状態は、局外観として浮世を透視することが出来て、近来生活というものにじっと留意するようになりました。併し今までの規範を脱した潮流の余波は、私をして実生活の履行者たらしむるに甚だ距離がありましたが、山国の一ヶ月半は、私をして非常に実直ならしめました。当分真面目に稼ぎ、四季一通りの被服も作り、舞台のすきまを利用して『本荘幽蘭赤裸の懺悔迷魂録』雪、嵐、波、雲の四巻を脱稿しましょう。その間に私の女優としての真価も認められる時は必ず来ましょうし、迷魂録一度世に出でなば、女文士としての結論も獲得する事が出来ましょう。

(8)鳩山薫子　明治二一年、神奈川県生まれ。教育者。共立女子学園創設者。夫は総理大臣を三期務めた鳩山一郎。

(9)松岡虎王麿　明治二六年生まれ。本郷白山上に「南天堂」を開業。

(10)この時点では薫子は未婚　二人の結婚、離婚時期は判然としないが、大正一二年八月三一日付『朝日新聞』では七月末から南天堂二階の喫茶部でエプロン姿で働いている薫子が「私はまだ結婚をしようと思った事はありません」と言っている。

大正十年の二月十八日、四十二回の誕生日を機として生葬式を済まし、墓碑を建立し、陽春四月名残の観桜を終えて、直に渡米、米大陸を一周して、倫敦《ロンドン》に航し、欧州の風色と芸術に接し、印度《インド》を経てシンガポールに帰航し、大正六年三月下旬まで住んだ懐しい風光絶佳の郊外タンヂョンカトン曙楼《あけぼのろう》邸内に新築せる六畳の離亭、幽蘭庵に閑居して、新嘉坡《シンガポール》座の経営、南洋実業時報の発刊、南洋指針会の発展に努力しましょう。

騒がしかりし十有八年の生活は茲《ここ》に終り、改革を告げて静寂の域に達した私は、貧乏神の氏子を離れて、愈々福の神の寵児となるでしょう。

頃日《けいじつ》貴嬢と共に、唐蜀黍《とうもろこし》を噛りつゝ、一夕会談した大澤喜七郎氏を此度入夫に迎えることにしました。結婚式は花咲く陽春の頃でしょう。人妻の身の断髪はふさわしからずと蓄髪を開始して、早《は》や一寸ほどは延びましたけれど、結婚式までには到底尺にも満《み》つまじく、日比谷大神宮社頭に於て、男姿の一対の断髪夫婦の挙式というレコード破りの婚礼に、各新聞を通じて世間をアッと言わせるも亦《また》興味深きことゝ存じます。

心と心とは既に結ばれて居るのですが、未だ性的関係を結びませんから、近く当地へ招《よ》んで、他人から他人に非ざる手続を終り、深く鶉《うずら》の契りを結びます。――鶉は鴛鴦《おしどり》に増さる仲睦じき鳥――新郎は当年とって未だ三十四歳、新婦は既に四一歳です『七つ違いの姉さん』と義太夫でいえば佐分利《さわり》という処だなどゝ、世人は笑うでしょうが、併し本人同志がよろしければ差支《さしつかえ》のないことなれば？　呵々

本荘幽蘭

池山薫子様』

相変わらず一方的で盛りだくさんな手紙だ。どうも尼となってから心境の変化があったらしい。金を持たず、借り物や着古しの服で走り回って現実の生活を一切問題にしていなかったことを自省しているのは今までの幽蘭に見られなかった展開だ。個人的にはその豪快さが好きだったので自省は残念だが、欧米を回ってシンガポールで閑居するなどの突飛な青写真を描いているところを見ると、心配することもなさそうである。

結婚相手という大澤喜七郎も、『らく我記』では「大澤喜八郎」とされていて手がかりが無かったが、大澤喜七郎であるとすると同名の海軍中佐がいる。が、生年が合わず、池山薫子と共通の知り合いということしかわ

からない。この後、幽蘭が計画を遂行したかどうかは謎のままだ。ただ、五月一日付『京都日出新聞』には「日蘭尼」と改名して京都の麩屋町二条上ルに「日本演芸通信社」を立ち上げ、「演芸通信」という雑誌を月二回発行すると出ており、七月には大阪の九条正宗館、奈良花月亭で婦人新講談をしていることがわかっている。結婚はしなかったか続かなかったとみえる。

高田義一郎『らく我記』には「京都で頭を青く剃って、名も本荘日蘭尼と改め、演芸通信社を開いた話も一流の淡い失恋の結果で中々面白い」とあるが、この失恋相手が『らく我記』にあるように「釜山で好きになったのが山口という若いドクトル[11]」であるとすると、大正一〇年七月以降に釜山に渡った可能性がある。

この頃の話とする根拠は、幽蘭は失恋して剃髪したものの傷が癒えず「当時流行物の大本教へ飛込んで[12]、出口王仁三郎に煩悶を訴えた。すると流石に王仁は目が高い。自分の本山中第一の美男、渡辺霊泉の宅に日蘭尼を托して、応急療法ですっかり山口病を全治させた。だが折悪しくも大本教が御手入の憂目《うきめ》に逢って、王仁三郎まで引張られたので、また〳〵身の置き所を失った」（『らく我記』）とあるからだ。

(11) 山口という若いドクトル　宮地嘉六は昭和三年一月二八日に幽蘭を訪ねているが、その際「私の真の愛人は山口鎮夫と云う男でした。私は山口のような男にまだ一度も出逢ったことがありません。今生きていれば四十八です」と語っていたという（『宮地嘉六著作集 第六巻』昭和五九年、慶友社）。なお、幽蘭が明治四二年に大連でホテルを開業した際に交際していた、名を秘していたA氏と

大本教は、京都の寒村に住む出口なおが明治二五年、五六歳のときに神懸かりになって生まれた新興宗教で、「艮《うしとら》の金神《こんじん》」こと国《くに》之《の》常立《とこたち》尊《のかみ》（国常立尊）を本尊としている。明治三一年になおは上田喜三郎（後の出口王仁三郎）と出会い、教団運営を任せるようになる。王仁三郎が神道や運営の知識に富んでいたこと、説法の「世直し」が、日露戦争、第一次大戦の好景気と不景気、米騒動などで騒然としていた時代にマッチしたこともあって教団が急速に拡大し、政府当局は危機感を抱く。そして大正一〇年に第一次大本事件、昭和一〇年に第二次大本事件として語られる宗教弾圧が起きた。

高田の本は昭和三年発行なのでここでいう「御手入」は大正一〇年の第一次大本事件を指すと思われる。

も、扶桑教に帰依する直前に交際していた山口某とも年齢が合わない。

(12)大本教へ飛込んで　ちなみに歌人の柳原白蓮燁子が炭鉱王伊藤伝右衛門との家庭から出奔し宮崎龍介のもとに走ったいわゆる「白蓮事件」の際、龍介から引き離されながら子供を出産した後に一時期匿われていたのも大本教の施設だといわれている。大正一一年六月ごろのことで、幽蘭が身を寄せてから一年後に当たるが、教団には弱者を匿う機能もあったようだ。

幽蘭、露《ろ》支《し》満《まん》鮮《せん》を股にかける

大正一一年夏に出た雑誌『朝鮮公論』（朝鮮公論社）八月号に、幽蘭は「露支満鮮を股にかけて」という八八〇〇字余りの長い紀行文を寄せた。

しかし「支那、蒙古、露西亜、朝鮮と歴次廻遊した」というわりに蒙古に向かうところで尻切れトンボに終わっており、末尾に編集部が幽蘭の紹介とともになぜか「幽蘭の下に届いた旧友の書簡」とやらを二通、差出人もわからないまま掲載する謎の構成になっている。以降の号に続きがあるかと見てみたがそれもなく、なんとも不思議な記事である。

ともあれ冬には日本を脱出していたらしい。行く先々で講演をして金を得ては宿泊費や交通費に使うという「右より左へ筒抜けの新陳代謝的の

(13)張作霖　一八七五年生

収支《みいり》」で「見たい処は飛んで行き、知りたい事は根堀《（ママ）》り葉堀《（ママ）》りほじくって聞き齧る」という例によって行き当たりばったりの旅だったようだ。

ここで、幽蘭が旅した中国の状況について少しさかのぼって見ていこう。二百九十五年続いた清王朝が倒れ中華民国が誕生したのが一九一一年一月のこと。孫文が臨時大統領となり、まもなく袁世凱がその地位に就いたが、その袁が目の敵にしていたのが清の再興を狙う川島芳子の日本の養父、川島浪速《なにわ》たちだった。川島と日本軍は満蒙独立を企てたものの失敗、袁も帝政実現の夢破れ、一九二六年に死去する。それを見て取り内閣を牛耳りだしたのが馬賊上がりで日本軍のスパイも行ったことのある張作霖《ちょうさくりん》(13)だった。張は一九一九年に奉天省、黒龍江省、吉林省の東三省を支配し「満州の王者」と呼ばれた。とはいえこれもあくまで一部地域の話であり、各地には相変わらず軍閥が跋扈《ばっこ》し、復辟運動や日本の志士らによる第二次満蒙独立運動が蠢動《しゅんどう》していた。一九二一年七月には北京で安徽派《あんきは》と直隷派《ちょくれいは》(14)が政権を争う安直戦争が勃発。張作霖は直隷派と組んで北京に乗り込んだ。直隷派の勝利に貢献したものの戦果の分配などで揉め、一九二二年四月、張作霖、孫文らが組んで直隷派と第一次奉直戦争を起こした。

まれ。中華民国の政治家、満州統治者。日露戦争でロシア側スパイとして活動し、日本軍に捕縛された後は日本側スパイとなる。その後、関東軍の支援により満州の軍閥指導者になったが、次第に欧米寄りになり、大正一五年に部隊を率いて北京に入城し大元帥を宣言。欧米資本で鉄道路線網を構築しようとし、満鉄と関東軍の権益を損なった。昭和三年、関東軍によって暗殺された。

(14)安徽派と直隷派　一九一六年、袁世凱の死後に分裂した北洋軍閥の二派で、馮国璋（ふうこくしょう）を首領とする直隷派と段祺瑞（だんきずい）を首領とする安徽派に分かれた。なお一九二〇年七月の安直戦争で安徽派は敗れ、段は下野した。

幽蘭が旅した中国はそんな騒然とした雰囲気に包まれていた時期である。

紀行文から道程を辿ると、青島から山東線で坊子に入った幽蘭は、在留日本人会会長が頭山満の足下で旧知の渥美駒吉[15]だったことから再会を喜び、渥美の妻と三人で豚鍋をつついて話に花を咲かせたという。その後、坊子を出て降りしきる雪の中を張店に向かい、博山線に乗り換えて四川炭坑、博山炭坑を見学。日本人三人と食事をとっていると、背中に日用品を乗せた二、三〇頭ものラクダが通り過ぎるという珍しい光景に出食わす。「希《ねが》くば此珍獣の背上にうづ高く炭塊の積まるゝ日の速《すみやか》に来らむ事を博山同業者の為に鶴首して待ち、併せて日本国益の為に之れ祈る」と愛国心を誇示することも忘れない幽蘭である。

山東鉄道を終点まで乗ってやって来た済南は、日本人居住者が一六〇〇人ほどいる大都会。苦力《クーリー》と呼ばれる中国人労働者が行き来して賑わっている。彼らが牽く人力車の料金は日本人の言い値なので「言語に絶する」ほど低く、「在留日本人は些《ち》と空威張りが過ぎる傾きがある様だ」と幽蘭は憂えている。道幅の狭い済南では現地中国人が手押しの一輪車で何でも運ぶが、車軸と車輪の摩擦で起こるキイキイ音[16]が旅愁をそそるとのことで、

(15)渥美駒吉　生没年不詳。人名事典『「満州」に渡った一万人』などにも掲載はない。ただ「露支満鮮を股にかけて」によれば、坊子炭坑所有者で、幽蘭来訪の年に山東還付条約で一帯を中国に返還することになったことについて、その方がむしろ遠慮せずに腕試しできると豪語していたという。

(16)キイキイ音が郷愁をそそる　青島では音を立てると憲兵隊警察が罰金を取るため静かだという。「気の毒な事だとつくづく思った」と幽蘭。

そのイメージをもとに幽蘭は一輪車の歌[17]まで作っている。済南から天津に行くと、洋館が立ち並び、英語が飛び交うさまに驚く幽蘭。日本租界を見て回った後は町外れの刑場を訪れて慨嘆し、「天津唯一の大楽園、太楽天」で遊んだ。北京では故宮や宮庭、武徳殿の壮麗さに舌を巻き、前帝の宣統皇帝に思いを馳せ（「旧宮の背後の小屋に閉居して居られるとの事で、而も激しい眼病で将に失明せん計りの御難症と聞いて、何となく胸が塞がる様だった」）、満州と北清の境界にある山海関では、モルヒネや阿片の密売買に眉をひそめ、さてここから「かまぼこ馬車」に乗って蒙古に繰り出すところで紀行文は終わる。

お得意の古文調が顔を出してやや堅苦しいが、苦力に同情したり日本の憲兵隊に苦言を呈したり、曾ての栄華を物語る中国建築や美術を褒め称えるなどし、人間味溢れる読み物になっている。もともと文章を書かせるとなりに不思議に常識的ではあったが、剃髪までして尼になったことでやはりそれなりに心境の変化があったのかもしれない。

(17)一輪車の歌
一、
朝から晩までキイ〳〵と
苦力が押すや一輪車
青い野菜や、白い米
赤い大根を打乗せて
キイ〳〵と音立てゝ
苦力が押すや一輪車
一、
ボロの衣(き)ものを苦にもせず
平気な顔でキイ〳〵と
朝から晩までクル〳〵と
苦力が廻す一輪車
運んで呉れと頼まれりゃ
物でも人でも用捨なく
冬の夕空、夏日中
寒い暑いを気に止めで
キイ〳〵と音立てゝ
苦力が押すや一輪車

幽蘭、五年間の雲隠れ

「露支満鮮を股にかけて」発表から昭和二年末までの五年間、幽蘭の足取りはとんと摑めなくなる。同時代人の幽蘭ウォッチャー高田義一郎ですら「不幸にして私は、幽蘭女子その後の消息を見たことがない。或は露国行、或は欧州入りの本懐を達して、二度と日本に帰らないのであろうか」(『らく我記』)としているほどである。

「まさか震災の犠牲になったのではあるまい」と高田が危惧するように、なんといってもその間、関東大震災が起こっている。「露支満鮮」発表の一年後、大正一二年九月一日のことだ。

発生が午前一一時五八分と昼時だったことから火事が広がり、死者・行方不明者、実に一〇万五〇〇〇人、被災者一九〇万人の未曾有の被害となった。翌月の雑誌にはさまざまな言論人、有名人が震災時の体験を寄せ、「文壇名家遭難記」（雑誌『女性』プラトン社）、「震災と諸家の感想」（『女性改造』改造社）などと銘打った特集が組まれている（このときのどさくさで大杉栄と伊藤野枝、六歳の甥が憲兵隊に拉致・殺害された「大杉事件」に関する特集も多い）。幽蘭がもしこれらを体験していたならどこかで話したと思われるが見当たらない。そもそも「股にかけて」などとぶちあげているが、中国から蒙古に入ったとして、果たしてロシアまでたどり着けたのかすら定かではない。思えば明治四二年から実に十三年もの間ロシアに行きたがっていた幽蘭、そろそろ行かせてあげてもいいと筆者は思うのだが……。

幽蘭、温泉開業に奔走《ほんそう》す

結論から言えば、ロシアには行かなかったらしい。その出典については後述するとして、昭和三年正月に突如幽蘭が大阪に出没した話を先に記そう。

高田義一郎『らく我記』に収録された「毛断ガールの本家本元」は、雑誌『女性』昭和二年一〇月号掲載時から一部改変されていることはさきに書いたが、単行本には雑誌になかった後日談が収録されている。それによると、どうも幽蘭はどこかで高田の記事を知ったようで雑誌発売から二、三カ月後に「わけのわからぬ、支離滅裂な、大乱筆の長々しい手紙」を編集部に送り付けるのみならず、昭和三年正月に実際に現れたらしいのだ。

そのときは断髪肥満で男性のようだが声は紛れもなく女性だったそうで、自ら本荘幽蘭であることを告げ、社名入りの法被《はっぴ》を着て銀座通りを歩いて宣伝するから金をくれと言い出したらしい。「反《かえ》って悪い広告になるとの懸念から、謝絶され」たが、なんと帰り際に社屋の裏の通りで小便をしていった由。あまりといえばあまりである。

それにしても、ここ十年くらいは金詰まりになるとどこかの劇団に潜り込んだり講演をしたりでなんとか生活していたのに、通りを練り歩いて宣伝するなどとなりふり構わぬ窮余の策を言いだすとは、相当追いつめられていたのかもしれない。

と思っていたら、一月一九日ごろから作家の宮地嘉六のもとに立て続けに三通、幽蘭の手紙が舞い込んだ（『宮地嘉六著作集　第六巻』慶友社、昭和六〇年）宮地が大森旅館の幽蘭を訪ねると、「一人の子供のお墓が此の大森にあるんですの」「編み物の講習を始める計画ですの」「私の真の愛人は山口鎮夫と云う男でした」などと話したという。

それを裏付けるように、三月一二日付『京都日出新聞』には「満洲流浪の六年間一日も休まず研究したという『文化編物教授所』の看板を東京本郷駒込にあげた」と出ている。相変わらず資金の出所がつくづく不思議である。また、三月一九日から同じく『京都日出新聞』で「懺悔録」の連載を開始、五月二日に「暫時休載して、他日亦続編を連載する」として途絶した。

それからさらに三年後の昭和六年一月八日付『新愛知』に久しぶりに大きめの記事が出た。「すゞめ百まで?《（ママ）》躍る幽蘭女史」と題した三段にわたるもので、着物姿の本人の写真もある。さすがに少し疲れた様子だが、とくに肥満しているようにも見えない。いまや幽蘭も五二歳、若くもなく知っている人も減っているとあって昔ほどニュースバリューがないのだろう。記事冒頭に「明治時代の尖端女で、盛んにフラッパーし痴恋愚恋とエロの経歴にも富み、最初の婦人記者、婦人映画解説者、講談師などあらゆる方面を歩いて数寄《（ママ）》な半生を送ってきた本荘幽蘭女史」と説明を付記しているところからも幽蘭が過去の人になっていることが読み取れる。幽蘭関連記事が減っているのもその辺りが理由だろう。

ともあれ、このところどうしていたかというと「大正一〇年末渡支して支那、満州、朝鮮を徘徊して四年以前内地へ帰るや教育講演師、編物教師として各地を廻っていた」。やはり震災時に日本にはおらず、ついでにロシアにも欧米にも行っていなかったことがわかる。どうもこの頃のメインの活動は編物教師らしい。そんな幽蘭が数日前に新愛知紙本社に現れて言うには「妾は昨年一二月初めまで信州大町から十里ほど入った小谷という小部落に居りましたが、ぐずぐずしていると五月までは出られないというので、あわててそこを飛出し東濃中津町の大岩館の厄介となった、そこの裏から温泉の出ることを知ったが、妾が今尾羽根打枯らしているのは勿論、大岩館の主人も余り香《(ママ)》しくないのでよいパトロンを得たいと動いている訳です、あの新温泉がほんとうによいものだったら温泉に恵まれない名古屋としては大変によいと思います」。

またもや新事業に目をつけて走り回っているらしい。しかし温泉を掘るほどの資金を出してくれるパトロンは簡単に見つかるものではない。昭和六年といえば昭和恐慌まっただ中、中津町にも不況の嵐が吹き荒れていたのである。前年末に岐阜県下三大銀行のひとつ蘇原銀行が支払猶予を発表して休業、六年八月には中津川銀行が休業し、全県混乱といわれる未曾有の恐慌に晒された。創業するにはいかにもタイミングが悪い。(18)

その後はまた音信が途絶えるが、昭和七年に満州で意外な活動をしていたことがわかった。

(18)タイミングが悪い　温泉といえば、昭和の初めごろに、幽蘭が綱島温泉地に現れて男千人斬りの秘願をかけたという新聞記事が出たとする資料(田尻隼人「浅酌庵随筆　幽蘭女史の転落人生」『業界公論』第一九巻第四号、業界公論社、昭和四七年)もある。但し、最初はこの挿話を戦後と勘違いしていたり、その他の部分でも正確性に疑問が残るため、参考程度に附記しておく。しかし、秘願を人に話す辺りが幽蘭らしいといえばらしいのである。

幽蘭、映画デビューを果たす

それがわかったのは、作家柏木隆法氏[19]が俳優の中野英治[20]から聞いた話を記した「本荘幽蘭ノート」(『Fukujin』一六号　白夜書房、平成二四年)の存在があったからだ。昭和七年に封切られた、溝口健二監督映画『満蒙建国の黎明』に幽蘭が軍服姿で出演していたという。筆者の知る限り幽蘭の映画出演は初めてであり、しかもそれが有名監督の作品と聞いてはいてもたってもいられない。とはいえ、映画自体は満州移住を推奨する国策映画だったため、終戦時に中国側に押収されて現在観ることはできないらしい。動く幽蘭をぜひとも観たかったが残念なことである。

この映画のタイトルが示すごとく、この年昭和七年三月に日本政府悲願の満州国が建国されたのだ。

中華民国の大元帥を名乗っていた張作霖は蔣介石率いる国民革命軍に敗北し、昭和三年六月四日、奉天に向かう列車に乗車中に関東軍（日本陸軍）に爆破され死亡した。そして昭和六年九月、国民革命軍と関東軍の間で満州事変が勃発。翌年一月には日本海軍が上海事変を起こして列国の視線をそらし、その隙に天津の日本租界に避難させていた清王朝皇帝の愛新覚羅溥儀を担ぎ出して元首に据え、満州国建国を宣言した。華々しく日・漢・朝・満・蒙五民族の融和を謳う「五族協和」や「王道楽土」というスローガンを打ち立てたが、関東軍の傀儡国家であることは歴然だった。

そもそも日本にとって満州国を作るメリットは、ロシアの侵攻を食い止めアジアでの主導権を握ることのほか、日本国内の人口過剰を満州植民によって緩和させ、大陸の資源を活用して日本の国力を高めることにあった。そのプロパガンダのひとつとして『満蒙建国の黎明』のような映画が作られたというわけだ。

(19)柏木隆法　昭和二四年、岐阜県生まれ。近代仏教史研究家。学生時代に映画撮影所に出入りしていた関係で近代映画史にも詳しい。主な著作に『千本組始末記　アナキストやくざ笹井末三郎の映画渡世』など。

(20)中野英治　明治三七年、広島県生まれ。俳優。日活野球部から俳優になった変わり種。大スターとなるが三五歳で引退。昭和一六年、「中野英治プロダクション」を設立。戦後は「中野英治一座」で知り合った三橋達也のマネージャーをして売り込んだ。平成二年、八五歳で死去。

映画の企画は中野英治で、中野と当時の大スター入江たか子の主演、中野プロダクションと入江ぷろだくしょんの共同制作、(21) 脚本は直木三十五と三上於菟吉、脚色は上島量と増田真二、配給は新興キネマだった。ストーリーは入江たか子演じる川島芳子を主人公とした冒険ものである。

昭和七年四月九日付『読売新聞』を見ると、入江たか子ら十数名と撮影機五台は一三日正午に神戸出港の香港丸で渡満(22)し、二四日から撮影に入ると出ている。ロケの予定は長春、吉林、松花江、ハルピン、鄭家屯、尚南、チチハル、バイカル、奉天、上海に及び、撮影総日数三カ月、総予算一〇万円（現在の物価で一億七〇〇〇万円近く）という大作だ。「本荘幽蘭ノート」によれば、凝り性の溝口が奥地を求めてソ連領土まで行き、国際問題になりかけたという。予算も大幅に超え、大赤字だった。

肝心の幽蘭出演の経緯は、入江たか子が拳銃を撃ちながら馬で駆けるシーンを断ったため、満州浪人の古関日明という人物の推薦により実現した由。中野英治の妻の英《はなぶさ》百合子《ゆりこ》(23)が小生《こいけ》夢坊《むぼう》(24)に幽蘭の居場所を聞き出した。中野は『満蒙建国の黎明』クランクアップの写真を持っており、そこには男装軍服姿の幽蘭が写っていたというが、その後中野の遺族が処分したとのことで今では見ることができない。が、当時書かれたとおぼしき幽蘭自

(21)中野プロダクションと入江ぷろだくしょんの共同制作　この頃はスターの独立が盛んで、日活系の片岡千恵蔵プロダクション、松竹系の阪妻プロダクションなど続々と設立されていた。

(22)入江たか子ら十数名と撮影機五台は一三日正午に神戸出港の香港丸で渡満　入江の著書『映画女優』には兄を含む四人で一カ月前に満州入りし傷病兵慰問を行ったとある。

(23)英百合子　明治三三年、広島県生まれ。女優。女学校時代に旅役者の後を追っ

『婦女界』（婦女界出版社、大正七年一〇月、第46巻4号より

て出奔。その後国際活映に入社し映画に主演する。昭和二年に中野英治と結婚し、一児をもうけ離婚。年を重ねて脇役となってからは日本最初の母物女優、老け役女優ともいわれた。昭和四五年、六九歳で死去。

(24)小生夢坊　明治二八年、石川県生まれ。本名は小生第四郎。作家、社会評論家。日本画家の広谷水石に学び、野球漫画でデビュー。大正三年頃に上京し、『第三帝国』『へちまの花』『新社会』各誌に寄稿。『二六新報』では文芸欄を担当した。大正一二年頃から曾我廼家五九郎などの劇団に関与。戦時中は「新亜細亜主義」を掲げ、内地・朝鮮・台湾・満州・蒙古から少年を二人ずつ集めて「興亜十人塾」を設立。昭和六一年、九一歳で死去。

筆の短冊三葉を柏木氏が手許に置かれていたため、氏のご自宅に伺った際に撮影させていただいた。書かれた句は以下の通り。

謝恩　打ち下す馬賊の鞭に泣かぬ身の
　　　　人の情に袖ぬらすかな　　幽蘭

白夜　くれやりぬコロンボイルの夏の宵
　　　　ほの白き儘に暁きいのる　幽蘭

ハイラル所見　瘤高き駱駝の背に蒙古人
　　　　羊逐ふなり入日は赤し　　幽蘭

幽蘭はいわば入江のスタント、影武者的役回りのため、映画宣伝のクレジットにも名はなく、入江の著書『映画女優』（学風書院、昭和三二年）の『満蒙建国の黎明』に関する章「入江プロ創設の満州行き」にもその名は一切出てこない。関係者も亡くなり映画も観られない以上、柏木氏の証言がなければ埋もれていた事実である。

柏木隆法氏を岐阜県土岐《とき》市のお住まいに訪ねたのは、平成二七（二〇一五）

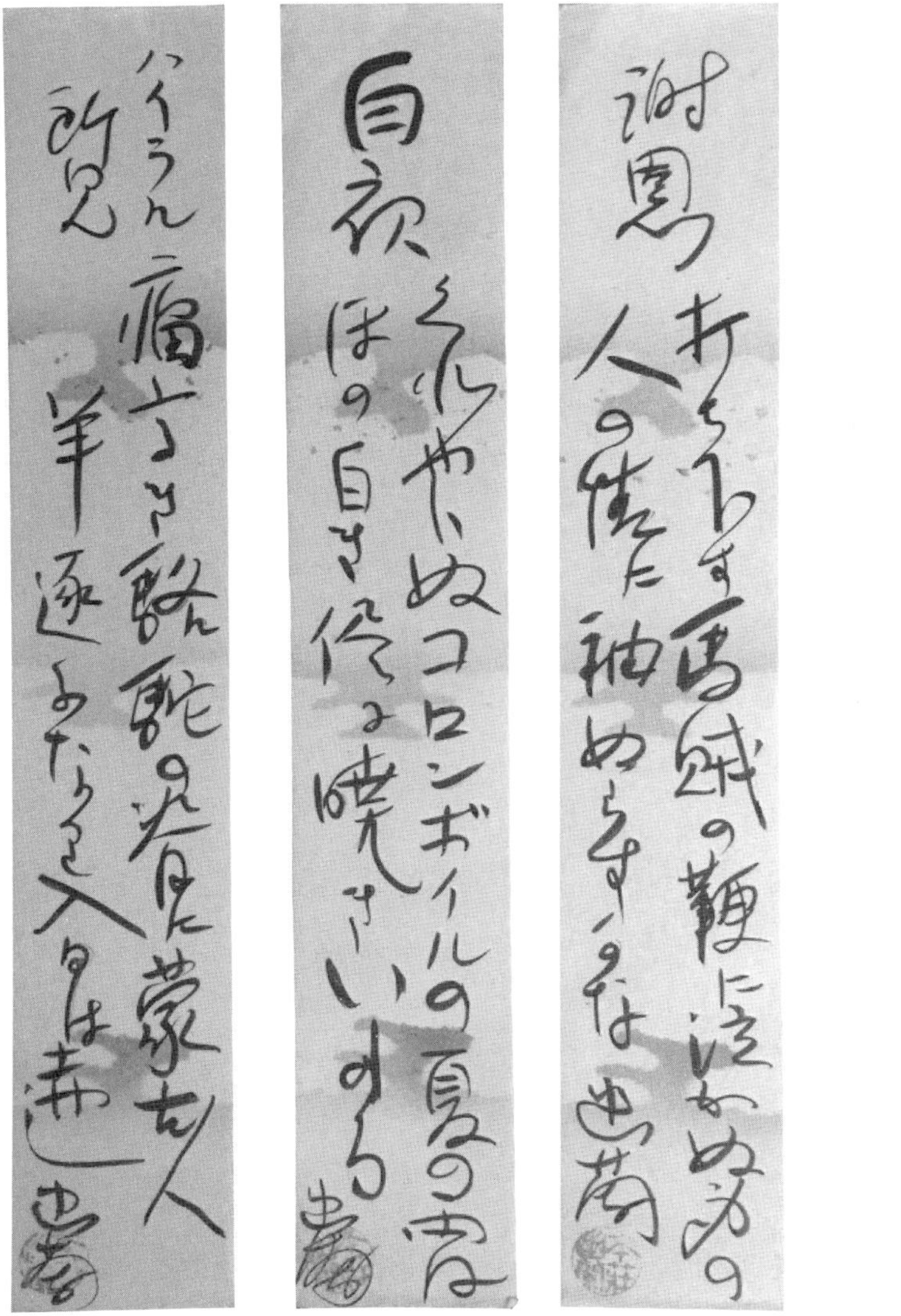

柏木隆法氏所蔵の幽蘭直筆短冊三葉

年四月初旬のことだった。初対面だったにもかかわらず、ご自宅敷地内の書斎に気さくにご案内くださった。そこは資料庫ともいうべき空間で、映画に関する資料をはじめ、張作霖が岑参《しんしん》の七言律詩「和賈至舎人早朝大明宮之作」を揮毫した掛軸や、犬養毅の直筆の手紙を表装されたものなどが収められていた。氏のご専門は仏教史だが、学生時代（昭和四三年から昭和四七年まで）京都の撮影所でアルバイトをされていたご経験から映画や撮影所事情に詳しく、俳優との交流からさまざまな挿話にも通じておられた。療養中のなか四、五時間お相手いただき、訪問後も何かと気にして葉書やファクスをお送りくださった。平成三〇（二〇一八）年八月二八日に逝去されたが、ご存命中に本書をお渡しできなかったのが心残りである。この場を借りて謹んでご冥福をお祈りしたい。

幽蘭、馬賊に拉致《らち》・監禁《かんきん》さる

翌年の昭和八年九月一一日、とんでもないニュースが飛び込んでくる。一一日未明にハルピン行きの国際列車がボクラニチナヤ（綏芬河）駅で馬賊に襲われ乗客が拉致されたが、乗客のなかに幽蘭がいたというのだ。

馬賊が列車を襲う事例は頻々と起きていた。拉致は身代金目的のため、金が払われれば人質を解放する場合が多いが、とはいえ、必ずそうする保証はない。そもそも馬賊とはどんな連中なのか。

明治三六年生まれで中国東北部に通算二十五年住み、日本人馬賊とも交流のあった渡辺龍策の著書『馬賊――日中戦争史の側面』（中央公論社、昭和三九年）によれば、「馬賊」とは日本人が考えた名前らしい。村落の治安を維持するために村が雇った自警団が初期の「馬賊」に当たるものだという。一方、普段は農民だが生活のために略奪する者、また無頼の徒は「土匪」とか「匪賊」と呼ばれ、山間僻地に潜んで略奪する「山賊」、部落を渡り歩く「流賊」などもおり、そこに「狭い日本にゃ住みあいた」（大正一一年の流行歌「馬賊の歌」(25)）とばかりに流入してきた日本人の大陸浪人たちも合流、次第に目的はどうあれ隊を組んで馬に乗って暴れる連中を一括りに「馬賊」と呼称するようになった。日本人馬賊には幽蘭が会見を試みたという江崙波こと辺見勇彦や尚旭東《しょうぎょくとう》こと小日向白朗(26)、張宗援こと伊達順之助(27)などがおり、関東軍に雇われ御用馬賊、諜報馬賊として活動した者もいた。

幽蘭を拉致したのは中国人の東山好という馬賊で、配下五〇〇名のうちの半分が属する「丙丁紅火通」と名乗る一団だったらしい。

九月一二日付『満州日報』夕刊には「七月以来満洲各地を講演旅行中の剃髪男装の名物女本荘幽蘭女史外二名の邦人が拉致された」とあり、人質は全部で一〇四名と出ている。相当な大所帯だ。

日本国内でさまざまな憶測が乱れ飛ぶなか、十二日後の二四日付『満州日報』に「幽蘭女史から救出依頼状来る」という一報があった。二二日に

(25)「馬賊の歌」　作詞は演歌師の宮島郁芳、作曲者不詳（鳥取春陽作曲のものもある）。「御国を出てから十余年／今じゃ満州の大馬賊／亜細亜高嶺の間から／繰り出す手下五千人」という大陸雄飛を思わせる内容で、拓殖大学の寮歌でもある。

(26)小日向白朗　明治三三年、新潟県生まれ。馬賊。一四歳で上京し、一七歳で渡満。大正九年、馬賊に襲われ仲間となり戦功をあげて頭目となる。道教と中国拳法等

ハルピン斜紋街のツルヤホテル主人宛に「粗末な支那紙に女史の筆になる肉太の走り書き」が届いたそうで、「自分は今捕われの身となり身代金を要求されている救い出しを乞う」という内容、吉林省小綏芬、九月一五日の消印があったらしい。

それから情報はふっつりと途絶え、「幽蘭女史救わる」という朗報が舞い込んだのは、年も押し詰まった一二月七日のことだった。七日付『大阪毎日新聞』には「四日、小出大尉の指揮する満洲国軍の為に救出され、穆棱駅に帰還した、遭難後まる三ヶ月で極度にやつれている」。一体、三カ月もどうやって暮らしていたのだろうか。

その疑問に答えてくれるのは、翌昭和九年一月二八日発行の雑誌『サンデー毎日』（毎日新聞社）に掲載された幽蘭へのインタビュー記事である。タイトルはなんと「監禁、八十日　ほがらかな煉獄　馬賊生活から救出されるまで」。

解放後の幽蘭はハルピン中国六道街松花ホテルに投宿していたようで、頭は胡麻塩の五分刈り、大島の着物にセルの袴で、差し出した大きな名刺には「教育講談師　龍江日報婦人記者　馬賊巣窟探検者　本荘幽蘭」とあっ

の修行を積み「尚旭東」の名と破魔の銃「小白竜」を授かったことで中国全土の馬賊の総頭目となる。戦後は国民党軍に逮捕され、漢奸罪で起訴されるも免訴となる。昭和五七年、東京で死去。

(27)伊達順之助　明治二五年、東京の男爵家に生まれる。大陸浪人・馬賊。昔から粗暴な少年で知られ、中学生で不良を射殺し執行猶予となった。その後、奉天に渡り、張作霖爆殺計画に参画。大正八年には山縣有朋暗殺計画を画策した。大正五年に第二次満蒙独立運動に参加。運動失敗後は山東自治聯軍に参加した。昭和六年、中国に帰化し張宗援と称した。終戦後、青島で戦犯となり、拘留所を転々とする。昭和二三年、銃殺刑で死去。

たという。「馬賊巣窟探検者」とはふるっている。生きて帰れた今となっては持ちネタが増えたようなもので、つくづく幽蘭は「持ってる」人である。ちなみに二〇貫(約七五キロ)あった体重は一二・三貫(約四五〜四九キロ)にまで痩せた由。

記事によれば経緯はこうだ。

幽蘭が満州にいたのは、在満皇軍慰問と満州全土踏査録を思い立ったためで、朝鮮咸北羅南を皮切りに間島《むんぎょん》地方、四洮、洮昂線、北鉄西部線、北鉄東部線各駅をまわり、国境のボクラニチナヤ駅で慰問を終えたのが一〇日のこと。国境警察隊からたくさんの土産物と見送りを受け、「この列車は今まで匪賊の襲撃を受けたことはない」とお墨付きまでもらって午前二時四〇分に国際線に乗り込んだが、しばらくして大きな音に電車が止まり、銃声が響いた。

すぐに馬賊に襲われたことはわかったが、同室のロシア人が逃げ出そうとして射殺されたため静かにしていた。そこへ馬賊が現れたので持っていた八円を渡すと「謝々」とにっこり笑って懐に入れ、外に出されたという。

外にはロシア人、中国人など二〇〇人以上がおり、ひたすら急かされながら移動し続けた。着物に袴、下駄の幽蘭は早く歩けないため、尻をはしょって足袋のまま歩いたが「なにしろ年をとっている上に二〇貫もの大女なので」止まると撲られたが、最後には馬に乗せてくれた。朝一〇時頃やっと廃屋に到着。トウモロコシを与えられ、身体検査で金目の物はすべて取り上げられた。

よく見ると馬賊と親しそうに会話している朝鮮人がいたので、幽蘭が何か有利になるかもと思い積極的に交流していると、朝鮮人曰く「以前日本軍の案内をして度々同馬賊の討伐隊を行いその際あの朝鮮人の馬賊の顔を見知っている。（中略）結局私を殺す口実にするでしょう。貴方も私と親密そうなので軍事探偵ではないかと疑ぐられていますよ」。それを裏付けるようにまもなく朝鮮人の姿は消え、馬賊の一人が幽蘭に「彼奴をとうとうやったよ」とにやにやしながら告げたらしい。しかしまもなく幽蘭が座って用足しをしているところを発見、女性だとわかって誤解が解けたという。

その日は廃屋で夜を明かしたが、夜中に銃声でたたき起こされ、慌てて出る羽目になった。どさくさで大部分の人質は逃げたが、ロシア人男女、中国人、朝鮮人と幽蘭の三三名は残ってしまった。それから十日間ほどは馬や徒歩でひたすら山中を歩かされたが、どうも同じところを廻っていたらしく思えた。

九月二六日に再び山道を登り、高原に出たところでみんなで丸太と草と土で家を建て、落ち着いた暮らしを始めた。男は材木を伐り、女は料理をし、馬賊と酒盛りをすることもあった。幽蘭は芝居の真似事で馬賊を喜ばせることとすらしたらしい。

数十日をここで過ごし、またもや下山して今度はジャングルで暮らし始めた。ここが馬賊の真の拠点らしく、たくさんの丸木舟（殺した人質を入れて流すのではと幽蘭は警戒したらしい）や馬賊用の療養所、馬や牛などもいた。幽蘭救出のために未知の小出という医者が骨を折っているという風の噂を聞いたもののいつまでたっても動きはなく、話のついた人質から減っていって一一月三一日には中国人五人と幽蘭のみになった。すると一二月二日、突如幽蘭一人が馬に乗せられて移動することになった。夜にとある場所で馬賊が酒盛りをしていたところに、背広姿の小柄な日本人男性が現れ「僕小出です。僕は別に貴方を知らないが気の毒だから僕連れに来ました、じゃ行きましょう」と手をとって馬車に乗せ、「じゃ失敬、いろいろありがとう」と馬賊に簡単に挨拶をして連れ去ってくれたという。実にあっけない救出だった。

幽蘭は締めくくりとして「私の八十二日間の馬賊生活は一言でこれをい

えばつまり朗らかな煉獄であった。苦しい（こ）ともあったが時には共に飲み、共に歌った。最も愉快に思われたのは彼等も結局は人の子、生活苦のために馬賊稼業はしていても人としての血もあり涙もあり温い心でこれを導けばその浄化は可能であるとの結論を得た（こ）とです。もし機会があればこの経験を資本に再び奥地の馬賊に会い帰順をすゝめて新興満洲国の王道楽土の余慶にあづからしめたいと思っています」と語っている。再潜入をする気満々とは。これが当時は「ばあさん」といわれる五四歳なのだから恐れ入る。

幽蘭によれば、救出した小出忠義という人物は医者をしており、東山好が吉林省軍の隊長をしていたころその部下を治療したことがあったという。知り合いであることから幽蘭の窮状を救わんと、付近の村落から二五〇〇円を集めて身代金としたらしい。なんだかわかるようなわからないような話である。

実は、小出の側から書いた手記がある。

護身術の機関誌『八光流』昭和四二年八月号、四三年一月号に掲載された「満州建国の一齣　幽蘭女史救出記（一）」「満州建国の一齣　幽蘭女史救出記（二）」だ。それによると、救出依頼は八月一七日（九月一七日の間違いか）午前三時、知り合いの白系ロシア人プイコロリザ・アレキサンドロヴナという女性教員からもたらされ、幽蘭を馬橋河居留の白系ロシア人のみで救出したいので許可がほしいという内容だったようだ。小出は日本人が処置すると請け負い、連隊本部に向かい、井上連隊長に伝えたところ、先方も相談があるとのこと。曰く「あのおばあさんは、本庄《（ママ）》幽蘭女史という有名な女で皇軍慰問の為、来満中だ。ボクラニチナヤ（綏《スイ》（ママ）芬河《フンガ》）を出発する際に装甲列車に乗ればよかったのに普通列車に乗ったからいけなかったのだ。軍としても面子《メンツ》があるからなんとかして殺されないように女史を救い出さなければならん。しかし武力では絶対に不可能であるから何とか君の力で救い出す方法はないか」。

　小出は軍の将校と事件状況を調べ、伝手を頼って居場所を見つけて解放を頼んだものの、日本の討伐隊を恐れて居を転々と移す馬賊たちも引き渡しの手段が見つからなかったようで、二カ月が経ってしまった。その間に小出は食料品や衣料品を幽蘭に届けたという。

　その後、らちがあかないので小出が単身乗り込むことを決意、乾草河という山岳の谷間での会見が決まった。当日、途中まで武装自警団員に送られた小出が現場に行くと、五〇〇人近い馬賊が隊列を組んで現れた。そして小さな百姓家で東山好と会談したが、共通の知り合いがあったことがわかってうちとけ、夜一二時頃まで語り合い、帰る間際に突如、幽蘭を引き渡された。

小出を見た幽蘭の第一声は「ハアー、こんなチッポケな可愛い方ですね」だったらしく、小出は「小さくて悪かったね、小さくてもよいでしょう。あなたを救いに来たのですから」と返事をしたという。救出時の会話は幽蘭の話とだいぶ違う。そこからふたりは馬車に乗って小出の家まで帰り、最初に救出依頼をしたロシア人らと会い、幽蘭は風呂に入って食事をとって就寝したというが、山歩きでボロボロになり、垢とシラミだらけになった衣類を記念にとっておくと言ったというのがおかしい。講演会のときにでも見せようと思ったのだろうか。家の外の垣根にかけておいたら翌朝シラミは凍りついて死んでいた。翌朝、小出と幽蘭は列車で連隊長のところまで行って報告し、憲兵隊にも報告、記念撮影をした。

幽蘭は馬橋河に四、五日滞在してハルピンに向かったが、その途上で日本人相手に早くも講演を始めていたという。その触れ込みは「長崎県出身

（引用者注：小出の勘違いか）、満州国陸軍大尉、小出忠義氏の義と胆によって救い出された本庄《ママ》幽蘭女史の匪賊生活煉獄記」だったそうで、まったく元気な人である。

ともあれ小出の手記を見ることで、捜索のきっかけはロシア人女性からの依頼だったこと、捜索や救出には軍の連隊も深く関わっていたことがわかる。また、小出が馬賊と待ち合わせるときに途中まで一五人の武装自警団に送られたり、帰りには馬橋河から満州軍三〇人が出迎えに来たりとかなり厳重な扱いを受けていることも知ることができる。馬賊に拉致された日本人が解放されるときは常にこういう待遇なのか、それとも幽蘭だからなのか判断はできないが、少なくとも村民から金を集めたりだとか、東山好と知り合いだとかいうような小出個人の働きではなく、かなり組織立った救出作戦だったようだ。

幽蘭、生還し講演会を開催す

昭和九年六月二二日付『満州日報』夕刊には「本荘幽蘭女史　更生記念講演会」とあり、大連劇場で匪賊遭難更生記念講演会を開くと出ている。演題は

▲演説　一、満州国の出現と大日本の将来　二、北満、北鮮、台湾産業大観
▲漫談　一、おへその行衛　二、ぬけがらと蛙の眼
▲事実講談　一、血涙秘話馬賊物語　二、本荘幽蘭懺悔譚（父性篇処女性篇）

五五歳になってもまだ懺悔しているのだから驚きだ。そして子供向けなのか、漫談があるのも意外である。

とまれ、まだ満州にいるようだが、実は、幽蘭の満州生活を暴いて（？）みせた人がいる。社会評論家の小生夢坊だ。

著書『僕の見た満鮮』（月旦社、昭和九年）の「新興尼の元祖幽蘭の没落」には、「幽蘭は踏み倒しにかけての東洋チャンピオンだ」「枯齢《かれにし》まさに五十七と言う好男子――講談師だが、却々《なかなか》饒舌《おしやべり》やうまい。奉天など四五軒も尼の手に引懸った店がある。旅順では、皇警慰問の名で、乃木町の宝来旅館に投宿――昭和園の会場費、旅宿費、印刷費、自動車代立替金九十余円也を未払いのまま、何処かへどろんと弾正振り(28)で消て終って、それっきり」と記している。

暴く、とは書いたが本書の読者であれば今さら踏み倒しなど驚くに値しないだろう。やってるやってる、てなもんである。幽蘭の場合、悪意を持って相手を騙そうというよりは、支払いの頃にはどこかから調達できるだろうという楽観から起こる踏み倒しなのではないか。また、踏み倒したところで路頭に迷う相手でもない、という計算もありそうだ。夢坊は古くか

(28) 弾正振り　戦国武将の松永弾正のことか。弾正は

ら幽蘭を知り、映画『満蒙建国の黎明』で幽蘭の居場所を探す際にも一役買うなどかなり親しい間柄である。「ホラのふきながし」「女に学問させたら不可《いか》ンネ」などなかなか辛辣な書きっぷりだが、本気で糾弾しているわけではないように思う。

満州には「イカサマもどきの皇軍や、鉄路局や、皇警慰問が沢山迷い込んでいる」とし、慰問をするのであれば一汁一菜の麦飯をかきこみ、戦線の弾丸運びを手伝うくらいの気概で臨めという苦言が夢坊の趣旨だろう。

官位で、名は久秀。永正五（一五〇八）年生まれ。永禄八（一五六五）年に起こった「永禄の（政）変」の後、三好三人衆（三好長逸、三好政康、岩成友通）と対立した久秀が包囲された堺から脱出し、雲隠れした一件より派生した言葉と思われる。

幽蘭、選挙応援人として現る

それからまた二年ほど姿を消した幽蘭は、昭和一一年二月一三日付『大阪毎日新聞』に、突如選挙応援人として登場した。「珍しや幽蘭　李候補の応援に」と題された記事には一二日夜に淀川区豊橋第六小学校で行われた李善洪候補の応援演説に約三〇分ほど得意の弁舌をふるったとある。久しぶりに現れたと思ったら在日コリアンの応援演説とは何が何やら、だ。

李善洪や彼を取り巻く状況については塚﨑昌之氏「戦前期の大阪の朝鮮人と選挙 ―― 四回の総選挙に立候補した李善洪を中心に」(『在日朝鮮人史

研究』〈昭和五二年〉収録）に詳しい。

　李は明治二八（一八九五）年全羅南道務安郡生まれ。二二歳のときに来阪して、飴売り、郵便局事務員、朝鮮人参商などで糊口をしのいだ苦労人だが、二七歳で「朝鮮人協会」を発起して大阪における朝鮮人の代表的存在になる。日本人の妻と娘二人を持つ李のテーマは「内鮮融和」で、朝鮮人差別や朝鮮人労働者の境遇の向上に奔走した。日本のアナキストたちから支援され『新鮮日報』発刊を敢行（後に発刊停止）。明治六年に満州事変、七年一月に桜田門事件（李奉昌が天皇の乗った馬車に手榴弾を投げた事件）が起こると天皇への「赤誠」を誓う声明書を宮内省や警視庁に持参し親日をアピールした。

　李が選挙に立ったきっかけは「内鮮を政治的に解決し在鮮二千万同胞の為政権を獲得せんとする」ためで「友人の勧めに従って立候補」したとするが、その友人こそ玄洋社の重鎮、頭山満だった。

　幽蘭が突然応援に駆り出されたのも頭山かその周辺に言われたためと思われ、演説の内容もそれに沿ったものだっただろう。

　李は選挙に四回立った。一回目は昭和七年二月の第一八回衆議院選挙に大阪四区から立って得票率一・七％、二〇二〇票で惨敗。以来、幽蘭が演説した一一年の第一九回衆院選、翌年の第二〇回衆院選、一七年の第二一回衆院選にいずれも大阪四区から出て落選している。ただし、三回目の選挙戦では「東亜民族の親睦和合、皇道精神に基づく大アジヤ主義」を掲げるなどアジア主義への歩み寄りが見られ、得票数も一万を超えて大躍進を遂げている。一回目には走り回って期限ギリギリに納めた供託金も、三回目は初日に済ませており、資金の出所も含め国家主義者たちの力を感じずにはおれない。

幽蘭は演壇に立った当時、朝鮮平壌本町に事務所を設けていると言ったそうで、「鮮満全土案内所長、平安婦人クラブ主幹、西鮮編物授産会長」という名刺を持っていたという。拠点をすっかり外地に定め、落ち着いたのかと思えばさにあらず。実は七月二五日付『羅府新報』に京阪神の宿代踏み倒しによりとうとう詐欺罪で太秦署に検挙されたと出ている。どうも応援演説のために来阪した後、大阪や神戸でいつもながらの講演会をしていたが、その間の宿代を払わなかったということらしい。なお、留置中は「流転人生記録」なる自伝を執筆しているとのこと。転んでもただでは起きないところは幽蘭の真骨頂である。

幽蘭、消息を絶つ

検挙騒動の半年後、昭和一二年四月一〇日付『日米』紙に「男装の幽蘭女史　廿余年ぶり市議選の真只中　労協三輪氏の応援に」という記事が出た。幽蘭の紹介[29]として「支那、満州、シンガポールを流れ歩いて（中略）廿余年ぶりに」戻ったとある。大森のわが子の墓に参る予定で上京したところ、偶然同郷の市議候補者を見かけて飛び込みで応援演説をしたらしい。いつものこととはいえ、その身軽さたるや驚くべきことだ。

だがこれから後、戦後まで幽蘭の消息はぱったりと途絶える。

時局がいよいよ戦争に向かい、おかしなばあさんの記事を掲載する風潮になかったとか、幽蘭のことを知る人が減っていたとか、本人が内地のマ

（29）幽蘭の紹介　ここに、明治末から大正にかけて「幽蘭」が流行語となったという記述もある。「遊覧」にかけて名所旧跡の代わりに人生の尖端を転々する女性の意味で「彼女は幽蘭女史だぜ」という使い方をするという。

スコミの前に現れなかったとか、理由はいくつも想像できる。また幽蘭自身が、次第に表に出ないような政治的、思想的活動に傾倒していくようにも見受けられる。満州国建国を讃える『満蒙建国の黎明』出演、アジア主義者推薦の李善洪の選挙応援と、漏れ聞こえてくる話がどうも腥《なまぐさ》いのだ。関係浅からぬ人たちに依頼されたとはいえ、選挙応援のために朝鮮半島から駆けつけるなどということは、それまでの行動パターンにはなかった。この事態をどう見るか、資料が少ない状況ではなかなか難しい。

大正九、一〇年辺りから朝鮮半島や中国大陸に断続的に滞在していたのは、内地で生きていくことに限界を感じていたためと思われる（大正四年時にすでに「私は新しい女、論落の女を卒業して、もう身の落ちつけ所が無いから渡航します」と記者に語っている）。滞在中も大方いつもの伝で、政財界、満鉄関係者、大陸浪人らに無心をしていただろう。しかし、今までのように資金だけもらって暢気にしていられただろうかという疑問が浮かぶ。もともと頼まれごとを引き受けるのが好きで人脈も広い幽蘭のこと、金の見返りに何がしかの用事をこなしたとしてもおかしくはない。それが例えば講談の慰問講演などという罪のないものか、それとももっと露骨に戦争協力といえるような行為、人を紹介したり情報を提供したりすることで国家の安全保障に繋がるような、いわゆる諜報活動を行っていた可能性はないのか。もちろん、あくまで可能性ではある。それを推し量るために、あらためて幽蘭の当時の思想と人間関係について整理してみたい。

宗教、思想は幽蘭を語るうえで欠かせない要素だ。フェリス和英女学校や明治女学校で学んだキリスト教、生活に困って駆け込んだ救世軍、新興神道の神風会、教派神道の扶桑教、失恋を癒すために身を寄せた大本教など、厳密には信徒といえないものも含めて宗教と幽蘭には切っても切れない縁がある。それは生きづらい彼女の居場所捜しの旅でもあるのだが、どれも短期間で転向ないし棄教していて、さながら思い付きの感がある。しかしこと日蓮主義に関しては、大正一〇年の自称「日蘭尼」以降、最後の消息である昭和一一年まで実に一五年もの永きに渡って支持している。しかも熱心にである。

日蓮主義が田中智学によって命名されたもので、宮沢賢治や高山樗牛ら文学者も信奉していたことは前述した。創始者の田中智学は日蓮の教えを「日本を中心として世界統一をめざすもの」としてとらえていたが、この極端な国家主義は次第に軍国主義と結びつく。革命運動に投じ二・二六事件を起こした青年将校らに影響を与えたかどで処刑された北一輝や、満州事変の首謀者で満州国建国の立役者といわれる石原莞爾、一人一殺主義を唱えて政財界要人の暗殺計画を図った血盟団事件の首魁井上日召などは熱心な信者または僧侶で、日蓮主義をその行動原理においていたことも喚起しておきたい。幽蘭がどのような立場で標榜していたか明確ではないが、馬賊拉致から救出された際の昭和九年一月頃のインタビューでは「この経験を資本に再び奥地の馬賊に会い帰順を勧めて新興満州国の王道楽土の余慶にあづからしめたいと思っています」などと語っている。傀儡国満州に「帰順」させるという発想や、空疎なスローガン「王道楽土」を肯定的にとらえているところを見るに、かなり統一主義に傾倒していたことを窺わせる。頭山満などは満州国建国に反対していたが、アジア人が対等に手を取り合うという玄洋社式、孫文式のアジア主義から、少なくともこの時期の幽蘭の思想は乖離していることがわかる。しかし、現状言えることはそこまでであろう。

次に人間関係だが、幽蘭が恋人や夫との関係を長期間維持できないことは今まで見てきた通り、本人もエッセイ「私の見た男子」のなかで、「長い一生『二体一心』訝な寸法に行く事は先づ不可能」と書いているが、別れた後も含め友人関係は長く続いていることが多い。そのなかで、やはりどうにも引っかかるのが野波静雄である。

繰り返しになるが、野波静雄との出会いは明治三五年、幽蘭二四歳のときに一四、五歳の野波と電車内で出会ったのが最初とされ、その八年後に別の男性に宛てた手紙には「八年に渡る野波静雄氏に対する深き恋を有せし」「八年の恋人野波静雄」と記していた。また、明治四二年に大連の「幽蘭ホテル」建設の前後で知り合った宮崎亀次郎に宛てて書いた三行半にも「僕には目下亜米利加に留学しつつある野波と云う許嫁の良夫がいる。それが来年四月帰朝するから僕は夫と結婚する」と書いている。幽蘭がここまで執着する男性はそう多くはおらず、野波静雄が何者で実際にはどのような関係にあったのか再点検の必要を感じる。

第三〇代内閣総理大臣斎藤実《まこと》は、自身にまつわる書簡や書類を膨大に遺しており、現在は国立国会図書館に「斎藤実関係文書」として保管されている。そのなかに野波静雄の気になる資料が二つある。

「総決算　実施的旅行趣旨」野波静雄　昭和七年十二月　墨書・謄写一綴（付）「首相閣下に対する要件」墨書一枚
「対亜細亜国策工程」野波静雄　昭和九年四月　カーボン一綴（付）地図一枚

前者は明治三九年から昭和三年まで農商務省、逓信省をはじめとする各省の依頼を受けて行ったヨーロッパ、アジア、アフリカ、ロシアなどの視察旅行の趣意書であり、後者は視察を受けて植民地政策、アヘン政策に関する提言をまとめたものである。ここから読み取れるのは、野波は政府から特務を受けていた人間だったということである。また、『下中弥三郎事典』のなかの「外国を回り国際情報を満鉄に提供していた」（「旅順図書館」の項）との記述から、野波静雄の呼称「隠れたる世界的大旅行家」（『人の噂』昭和六年一月号）とは、つまり諜報員を指していたことがわかる。なお、山田豪一『満州国の阿片専売──「わが満蒙の特殊権益」の研究』（汲古書院、平成一四年）には、野波が中国や満州で暗躍する日本人不正業者のモルヒネ密売に警鐘を鳴らしていたとある。大正四年には関東州の関税自由制度、モルヒネ密売、都督府の専売益金との連関関係や仕組みに気づき、多くの調査を報告、大正一〇年に「大連阿片問題解決前提帝国租借地税制改正案」を提案し政府要路に送ったが、原敬首相が一一月に暗殺され、宙に浮いてしまった。この提案書には一九点に及ぶ参考調査資料が付録としてついていたはずが原本回収破棄により五点の複写があるのみで、そのうち筆写された一点は官長間の閲覧も禁止になっているという。野波の提案は活用の機会も後顧の機会も奪われたままである。

野波静雄が諜報活動を行っていたのなら、日蓮主義を標榜して朝鮮半島や満州を渡り歩いていたその後の幽蘭との関係はどうだったのか。

野波と親しく、その人となりについて述べている数少ない人間は平凡社創業者の下中弥三郎と、満川亀太郎、ともにアジア主義者である。前述したが、下中と野波の出会いのきっかけは、野波の妻である十時八重子(30)が下中の日本女子美術学校教員時代の教え子だったことによる（六八頁）。満鉄調査部嘱託だった野波が旅順図書館の経営を任されたが適任ではないため他の人に頼みたいと言うので、大正七年八月に八重子から下中に依頼した（『下中弥三郎事典』平凡社、昭和四〇年「旅順図書館」の項）。また、満川亀太郎が野波と知り合ったのは下中の紹介によるもので、日時は満川の日記か

(30)十時八重子　生年不明、柳川生まれ。『下中弥三郎事典』（平凡社、昭和四〇年）「旅順図書館」の項によれば、八重子は杉浦重剛の姪で、内村鑑三の教えを受け、山内多門に絵画を学んだ。下中弥三郎が日本女子美術学校の幹事兼国語講師の時代に生徒だったが「なかなかの才媛」で「原阿佐緒と共に下中が深く目をかけていた女」だった。また、下中が関わった『婦女新聞』の人脈とも交流したとある（「婦女新聞」の項）。野波静雄と結婚後に渡満したが、大正一〇年、八重子が携帯していた日本刀で不良青年に殺害された。下中は八重子の伝記を出版するつもりで晩年まで原稿を保存していたが、下中の死後行方不明になったという。

ら大正一三年五月二三日と明言できる。つまり、下中と野波は大正七年に、満川と野波は大正一三年に出会っているのだが、幽蘭が野波と出会ったのはずっと早く明治三五年である。アジア主義人脈と深い繋がりのある幽蘭と、この時点では特段アジア主義者とも思われない野波静雄（昭和八年になって「大亜細亜協会[31]」の会員に名を連ねることになる）が電車でたまたま出会い、以後八年間も許嫁と思い定めたことをそのまま偶然と受け取っていいものか、疑問が残る。何か曰く因縁があるように思えてならない。また、野波は大正一〇年二月に妻八重子を亡くしている。朝鮮半島や満州に居を移した幽蘭が野波と旧交をあたためた可能性は十分ある。そこで野波の活動を幽蘭自身ができる範囲で手伝うということがありはしなかったか。

戦中の幽蘭の消息が途絶えたと書いたが、ひとつ気になる資料があった。『興建運動』（昭和一六年）という中国語の本に「張幽蘭」という人物が「興亜建国歌」という漢詩を寄稿しているのだ。本の著者は「興亜建国運動本部結束委員会」名義、出版社は上海にあった「街頭書報社」である。「幽蘭」という号は中国では珍しくないが「興建運動」というのが気にかかる。「興建運動」とは興亜建国運動のことで、蔣介石と袂を分かった汪精衛や袁殊らが新政権樹立に向けて昭和一四～一五年に行った運動を指す。汪は、抗日を打ち出す蔣介石と違い和平路線であったため、日本側との交渉を重ね、昭和一三年に「中国の満州国承認」「日本軍の二年以内の撤兵」などを盛り込んだ「日華協議記録」を締結。しかし、身内の裏切りや近衛内閣の辞職などで計画は頓挫し、いったんはハノイに退避するが日本統治下での政権樹立に目標を切り替え、影佐禎昭らの助力で昭和一五年三月、南京国民政府を樹立、主席代理に就任した（後に主席就任）。この政権樹立までの和平工作を支えたのが日本のアジア主義の面々であり、また「興亜建国総部」は日本の上海副領事である岩井英一が運営していた。岩井は「岩井機関」とよばれる諜報機関を率いるボスで、児玉誉士夫らを配下に置いていた人物である。

　幽蘭のアジア主義の人脈と興建運動の顔ぶれが重なることや、中国側の興亜連盟運動に影響を与えた人物が日蓮主義の石原莞爾だったことなどを考えると、彼女が上海で活動していた可能性はないだろうか。そう思い、興亜建国運動を研究され『対日協力者の政治構想――日中戦争とその前後』（名古屋大学出版会）を上梓された関智英《せきともひで》先生に尋ねたところ、「張幽蘭」は本荘幽蘭ではないのではないかというご回答をいただいた。理由として、

（31）「大亜細亜協会」　アジア民族の団結と独立を目指して昭和八年三月に創立。その創立大会には中谷武世、満川亀太郎、ラス・ビハリ・ボース、近衛文麿、有馬頼寧ら政財界、学界、軍部の錚々たる人物百数十名が名を連ねる盛大なものであった。ここで言われる「亜細亜」とはインド、アラブ圏をも含む広範な概念で、これらの国の独立・解放を求める協会の思想は軍部や、ひいては太平洋戦争に大きな影響を及ぼしたといわれている。下中弥三郎は後に東京裁判で機関誌『大亜細亜主義』を証拠書類として提出している。

興亜建国運動は別名を使っている[32]人物が多いこと、張幽蘭の名で掲載されている「興建運動歌」は「興建運動大徴文歌詞第一名」とあり、興建運動拡大キャンペーンに応募して一等賞を取った歌との意味であること、この運動が比較的若い世代の集まりだったことから当時数え六三歳だった幽蘭との関連は薄い[33]ということだった。残念ながら別人のようだ。

実を言えば幽蘭諜報員説に関しては、横田順彌氏、柏木隆法氏ともに示唆しておられた。本当にそうであったなら、幽蘭の経歴に新たな光彩が加わることとなるが（なにしろ映画デビューや馬賊拉致事件などでさんざん驚かされてきたのだから、何があっても不思議はないという気持ちになるではないか）、案に相違してただ朝鮮半島や中国大陸を放浪していただけかもしれない。この可能性の振り幅の大きさが、本荘幽蘭の本荘幽蘭たるところだ。

(32) 別名を使っている　興亜建国運動に関わった流沙という人物の墓に「幽蘭」と刻まれているとのご指摘もいただいた。

(33) 幽蘭との関連は薄い　張姓の人物と幽蘭が結婚した可能性については、女性は中国では婚姻後も姓は変わらず、民国時期でも男性の姓と女性の姓を繋げて名乗った（例えば蔣介石の妻宋美齢は蔣宋美齢と表記）ので、このような名乗りにはならないという。

幽蘭、天下の女浪人の異名をとる

昭和二〇年八月六日と九日、広島、長崎に原子爆弾を投下された日本は、一五日に降伏し一五年続いた戦争に幕を下ろした。

六六歳になっていたわれらが幽蘭は、この戦争を辛くも生き延びた。

戦時中に内地にいなかったとすれば、引揚げは並大抵のことではなかっただろう。旧満州では国境附近や奥地にいた者がソ連軍の進攻に遭い、着の身着のままでハルピン、チチハル、新京、吉林、奉天、大連などにたどり着いた。一般邦人の引揚げ開始は昭和二一年五月からで、コロ島から四期にわたって約一〇〇万人が博多や佐世保に帰還した。上海では昭和二一年初頭から引揚げが開始された。朝鮮半島の南部では邦人が釜山などに殺到して見つけた船で勝手に引揚げ始めた。この混乱を解消するため、米軍と日本人世話会が業務を担当、昭和二〇年内に二〇万人の引揚げがほぼ完了した。一方、北部では米ソ間の協定がまとまらず、昭和二一年末にやっと引揚げが始まったが、飢えと寒さ、ソ連軍警備兵による銃殺などで帰国を前に五万人が命を落とし、二〇万人が引揚げた。

幽蘭がどこにいたかは不明だが、戦後は無事に日本に戻ってきていた。

その後、茅ヶ崎の小生夢坊の家に現れ「まだまだ性にかけても疲れないわ」と太ももを叩いていたというが（江刺昭子『女のくせに――草分けの女性新聞記者たち』昭和六〇年）、終戦から五年後には、日本タイムス社発行の雑誌『キャピタル』（昭和二五年四月一五日号）の「奇人傳」に登場した。戦後初、また筆者が調べ得たなかで最後の写真が掲載された取材記事である。聞き手は評論家の神崎清、この時、幽蘭七一歳、神崎の二五歳上だ。

幽蘭は早速神崎に名刺を渡したようだが、その肩書きは「国民精神浄化連盟々主・童話防犯講談巡講会々長・老人婦人学童奨励会々長・女生徒遺族引揚婦人編物授産会々長・ホームレクレーション指導者・PTA温泉倶楽部主幹　童話講談師　著述家歌人　編物教師　本荘久代　号　幽蘭　原

籍　東京都芝区南佐久間町一ノ五四　ＰＴＡ温泉倶楽部所在　宮崎県東諸県郡綾町小田瓜　自叙伝赤裸原稿所　延岡市土土呂浜三松園」とさらに混迷の度を深めている。試しにＰＴＡ温泉倶楽部とは何かと聞けば「ＰＴＡの会員をタダで温泉に入れてやるのだ」そうで「肩書にあるほかの何何会も厳格にいえば、モーロー自体の部類にはいるのだろうが、彼女の空想的プランのなかでは、たしかに実在しているのである」と神崎の筆は温かい。

モンペの上着に混紡のスカート、古いジャケットを着た幽蘭は一見みすぼらしい引揚げ者のようだが高貴な威厳があるとのことで、写真には唇を真一文字に結んだ意志の強そうな老女が写る（三二七頁掲載）。

神崎相手に相変わらず半生を語っているが、巣鴨病院で葦原将軍と友人になって裸で暴れて「万歳狂女」の異名を取ったなどのエピソードを披露。相当に毒舌にもなったようで、一筋縄ではいかない老人という感じだ。

この年の一月までは宮崎県にいた由。上京の際には神戸の川崎造船とカネボウで金を借り、大阪で小林一三[34]を訪ね（留守だったらしい）、東京では石井漠[35]の舞踊学校に二十日間泊まったという。そして今も宿屋に行く金がないときは産院や貸し布団屋、病院、交番、駅の事務所など寝床のあるところならどこでも潜り込んでいるらしい。さすがに老体に堪えると思うが

(34)小林一三　明治六年、山梨県生まれ。実業家。阪神東宝グループの創業者で、宝塚歌劇団の創立者でもある。

(35)石井漠　明治一九年、秋田県生まれ。舞踊家。秋田中学校で青柳有美に教わる。上京後、小説家修行をするも挫折し、帝劇を経て浅草オペラで活躍。山田耕筰らと舞踊詩運動を興した。昭和三七（一九六二）年、七五歳で死去。

こんな生活も早何十年、神崎の言う「天下の女浪人」たる幽蘭は一向平気で、かえって周りが気を使って朝飯の心配もしてくれるという。

　モットーは人に迷惑をかけたくないことと人を喜ばせることで、どこで仕入れたか謎の土産物を持って現れるというからおかしい。その品物は、白髪染め、中村屋のビスケット（黒光からもらったものか）、白ゴマ、蛤、蛸の足、みりん干し、うずら卵、英文雑誌、伊東温泉清遊倶楽部会員券というとりとめのなさで、生活がなんとなくしのばれる。こんな状態でも電車賃などはぎりぎりしか受け取らないというからさすがである。

　神崎が「千人斬りの悲願を立てたという噂を聞いたが」と水を向けると、関係した男性は一二〇人程度、「こちらからほれたのは二人だけで、あとはみな強制執行をうけたようなものだよ。関係した男から金をとらなかったから、人気が出たのだろう」などとうそぶいている。自伝『赤裸』は未完、また「玉石同架録」という手帳については「有名人のサイン・ブックであると同時に奉賀帳だ。相馬黒光、石川達三、岡田八千代、竹田敏彦、徳川夢声、内藤振策《（ママ）》、尾崎士郎らの名前が見える」。「錦蘭帳」が名を変えたか、紛失して宗旨替えしたか、気になるところだ。

　相変わらず勇猛果敢、その日暮らしを続ける幽蘭の近況である。

幽蘭、老いてなお意気軒昂

昭和二八年九月号の雑誌『講談研究』（講談研究会）に幽蘭は「童話」という原稿を寄せた。雑誌自体は確認できず、昭和四〇年発行の書籍『講談研究』に再録されたものを参照したが、それによれば今まで四九年間、学校、婦人会、養老院[36]、母子寮、病院、工場、鉱山、炭坑などを廻って講談をしたとあり「師匠なしの自分免許相当あぶなかしい芸当でしたが、年功の有難さ、今では泣かすことも笑わすことも自由になり『旨くなったなあ』と自惚れて喜んで居ります」と記している。最初は下手だったことを意外にも自覚していた節が見受けられる書きぶりである。

また「目下暑中休暇なので海辺めぐりをして涼を呼んで居ます。七十五

(36)養老院　その記述を裏付けるように、昭和二六年一月一六日に京都嵯峨にある養護老人ホーム「壽楽園（現社会福祉法人健光園）」に幽蘭が慰問に現れたことが運営に携わった横川八重の業務日誌に記されている。講談を一席行い「七十四才とも思えぬ元気一ぱいに園生大いに奮起、わし達も一つ元気を出してまけない様になろうぜと大張り切り。」（横川八重著、小國英夫 監修、社会福祉法人健光園 編『京都嵯峨　寿楽園日誌　終戦直後に創設された養老院のドキュメント』関西学院大学出版会、令和元年）とあり、好評だったようだ。

ですが無病息災、読物は教育的な新物ばかり。近く上京御訪ねします」と締められている。なんだか優雅そうな老後生活だ。

それにしても、激動の時代にその日暮らしを続けて、よくぞ長生きをしたものだ。幽蘭の運の強さを思わないではいられない。

周囲を見渡してみても、明治女学校の恩師青柳有美や、幽蘭を『第三帝国』誌上でくさした松本悟朗、幽蘭を「元祖モダンガール」と讃えた高田義一郎はみな昭和二〇年に逝去している。


幽蘭の最晩年に関しては残念ながら情報がない。

昭和三九年の雑誌『現代沖縄』（那覇現代沖縄社）には「その後、波の上でカフェーを経営したりしていたが、さすが才女とうたわれた彼女も、商才には丈けていなかったのかあまり経営も思わしくなく、援助を申し入れた人を断ってどこか南方方面で亡くなった、とその後の風の便りに噂を聞いた」とある。これを受けてシンガポールやマレーシアの日本人墓地の墓碑を調べたが見当たらなかった。なお、東京都台東区の谷中霊園の共同墓地に眠っているとする資料もあったが、事務所に問い合わせたところ記録も保管もないということだった。いずれにしても、昭和三九年時点では既に亡くなっていたと理解すべきか。

稀代のスキャンダリスト、「問題の女」として、明治、大正、昭和を騒がせ、生き抜いた本荘幽蘭が、アジアや南洋、もしくは東京で亡くなっているとすればいかにもという気がするが、本荘久代に戻って父や母とともに故郷の久留米に骨を埋めたとすれば、それはそれで腑に落ちる筆者である。

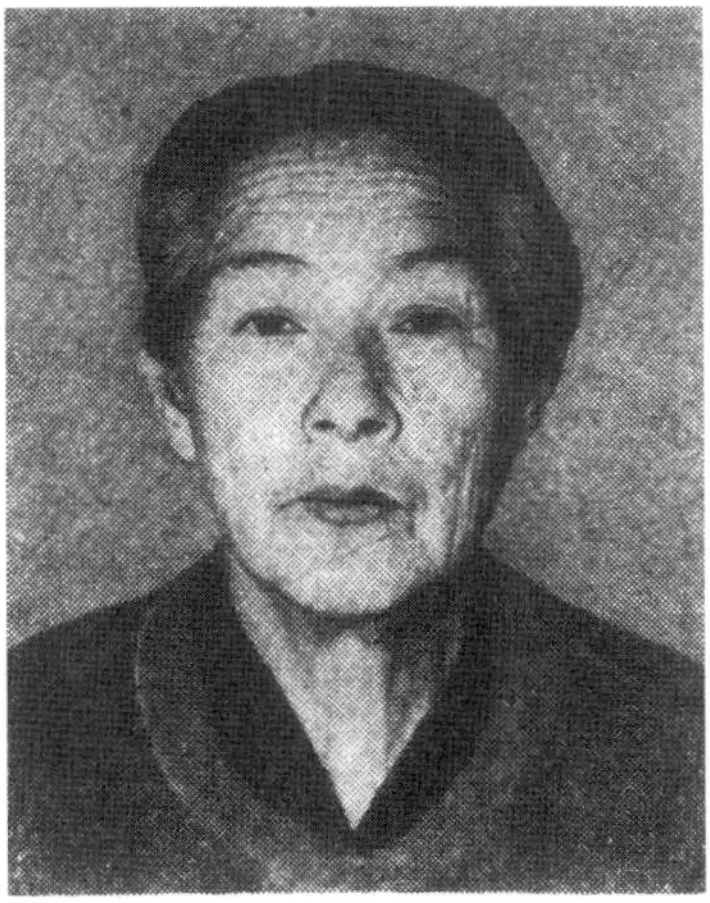

『キャピタル』（日本タイムス社、昭和二五年四月一五日号）より

推測 錦蘭帳

○幽蘭が関係した男性を記入して持ち歩いていたという「錦蘭帳」の内容を著者が資料から推測。

一、有馬重男　有馬家家老有馬秀雄の弟。早稲田大学卒業、内務省勤務。第一子「重興」の父親。
二、吉和國雄　幼なじみで二番目の夫。第二子「道隆」の父親。歯科医師。
三、関常吉　黒龍会会員。第三子「常世」の父親。
四、長尾内記　写真家か。幽蘭が救世軍に入った頃に関係。
五、清藤幸七郎　印刷所国光社社員。黒龍会会員。平凡社『標準漢字自習辞典』編纂。救世軍を辞める頃「無理矢理思いを遂げられた」。
六、富張元一　京浜新聞社社長。記者時代の上司。電話室に呼ばれ関係。
七、山崎光明　対露同志会メンバー。幽蘭の病褥に挑んだ。
八、足立荒人　読売新聞社主筆。記者時代の上司。ともに夜勤をした。
九、長谷部天夫　朝野新聞主筆。記者時代の上司。
一〇、遠山景澄　京浜実業新報社。遠山金四郎景元の子孫でありアール・エフ・ラジオ日本社長の遠山影久の父。
一一、柴田博陽　大阪新報記者。著書『鬼文事件秘密の巌窟（血声散史）』。
一二、松永敏太郎　壮士。ニコニコ倶楽部主幹。各界著名人のニコニコ顔を集めた写真集『ニコニコ写真帖』などを編集。松崎天民の親友でもある。
一三、千葉秀甫　外語学会会主。オペラ歌手三浦環の元プロデューサー。
一四、光行民雄　毎日電報記者。東京日日新聞記者。柳河新報主筆。幽蘭の境遇に同情して結婚するも離婚。
一五、フェリックス・シャザル　男爵、ベルギー公使館勤務。著書『日本研究』。
一六、正岡芸陽　広島出身。評論家。やまと新聞記者。『新声』主筆、大阪日報主筆などをつとめる。
一七、谷活東　尾崎紅葉門下の俳人・小説家。
一八、あどけない子役　真砂座出演時に共演し関係。
一九、丸山操　俳優。真砂座所属。
二〇、木村夢弓（秀雄）　同志社大学出身。アメリカで宗教哲学を学び祈禱治療術「観自在宗」を開く。幽蘭の紹介で出会った女優木村駒子と結婚。
二一、福井茂兵衛　俳優、芸人。川上音二郎一座加入を経て福井一座座長。
二二、阪本格　「大変肥満の赤ら顔」だった。国民新聞記者。黒龍会会員。
二三、中村某　大阪アスベスト会社支配人。
二四、角藤定憲　壮士芝居の座長。板垣退助を後見に「大日本芸劇矯風会」設立。明治三八年頃、角藤一座で女優をした頃に関係。
二五、佐藤淡水　詳細不明。
二六、須藤虎治　大阪硫曹会社社員。
二七、田中和三郎　呉服商。
二八、西村忠兵衛　三代目西村忠兵衛（本名忠吉）。海運商。
二九、松村雄之進　嘉永五年生まれ。

久留米出身の政治家。たびたび幽蘭の縁談を取り持つ。黒龍会会員。

三〇、高木五郎　世界館主人。

三一、茂木某　大光館主人の兄。

三二、牧野萬次郎　客梅津勘兵衛の客分で柔術教師の牧野某の弟。（黒龍会在籍の牧野萬十郎と同一人物か）

三三、垣田源吾　本郷座取締役、壮士の親分。興行廻りに出没するヤクザ。

三四、村田正雄　俳優。初代村田正雄。伊井蓉峰一座などで活躍した。

三五、坂田高方　日本大学編集局長。弁護士坂田高壽の息子。

三六、誰とも知らぬ男　父の訃報を受けて帰った継母の家で夜這いされた男。

三七、一木斉太郎　熊本出身の国士。犬養毅の兄弟分ともいわれる。

三八、パウル・シュミット　ライカの代理店シュミット商会会主。

三九、山口某　「幽蘭軒」売上などを持って二人で高飛びした。

四〇、扶桑教会権少教生とかの肩書ある野郎　幽蘭の扶桑教入信のキーマン。山口某と別れて愛の巣を構える。

四一、戸井田亀吉　ミルクホール経営者。元憲兵伍長。明治四〇年末に借金返済を条件に婚約し破談。

四二、S・M・ジョソップ　神戸の外国商館勤務。幽蘭に日本語教師を依頼。

四三、C・M・アラトン　神戸の外国商館勤務。ジョソップと幽蘭を争う。

四四、堀岡良吉　社会主義者。藏經書院取締役。明大生だった明治四〇年頃、幽蘭に筆下しされたという。

四五、遠山造　上野公園で暴漢に襲われた幽蘭を救う。土佐で無一文の幽蘭に小包を送る。

四六、A氏　朝鮮日日新聞社長と現れ、南山で一夜をともにする。

四七、宮崎亀次郎　チャイナタイムス記者。松本君平の満州視察の随員。結婚して三日で離婚。幽蘭による三行半を暴露される。

四八、中国人　大沽か芝罘で交際か。

四九、竹田某　銀行員。京城在住。幽蘭ホテル開業前後に結婚。

五〇、平澤某　天津在住。幽蘭ホテル開業前後に交際か。

五一、異人　須磨駅前ミルクホール開業時に交際。

五二、戸上哲夫「生白い男」の熊本県人。写真家？　松村雄之進の仲人で結婚。

五三、中島東洋　石川県出身。画家。ルナパークの看板描き。

五四、長田俊雄　号は北星。太平洋画会会員の洋画家。明治四五年頃、戸上哲夫と別れて逃げる最中に出会う。

五五、渡辺某　大阪新聞京都支局の記者。

五六、武相新聞記者　明治四五年頃、戸上哲夫と別れて逃げる最中に関係か？

五七、同居していた五十幾歳の某　嫉妬深く、今後他の人と結婚しない証書と五〇円の手切れ金を払って別れる。

五八、福田狂二（素顕）　社会主義者。本荘姓に入婿する。高田義一郎いわく「一番深く馴染んだ理想の夫」。

五九、山口鎮夫　釜山在住の医者。大正九年頃か。幽蘭は失恋の後に剃髪した。

六〇、渡辺霊泉　大本教教団内の「第一の美男」。山口鎮夫を忘れるため、出口王仁三郎が幽蘭を預けた。

六一、大澤喜八郎　池山薫子に手紙で結婚報告。大正一〇年頃。

野波静雄　明治三五年に列車で出会い、後に関係（時期不明）。阿片問題、植民地問題を専門とする諜報員と思われる。

「問題の女」を追いかけて

本書執筆のための調査に着手したのが、二〇一三年六月のこと。いったん出版の話が消えて二年のブランクはあったが、気付けば足かけ八年、本荘幽蘭を追っていた。飽きっぽい筆者がなぜかくも長く追えたのか考えてみると、探偵の尾行のような興味だった気がする。台湾で幽蘭を見かけたという雑誌記事があれば時期の当たりをつけて台湾の新聞を、沖縄にいたようだとあれば同じく沖縄の新聞をシラミつぶしに見る。目当ての記事を見つけたときの喜びはひとしおだが、そこで知る新事実にも毎回驚かされた。そして、追えば追うほど幽蘭という人の掴みどころのなさに困らされた。こんなにも活発に動き回り、こんなにも資料が存在しているにもかかわらず、何を考え、何を目指していたのかよくわからない。そのうち、この不規則なブラウン運動のような生き方、コンテンポラリーな蠢動《しゅんどう》そのものが幽蘭の本質ではないかという考えに至った。

冒頭にも記した通り、幽蘭は明治四〇年頃から大正にかけて都会では多くの人が知っている名前だった。しかし問題は、この「多くの人」がやがていなくなってしまうということだ。今日、わたしたちがその時代の代表者と捉えている人が、実際に生きていた時代にはまったく無名だったこともあれば、時代の寵児とされていた人が今では記憶や記録から消え去っていることもある。歴史は変わらないが、歴史においてわたしたちが記憶しておきたいと思うことは変わってしまうのだ。だからこそ、時の波間に消えた本荘幽蘭を書き留めておきたいという強い気持ちがあった。生きていた時代にだけ有名だった本荘幽蘭という女性が喚起した「問題」を、あらためて問い直したいと考えたのだ。

本書は、こんな女性がいたというそれだけの本ではある。

その女性は、縦横無尽に移動を繰り返し、有名無名の人とつながり、複数の宗教を渡り歩き、数多の職業に就いた。その意味では幽蘭を追うことで明治・大正・昭和のひとつの見取り図、裏面史が見えてはくるが、肝心の幽蘭本人はといえば、実は何も成していない。何の功績もないのである。こんな人は教科書に載らないし、大河ドラマの主役にも選ばれない。国家や社会に、あるいは科学や文明の発展になんら寄与していないからだ。では、何も成していない人の人生は見るに値しないのであろうか。いや、そんなはずはない。何も成していない人の評伝があってもいいではないか。人生とは、何かを成すことで完成するものではなく、一瞬一瞬の積み重ねがすべてである。それをいまあらためて教えてくれるのが本荘幽蘭であり、何かを成し得た人間ばかりを追いかける現代に、彼女が提起してくれる問題だと筆者は捉えている。

実は、四月の出版予定を目前にした三度目の校正中に、『京都日出新聞』に幽蘭が連載していた「懺悔録」を発見し、第一章と第二章を大幅に改稿した。この新聞はデータベース化されておらず、現状マイクロフィルムしかない。別の資料を捜しているときに偶然発見したが、そのようなことでもない限り収載は不可能だっただろう。おかげで幽蘭の少女時代から第三子出産までの経緯が明らかになった。とはいえ、本文にも記した通りインタビュー記事「惨憺たる幽蘭女史の懺悔（半生）」と異なる部分も多い。自伝はさまざまな新聞に連載されていたとの証言もあるので、今後それらが見つかれば傍証となり、より詳しい事実の解明に繋がると思われる。また、自伝に限らず今回参照することができた資料は氷山のほんの一角である。国会図書館をはじめ各資料館で雑誌、地方紙、書籍のデータベース化が進めば新事実が掘り起こされるだろう。その頃にはぜひ増補としてあらためてまとめてみたいものである。

雑誌『日本及日本人』に幽蘭の最初の抄伝を書かれ、資料もお貸しくださった横田順彌さんと、岐阜県土岐市のご自宅で幽蘭手書きの短冊をはじめ貴重な資料をお見せくださった柏木隆法さんには、深く謝意を表したい。お二方とも本書をお渡しできぬまま鬼籍に入られたことは残念でならず、ご冥福をお祈りするばかりである。

津田塾大学准教授の関智英先生には雑誌『興建運動』にあった張幽蘭という人物に関するご教示を賜った。東京大学大学院で近代日本神道史を研究されている木村悠之介さんには「神風会」に関する情報やその他の貴重な資料を、ブログ「定斎屋の藪入り」を運営されている「定斎屋」さんには雑誌『八光流』をはじめたくさんの資料を、また「神保町のオタ」さんには晩年の資料の存在を教えていただいた。上海在住の友人でイラストレーター福田さかえさんには漢詩の確認や大連の地図などをお譲りいただいた。宮脇弘載さんには陸軍刑法についてお力添えをいただいた。これらすべての方々にお礼を申し上げる。

そのほか、沖縄県立図書館、柏崎市立図書館、横浜市立図書館、神戸大学附属図書館、東京大学法学部附属明治新聞雑誌文庫、東京女子大学比較文化研究所、東京都立図書館レファレンスサービス、明治大学中央図書館、明治大学和泉図書館など、多くの図書館、資料館にお世話になった。

また、本書の最初の企画を「太田出版」在籍時代に立ち上げてくださった的場容子さん、中日新聞で幽蘭と東海地方にまつわる連載を企画担当され、平凡社に繋げてくださった中村陽子さん（アジア主義者として幽蘭と志を一にした下中弥三郎の平凡社から出版が叶ったことは望外の喜びである）、中村さんに繋げてくださったライターの速水健朗さん、本稿が頓挫した際に原稿を見てくださった『早稲田文学』の北原美那さん、出版に興味を示してくださった「皓星社」の藤巻修一さんにはどれほど感謝してもし足りない。また、折りに触れ貴重なアドバイスをくださった編集者の須川善行さんのご厚情にも深謝する次第である。

そして、素敵な装幀と目次、扉デザインをしてくださった岩瀬聡さん、厄介な主人公である本荘幽蘭と、煩わしい著者をまとめてくださった平凡社の林理映子さん、原典照合をはじめ多大なご負担をおかけした平凡社校閲部と校閲担当の方々に、あらためて心よりお礼申し上げる。なにより執筆当初より多くの助言と実務まで辛抱強いサポートをしてくれたパートナーの田代睦三、本当にありがとう。

本がなかなか出版に漕ぎ着くことができない間にも常にわたしを気にかけ、応援してくれた亡き伯母、美術評論家の原田るいこに本書を捧げます。

二〇二一年八月

平山亜佐子

おもな参考文献

●**書籍**（書名五十音順）
田中香涯『愛慾に狂ふ痴人』（大阪屋号書店、大正一五年）
満洲電々追憶記集刊行会編『赤い夕陽』（赤い夕陽刊行会、昭和四〇年）
丸川賀世子『浅草喜劇事始 ― 小説・曾我廼家五九郎まわり舞台』（講談社、昭和五四年）
小林栄子『尼になる迄』（須原啓興社、大正五年）
倉富了一『石橋六郎翁伝』（倉富了一、昭和九年）
相馬黒光、相馬愛蔵『一商人として ― 所信と体験』（岩波書店、昭和一三年）
磯崎嘉治編『巖本善治 ― 女学雑誌派連環』（共栄社出版、昭和四九年）
梅若実『梅若実日記 第七巻』明治三七年六月一四日（八木書店、平成一四年）
入江たか子『映画女優』（学風書院、昭和三二年）
高権三『大阪と半島人 ― 内鮮同胞よ！』（東光商会書籍部、昭和一三年）
紫垣隆『大凡荘夜話 天の巻』（一二三書房、昭和三二年）
安藤礼二『折口信夫』（講談社、平成二七年）
石内徹編『折口信夫研究資料集成 第五巻 大正七年～昭和四〇年』（大空社、昭和三四年）
『折口信夫全集 月報 第卅一号』（中央公論社、昭和四三年）吉村洪一、鈴木太良、水木直箭、中村浩
青柳有美『女の裏おもて』（昇山堂出版部、大正五年）
江刺昭子『女のくせに ― 草分けの女性新聞記者たち』（インパクト出版会、平成九年）
よぼ六『女罵倒録』（三星社出版部、大正一三年）
加藤聖文『海外引揚の研究 ― 忘却された「大日本帝国」』（岩波書店、令和二年）
西村通男『海商三代の記録』（西村通男、昭和三八年）
石井柏亭『柏亭自伝 ― 文展以前』（教育美術振興会、昭和一八年）
保志学『上方落語考 ― 笑いの世界、咄と噺のはなし』（鳳書院、平成二五年）
前田勇『上方落語の歴史』（杉本書店、昭和四一年）
安丸良夫『神々の明治維新 ― 神仏分離と廃仏毀釈』（岩波書店、昭和五四年）
保坂達雄『神と巫女の古代伝承論』（岩田書院、平成一五年）
吉川速男『カメラと五十年 ― 写真随筆』（光画荘、昭和二二年）
木村駒子『観自在術』（育成会、大正三年）
荒畑寒村『寒村自伝』（板垣書店、昭和二二年）
花柳章太郎『技道遍路』（二見書房、昭和一八年）
救世軍日本本営『救世軍戦争記』（明治三四年）
救世軍日本本営『救世軍とは何か』（明治三六年）
泉鏡花『鏡花全集 巻14』「杜若」（岩波書店、昭和四九年）
横川八重著、小國英夫監修、社会福祉法人健光園編『京都嵯峨 寿楽園日誌 ― 終戦直後に創設された養老院のドキュメント』（関西学院大学出版会、令和元年）
伊多波英夫『銀月・有美と周辺 ― 明治・大正文壇秋田人誌』（秋田近代文芸史研究会、昭和五四年）
南博責任編集『近代庶民生活誌 二〇 病気・衛生』（三一書房、平成七年）
大谷栄一『近代日本の日蓮主義運動』（法藏館、平成一三年）
倉富勇三郎『倉富勇三郎日記』一巻、二巻、三巻（国書刊行会、平成二二年／平成二四年／平成二七年）
『久留米市誌』（名著出版、昭和四八年）
篠原正一『久留米人物誌』（菊竹金文堂、昭和五六年）
遠山景澄『京浜実業家名鑑』（京浜実業新報社、明治四〇年）
林洋海『久留米藩（シリーズ藩物語）』（現代書館、平成二二年）
石瀧豊実『玄洋社・封印された実像』（海鳥社、平成二二年）
松崎天民『恋と名と金と』（弘学館、大正四年）
安成二郎『恋の絵巻』（日本評論社出版部、大正八年）
井上右『興亜風雲譚 ― 伝記・武田範之』（平凡社、昭和一七年）
『広告の親玉 赤天狗参上！ ― 明治のたばこ王 岩谷松平』（岩田書院、平成二〇年）
田辺南鶴編『講談研究』（田辺南鶴、昭和二八年九月号）
吉沢英明『講談大正編年史』（吉沢英明、昭和五六年）
宮本又次『五代友厚伝』（有斐閣、昭和五六年）
島薗進『国家神道と日本人』（岩波書店、平成二二年）
滝沢誠『権藤成卿 ― その人と思想』（ぺりかん社、平成八年）
谷川健一『最後の攘夷党』（三一書房、昭和五二年）
西村竹四郎『在南三十五年』（安久社、昭和一一年）
岩村登志夫『在日朝鮮人と日本労働者階級』（校倉書房、昭和四七年）
平岡敏夫『佐幕派の文学史 ―「漱石の気骨」から詩篇まで』（おうふう、平

成二五年）
松村謙三『三代回顧録』（東洋経済新報社、昭和三九年）
江見水蔭『自己中心明治文壇史』（博文館、昭和二年）
武内真澄『実話ビルディング―猟奇近代相』（宗孝社、昭和八年）
倉田義弘『芝居小屋と寄席の近代―「遊芸」から「文化」へ』（岩波書店、平成一八年）
『澁澤敬三著作集 第三巻』（平凡社、平成四年）
『下中弥三郎事典』（平凡社、昭和四〇年）
小川菊松『出版興亡五十年』（誠文堂新光社、昭和二八年）
鈴木徹造『出版人物事典―明治‐平成物故出版人』（出版ニュース社、平成八年）
日比繁治郎編『松竹関西演劇誌』（松竹編纂部、昭和一六年）
宮岡謙二『娼婦―海外流浪記』（三一書房、昭和四三年）
斎藤昌三編『書物展望 第一四巻』（書物展望社、昭和一九年）
田中栄三『新劇その昔』（文藝春秋新社、昭和三二年）
橋爪紳也『人生は博覧会―日本ランカイ屋列伝』（晶文社、平成一三年）
『神道人名辞典』（神社新報社、昭和六一年）
柳永二郎『新派五十年興行年表』（双雅房、昭和一二年）
竹中憲一編著『人名事典「満州」に渡った一万人』（皓星社、平成二四年）
磯崎嘉治『巣鴨と明治女学校』（クオリ、昭和六〇年）
『巣鴨病院医事年報』（東京府巣鴨病院、明治三二―四五年）
樋口喜徳『「進め社」の時代―大正デモクラシーの明暗』（新泉社、平成五年）
飯田祐子編『『青鞜』という場―文学・ジェンダー・〈新しい女〉』（森話社、平成一四年）
『西南記伝』（黒龍会本部、明治四二年）
鳥井三鶴『世界徒歩十万哩無銭旅行』（広文堂書店、大正八年）
妹尾義郎『妹尾義郎日記 第二巻』（国書刊行会、昭和五一年）
『千九百五年利栄壽万国博覧会報告』（利栄壽万国博覧会日本出品協会、明治四〇年）
松田利彦『戦前期の在日朝鮮人と参政権』（明石書店、平成七年）
川合道雄『続 川合山月と明治の文学者達』（基督心宗教団事務局出版部、昭和三二年）
松尾尊『大正デモクラシーの研究』（青木書店、昭和四三年）
関智英『対日協力者の政治構想―日中戦争とその前後』（名古屋大学出版会、令和元年）
渡辺龍策『大陸浪人』（徳間書店、昭和六一年）
川上善兵衛 市井三郎、滝沢誠編『武田範之伝―興亜前提史』（日本経済評論社、昭和六二年）
滝沢誠『武田範之とその時代』（三嶺書房、昭和六一年）
『中央大学出身―白門に学んだ社長たち』（ダイヤモンド社、昭和四三年）
『朝野新聞の研究』（みすず書房、昭和六〇年）
村居銕次郎『銕城記壽録』（銕城記寿録刊行会、昭和一七年）
葛生能久『東亜先覚志士記伝（上）（中）（下）』（黒龍会出版部、昭和八年）
平山蘆江『東京おぼえ帳』（住吉書店、昭和二七年）
『東京留学指針』（興文社、明治二二年）
『同窓会雑誌 第一三号』（フェリス同窓会、大正八年）
寺嶋珠雄『南天堂―松岡虎王麿の大正・昭和』（皓星社、平成一一年）
大谷栄一『日蓮主義とはなんだったのか―近代日本の思想水脈』（講談社、令和元年）
『日本アナキズム運動人名事典』（ぱる出版、平成一六年）
『日本映画事業総覧』（国際映画通信社、昭和二年）
秋庭太郎『日本新劇史』（理想社、昭和三〇年）
松本克平『日本新劇史―新劇貧乏物語』（筑摩書房、昭和四一年）
岡田靖雄『日本精神科医療史』（医学書院、平成一四年）
設楽久編『日本生命保険業史』（保険銀行時報社大阪局、明治三七年）
山室軍平『日本に於るブース大将』（救世軍日本本営、明治四〇年）
奥平昌洪『日本辯護士史』（有斐閣書房、昭和四六年）
日下南山子編『日本弁護士高評伝』（誠協堂、明治二四年）
檜垣元吉『日本民族の一祖型 九州人』（毎日新聞社、昭和三五年）
板谷英世『女人人国記 関東・東海道・九州篇』（内外社、昭和六年）
高沢初太郎『人気役者の戸籍調べ』（文星堂、大正八年）
栗島狭衣、坂田秋峰『俳優生活』（隆成堂書店、大正二年）
沖野岩三郎『薄氷を踏みて』（大阪屋号書店、大正一二年）
井上正夫『化け損ねた狸』（右文社、昭和二二年）
渡辺龍策『馬賊―日中戦争史の側面』（中央公論社、昭和三九年）
渡辺龍策『馬賊頭目列伝』（徳間書店、昭和六二年）
都築七郎『馬賊列伝―仁侠と夢とロマン』（番町書房、昭和四七年）
久留島秀三郎、竹歳茂雄『馬賊を語る』（相模書房、昭和一四年）
天野忠義『花形活動俳優内証話』（杉本金成堂、大正七年）

島崎藤村『春』（岩波書店、昭和四五年）
羽仁もと子『半生を語る』（婦人之友社、昭和三年）
黒岩比佐子『パンとペン ― 社会主義者・堺利彦と「売文社」の闘い』（講談社、平成二二年）
下山京子『ひと葉草紙』（玄黄社、大正三年）
相馬黒光『広瀬川畔 ― 黙移逸篇』（日本図書センター、昭和五八年）
フェリス女学院『フェリス女学院一〇〇年史』（フェリス女学院、昭和四五年）
小田光雄『古本探究』『古本探究 二』（論創社、平成一四年）
荒畑寒村『平民社時代』（中央公論社、昭和五四年）
武林無想庵『放浪通信』（記録文化社、昭和四八年）
天野茂『松岡荒村 ― 埋もれた明治の青春』（ペリカン書房、昭和三七年）
吉富莞爾『松村雄之進』（吉富莞爾、大正一〇年）
満蒙資料協会『満州紳士録』（満蒙資料協会、昭和一八年）
満蒙資料協会『満州人名辞典』（日本図書センター、昭和六四年）
高木侃『三くだり半と縁切寺 ― 江戸の離婚を読みなおす』（講談社、平成四年）
佐相勉『溝口健二・全作品解説8 ― 『唐人お吉』から『満蒙建国の黎明』へ』（近代文芸社、平成二二年）
満川亀太郎『満川亀太郎日記 大正八年―昭和十一年』（論創社、平成二三年）
宮地嘉六『宮地嘉六著作集 第六巻』（慶友社、昭和六〇年）
山川均『無産政党の研究』（叢文閣、大正一四年）
関根黙庵『明治劇壇五十年史』（玄文社、大正七年）
『明治女学校卒業生会員名簿』明治三一年五月、明治三六年五月
青山なを『明治女学校の研究』（慶應通信、昭和五七年）
藤田美実『明治女学校の世界』（青英舎、昭和五九年）
湯沢雍彦『明治の結婚 明治の離婚 ― 家庭内ジェンダーの原点』（角川学芸出版、平成一七年）
東恵仁編『明治弁護士列伝 ― 肖像入』（周弘社、明治三一年）
藤田富士男『もう一人の新しい女 ― 伝記小説・木村駒子』（かたりべ舎、平成一一年）
相馬黒光『黙移』（女性時代社、昭和一一年）
星野天知『黙歩七十年』（聖文閣、昭和一三年）
野上弥生子『森』（新潮社、昭和六〇年）
森銑三『森銑三著作集 第一七巻』（中央公論社、平成七年）
山室軍平『山室機恵子』（救世軍日本本営、大正五年）
上司小剣『U新聞年代記』（中央公論社、昭和九年）
綿谷雪『妖婦伝』（鱒書房、昭和三〇年）
高田義一郎『らく我記』（現代ユウモア全集刊行会、昭和三年）
松本克平『私の古本大学』（青英社、昭和五六年）
森三千代『をんな旅』（富士出版社、昭和一六年）

●おもな新聞記事（紙名五十音順、記事は時系列）

『越後タイムス』「本荘幽蘭講談」（大正八年一〇月二六日）
『大阪毎日新聞』「えんげい百種」（明治四四年三月三一日）、「演藝百種」（四月二八日）、「演藝百種 ▲浪花三友派」（大正四年三月一日）、「通天閣の天邊で幽蘭の變気焔」（七月二日）、「大阪の警察部刑事課に現れる」（七月二六日）、「幽蘭が女探偵になれねば露国に行くという」（七月二七日）、「演藝百種」（八月二七日）、「演藝 △本荘幽蘭」（大正一〇年七月一三日）、「幽蘭女史救わる」（昭和八年一二月七日）、「珍しや幽蘭女史 李侯補の応援に」（昭和一一年二月一三日）
『九州日報』「幽蘭女史の征露計画」（明治四二年五月四日）、「満蒙踏破談」（大正七年四月六日）、「本荘幽蘭懺悔独演会」（四月七日）
『京都日出新聞』「天左と幽蘭」（大正九年一二月二六日）、「懺悔録」全四四回（大正一〇年三月二〇日～五月二日）
『神戸又新日報』「幽蘭の娼妓志願」（大正三年七月一二日）
『新愛知』「すうと来てすうと行た本荘幽蘭＝福田狂二の新婚旅行＝」（大正四年三月一〇日）
『世界新聞』「人騒がせな幽蘭女史」（大正三年一二月一三日）、「幽蘭の結婚奇談 保証人は茅原華山氏」（一二月一六日）、「▲恐ろしい事」（一二月二〇日）、「幽蘭の出没」（大正四年一月一五日）、「幽蘭雲隠れ」（六月二三日）、「幽蘭女史劇団を組織す」（九月一九日）
『台湾日日新報』「新派女優来る」（明治四五年四月二五日）、「朝日座の合同劇」（四月二六日）、「朝日座の合同劇」（四月二八日）、「朝日座の女優劇」（四月三〇日）、「朝日座の女優」（五月一日）、「●朝日座」（五月五日）、「劇界の昨今」（五月一〇日）、「朝日座の活動写真」（六月四日）、「女優團一行」（六月七日）、「幽蘭芳野亭に現る」（六月二三日）、「●芳野亭」（六月二四日）、「●芳野亭」（六月二五日）、「●幽蘭の名前学生を走らす」（七月五日）、「●台中の幽蘭女團」（七月六日）、「幽蘭の独演会」（七月二五日）、「幽蘭女史の外遊」（七月二七日）
『中央新聞』「幽蘭甲府に現わる」（明治四五年二月七日）
『東京朝日新聞』「大阪に於けるジネー」（明治三八年一一月一六日）、「浪花節

奨励会を聴く(続)」(明治三九年九月四日)、「博覧会片々」(明治四〇年三月一七日)、「幽蘭女史と喫茶店」(三月二八日)、「三尺の氷 帯刀時代の懐旧談(二) 学海 依田百川翁」(七月七日)、「幽蘭女史のビヤホール」(一一月一五日)、「幽蘭女史の露国行」(明治四二年五月四日)、「幽蘭女史の露国行失敗」(五月七日)、「演藝風聞録 幽蘭の大飛躍」(明治四二年六月三日)、「幽蘭血迷う」(明治四三年一〇月一〇日)、「演藝風聞録 幽蘭刎ねらる」(明治四五年一月二一日)、「須磨子と幽蘭」(大正三年一二月九日)、「幽蘭吹き立る」(一二月二六日)、「まいもどる」(大正八年三月二四日)、「まだ危ない」(四月三日)、「自ら美人」(一二月二六日)、「幽蘭乾燥ぐ」(一二月二八日)

『東京二六新聞』「遊女になれず細君になる 幽蘭女史の新生涯」(明治四〇年一二月九日)

『東京日の出新聞』「幽蘭女史狂乱の巻」(明治四〇年五月六日)

『と代国新報』「二十三人の夫を持った女 幽蘭女史南国へ」(大正三年七月二三日)、「お茶一杯 幽蘭あらはる」(九月二二日)、「女弁士養成所」(一〇月一四日)

『名古屋新聞』「幽蘭来る」(大正八年五月二〇日)、「千歳劇場」(五月二一日)

『日米新聞』「明治尖端婦人返咲く 男装の幽蘭女史」(昭和一二年四月一〇日)

『布哇報知』「アンテナ」欄(昭和三年三月一二日)

『報知新聞』「幽蘭茶屋の開業」(明治四〇年三月二八日)、「大祭日の博覧会開会以来の雑踏」(四月四日)、「舞戻れる幽蘭」(明治四三年七月一五日)、「幽蘭のお嫁入り」(九月一六日)

『北海タイムス』「女俳優 幽蘭女子の来道」(明治三八年四月八日)

『満州日日新聞』「蒙古王に秋波 香港に彷徨う本庄幽蘭女史」(大正五年一〇月二一日)

『満州日報』「男装の幽蘭女史も二邦人と共に拉致さる」(昭和八年九月一二日)、「幽蘭女史から救出依頼状来る」(九月二四日)

『都新聞』「芝居だより」(明治三八年三月一六日)、「博覧会の前景気」(明治四〇年三月一七日)、「幽蘭女史娼妓になり得ず細君となる」(一二月九日)、「前代未聞の祝言(結婚式に債権者四十人を招待す)」(一二月一八日)、「思い出した人(女優本庄幽蘭)」(明治四三年五月一八日、一九日、二〇日)、「漂浪の幽蘭女史(一)~(六)」(明治四四年一二月一日~六日)、「▲本荘幽蘭」(大正八年一二月二〇日)、「▲本荘幽蘭」(大正九年一月一八日)

『やまと新聞』「そゞろ言」(明治三八年一月二九日)、「そゞろ言」(一月三〇日)、「そゞろ言」(二月二四日)、「不観梅の記(下)」(二月二七日)、「幽蘭女史の道行」(明治四〇年五月一〇日)、「幽蘭女史後日譚」(六月一九日)、「幽蘭花嫁となる」(一二月九日)、「幽蘭女史結婚の破談」(一二月一二日)、「花嫁か娼妓か(幽蘭女史)」(一二月一八日)

『山梨日日新聞』「巴座の新派革新團」(明治四五年一月三〇日)、「▲巴座」(二月一日)、「舞台の上の幽蘭」(二月二日)

『横浜貿易新報』「喜楽座の初日」(明治三九年六月二七日)、「幽蘭愈々堕落」(明治四四年二月四日)、「幽蘭女史の行方」(大正四年六月二二日)、「福田狂二と幽蘭」(六月二三日)

『読売新聞』「吉村海軍主理の令弟を訪う」(明治三七年二月二〇日)、「伊地知大佐夫人を訪う」(二月二二日)、「藤井大佐夫人を訪う」(二月二三日)、「ハガキ集」(二月二三日)、「松本大佐夫人」(三月二日)、「松本大佐夫人」(三月三日)、「石橋高砂艦長」(三月四日)、「海軍少佐伏見宮」(三月五日)、「楽屋すずめ」(明治三八年三月一六日)、「幽蘭女の都落」(四月二日)、「一昨夜のブース反対演説会」(明治四〇年五月一〇日)、「三面人事」(六月一九日)、「幽蘭女史の消息」(明治四二年五月二日)、「涼臺夜話」(八月五日)、「燈下閑談」(九月一日)、「燈下閑談」(九月二日)、「妖婦幽蘭 △突然東京に現わる」(明治四三年七月一四日)、

【広告】「五九郎の喜劇 十日より狂言替り」(大正三年一二月一〇日~一九日)

『萬朝報』「幽蘭女史新聞記者となる」(明治三九年九月一三日)

『羅府新報』「本荘幽蘭稲本楼主を驚かす」(大正三年八月一一日)、「話題の女・幽蘭 留置場で綴る「流転」 坊主頭で刑事を煙に巻く」(昭和一一年七月二五日)

『琉球新報』「問題の女本荘幽蘭来たる」(大正六年八月二五日)、「幽蘭失敗の巻」(八月二六日)、「幽蘭講演会」(八月二八日)、「鉛筆の錆 ― 幽蘭と新聞」「本社は主催者に非」(八月三〇日)、「幽蘭捜索願」(九月二一日)、「幽蘭舞台に立つ」(九月二九日)、「舞台の幽蘭」(一〇月一日)、「幽蘭演劇会日延」(一〇月五日)、【広告】「潮会連鎖劇替藝」(一〇月一三日)、「今週の演藝界 ▲潮会」(一〇月一四日)、「幽蘭と秀奴 ＊女天下の潮会」(一〇月二三日)、「女学校前に幽蘭巣喰う」(一〇月二八日)、「幽蘭迷うて泣く」(一二月一〇日)、「幽蘭取り押さえ願い」(一二月二六日)、「本年の梨園界を振り返って(上)」(一二月二九日)

●おもな雑誌、その他の記事（誌名五十音順、記事は時系列）

『巌本』（巌本記念会、三三号、昭和四八年七月）

『大阪滑稽新聞』「奇人本荘幽蘭女史」(滑稽新聞社、第一〇号、明治四二年三月一五日)

『女の世界』「本荘幽蘭尼となる」(実業之世界社、大正八年五月号)

『女の世界』「大正婦人録」(実業之世界社、大正九年五月号)

おもな参考文献

『奇譚クラブ』福森耕司「土器お伝 本荘幽蘭」（曙書房、昭和二七年八月号）
『キャピタル』神崎清「奇人傳」（日本タイムス社、昭和二五年四月一五日号）
『救世軍京橋小隊開戦七十年史』（救世軍京橋小隊、昭和五〇年）
『業界公論』田尻隼人「浅酌庵随筆 ― 幽蘭女史の転落人生」（業界公論社、第一九巻第四号、昭和四七年）
『京都大学大学院教育学研究科紀要』六六巻　松尾理也「「化け込み記者」下山京子再考 ― 初期『大阪時事新報』の紙面から」
木村悠之介「近代における神道青年運動と神道研究の形成 ― 初期の神風会までを対象に」（令和元年）
『カメラレビュー19 ライカブック92』（朝日ソノラマ、平成三年）
『群像』「新・連作評論 ― 折口信夫の起源」（講談社、平成二四年五月号）
『月刊久留米』「久留米の美人を語る」（筑後タイムズ社、昭和二四年二月四号）
『現代沖縄』宮城能造「人気をさらった初代女優 ― 本条幽蘭と上里マヅル」（那覇現代沖縄社、昭和三九年一月）
『Sai』塚崎昌之「〝歴史の接点〟を訪ねる(21) 戦前の大阪人と朝鮮人２ 戦前、大阪で四回の総選挙に出馬した李善洪の生涯」（在日コリアン・マイノリティー人権研究センター、平成一六年春夏）
『在日朝鮮人史研究』塚崎昌之「戦前期の大阪の朝鮮人と選挙 ― 四回の総選挙に立候補した李善洪を中心に」（在日朝鮮人運動史研究会編、緑蔭書房、平成二五年一〇月号）
『サンデー』「惨憺たる幽蘭女史の懺悔」「惨憺たる幽蘭女史の半生」（サンデー社、明治四二年第三六号〜四一号）
『サンデー毎日』「監禁八十日　ほがらかな煉獄」（毎日新聞社、昭和九年一月二八日号）
『週刊サンデー』「婦人記者の末路」（サンデー社、大正二年八月号）
『出版ニュース』木本至「南洋を放浪する幽蘭女史」（出版ニュース社、二〇〇六年一〇月号）
『女学雑誌』第八号（万春堂、明治一八年）
『女学世界』第一二巻第一号（博文館、大正元年）
『女子成功』第一巻第一号（唯文社、明治三九年）「世に拗た女の噂」
『新公論』「奇物変物愚仏」（明治四四年四月号）、「私の見た男子」（明治四四年一〇月号）、「変な男変な女大番附」（大正二年一月新春倍号）、幽蘭女史「私の今一緒に居る男」（大正二年四月号、以上新公論社）
『新社会』「青柳有美退治号」（大正七年一月号）、「豚を抱いて臭を知らず」（大正七年二月号、以上賣文社）
『神道文化』（三一）木村悠之介「明治後期における神道改革の潮流とその行方 ― 教派神道と『日本主義』から「国家神道」へ」（神道文化会、令和元年）
『神風』幽蘭女史「最近に得たる妾の信仰」（四四号、明治四〇年八月五日）、幽蘭女史「最近に得たる妾の信仰（承前）」（四五号、明治四〇年八月十日）、幽蘭女史「八日、廿二日対救世軍大演説速記 最近に得たる妾の信仰（承前）」（四六号、明治四〇年八月二四日）
『大国民』「淫婦乎狂人乎本荘幽蘭女史」（大国民社、明治四四年一月号、二月号）
『第三帝国』松本悟朗「弱き女本荘幽蘭」（第三帝国社、大正四年八月一五日）
『ちくま』森まゆみ「南天堂漂流」（筑摩書房、平成一一年）
『中央公論』城島喬「八一才のキリスト ― 宗教・政治・賭博の系譜（梅津勘兵衛）」（中央公論社、昭和二三年三月号）
『朝鮮公論』本荘幽蘭「露支満鮮を股にかけて」「飄然として現れたる謎の女本荘幽蘭」（朝鮮公論社、大正一一年八月号）
『天鼓』松の下人「名優幽蘭女」、「実験恋愛論」（天鼓社、明治三八年二月号）
『東京』「其の後の本荘幽蘭女史（上）（中）（下）」（明治四三年七月一日　八二号、七月二四日　八五号、七月三一日　八六号、以上東京社）
『日東新報』「女湯三助弾劾論（上）」（日東新報社、第二号、明治四〇年六月一三日）
『日本及日本人』横田順彌「早く生まれすぎた女傑 本荘幽蘭抄伝」（J&Jコーポレーション、平成一四年）
『八光流』「満州建国の一齣　幽蘭女史救出記（一）」「満州建国の一齣　幽蘭女史救出記（二）」（昭和四二年八月号、昭和四三年一月号、以上八光塾出版部）
『Fukujin』柏木隆法「本荘幽蘭ノート」（福神研究所、平成二四年）
『文芸倶楽部』（博文館、明治三九年二月号）
『文芸倶楽部』「幽蘭の三行半」（博文館、明治四二年一〇月号）
『へちまの花』「福田狂二、本荘幽蘭君」（賣文社、大正四年三月一日）
『夢の世界』「コーヒー茶碗」（夢の世界社、大正八年六月号）

人名索引

本文および脚注に登場する人名を50音順で並べた。中国名等は日本国内での慣用的な読みに準じ、脚注のみに記載の場合はページ番号の後に（脚注）と入れた。

平山 亜佐子（ひらやま あさこ）
挿話収集家、デザイナー。戦前文化、教科書に載らない女性の調査を得意とする。著書に『20世紀破天荒セレブ――ありえないほど楽しい女の人生カタログ』(国書刊行会)、『明治大正昭和 不良少女伝――莫連女と少女ギャング団』(河出書房新社)、『戦前尖端語辞典』(編著、左右社)。

本書引用文中等に現代の社会通念に照らしてそぐわない言葉や、差別的ともとれる表現がある。当時の感覚や過去の歴史認識を伝えるためにそのままとしたが、本書に差別的表現を広める意図はないため、適宜本文で補完した。
幽蘭の年齢は数え歳で表記した。また、引用部分の表記については原則として原典に準じたが、旧字は適宜新字に直し（ただし固有名詞の旧字はそのまま）必要に応じて振り仮名を振った。仮名遣いも適宜現代仮名遣いに直し、必要に応じて句読点を付加した。また明らかな誤植と思われるところは修正し、疑問が残る表記は（ママ）と振った。

本書に掲載した資料・写真のうち一部著作権者が不明でご連絡できなかったものがあります。お心当たりのある方はお手数ですが編集部までご連絡ください。

問題の女 本荘幽蘭伝

二〇二一年一〇月一日 初版第一刷発行

著者 平山亜佐子
発行者 下中美都
発行所 株式会社平凡社
〒一〇一-〇〇五一
東京都千代田区神田神保町三-二九
電話 〇三-三二三〇-六五八五（編集）
〇三-三二三〇-六五七三（営業）
振替 〇〇一八〇-〇-二九六三九
https://www.heibonsha.co.jp/

装幀
目次・扉デザイン 岩瀬 聡
本文デザイン 平山亜佐子（blanc）
組版設計 田代睦三（blanc）
本文組版 blanc
翻訳協力 アドバンティジ・リンクス
写真加工協力 アジャスト フォトサービス
印刷 株式会社東京印書館
製本 大口製本印刷株式会社

ISBN 978-4-582-83864-0 C0023 NDC分類番号 289.1
四六判（19.4cm） 総ページ344

田中比左良《ひきら》描く浅草で講談をする幽蘭の姿。「約十年前筆者が浅草御園座にて印象せる幽蘭尼の演壇ぶり」とあるので大正中期頃の姿か（高田義一郎『らく我記』〈昭和三年、現代ユウモア全集刊行会〉所収）。

カバー・表紙・別丁扉写真／『大国民』「淫婦乎狂人乎本荘幽蘭女史」（大国民社、明治四四年一月号）より